1. 教育部人文社会科学规划项目"社会管理体制创新视阈下非公有制企业劳资矛盾调处机制研究——以珠江三角洲地区为例"（项目号：11YJA710065）

   课题组成员

   主持人：曾秀兰

   参与人：翁礼成、许志国、谢万贞、孙林、徐满泽、王桂花、张倩秋、潘晶晶

2. 广州市社科联资助社会科学研究项目"广州市非公有制企业劳资矛盾协调机制研究"（项目号：11SKLW08）

   课题组成员

   主持人：曾秀兰

   参与人：潘晶晶、谢万贞、王桂花、钟晓华、张倩秋

珠三角
非公企业劳资矛盾
调处机制

Coordinating Mechanism for Conflicts between Labor and
Capital in Non-public Enterprises in
Pearl River Delta
In the Perspective of Social Management Innovation

曾秀兰 著

社会科学文献出版社
SOCIAL SCIENCES ACADEMIC PRESS (CHINA)

前　言

本书为2011年教育部人文社会科学规划项目"社会管理体制创新视阈下非公有制企业劳资矛盾调处机制研究——以珠江三角洲地区为例"（项目号：11YJA710065）和2011年广州市社科联资助社会科学研究项目"广州市非公有制企业劳资矛盾协调机制研究"（项目号：11SKLW08）的研究成果。

本书中所指的珠江三角洲地区（书中简称"珠三角"）主要包括广州、深圳、佛山、东莞、中山、珠海、惠州、江门、肇庆9个城市。非公有制企业（书中简称"非公企业"），是相对于公有制企业而言，主要包括港澳台及外商在我国大陆投资的外资企业及民营企业。

《珠江三角洲地区改革发展规划纲要（2008—2020年）》指出："珠江三角洲地区是我国改革开放的先行地区，是我国重要的经济中心区域，在全国经济社会发展和改革开放大局中具有突出的带动作用和举足轻重的战略地位。"作为我国改革开放先行地区的珠三角，非公有制经济发展充分，在国民经济中占较大的份额。近年来，非公有制企业的劳资矛盾和冲突有所加剧，特别是富士康员工跳楼事件引发社会对劳资矛盾"犀利化"现状的思考。劳资矛盾和冲突，直接或间接影响珠三角乃至全国社会稳定及和谐社会建设。因此，协调和处理珠三角非公企业劳资矛盾，其意义特殊而重要。中共十八大提出，"全心全意依靠工人阶级，健全以职工代表大会为基本形式的企事业单位民主管理制度，保障职工参与管理和监督的民主权利"，"健全劳动标准体系和劳动关系协调机制，加强劳动保障监察和争议调解仲裁，构建和谐劳动关系"。中共十八届三中全会更进一步提出，"创新劳动关系协调机制，畅通职工表达合理诉求渠道"，"发展和谐劳动关系"。如何协调和处理劳资矛盾并形成科学有效的调处机制，是当今我国社会亟待解决的问题。

劳资关系，是劳方和资方之间的权利和义务关系。劳资关系是当今劳动关系的重要部分。对劳资关系和劳资矛盾的研究，国外已形成相对成熟的理论。相对而言，我国对劳资关系和劳资矛盾的研究起步较晚。20世纪90年代以来，特别是近几年，学界对我国劳资关系和劳资矛盾展开了较深入的探讨，出版了《非公有制企业劳资关系研究——以广东为例》（吴江等，经济科学出版社，2008年版）、《中国珠三角劳资冲突问题研究》（杨正喜，西北大学出版社，2008年版）、《通往和谐之路：当代中国劳资关系研究》（荣兆梓等，中国人民大学出版社，2010年版）等20多部专著，发表论文300多篇。已有关于劳资关系和劳资矛盾的研究成果主要集中在两方面。一是理论研究。国内外学者围绕劳资关系基本理论和劳资矛盾解释两个方面展开深入的研究，提出很多很有见地的思想。第一，劳资关系基本理论。迪尔凯姆、韦伯从社会分工、分层角度论述劳资问题出现的必然性；邓洛普将劳资关系放入国家系统中，建立起劳资关系系统理论架构；日本学者高桥论述了以企业工会为核心的劳资关系；韩国学者金秀坤阐述了韩国劳资关系的模型。我国学者常凯从劳资关系一般理论、主体、运行机制和矛盾处理等几个方面构建起劳资关系理论架构；陈恕祥、石美霞等介绍了西方国家劳资关系的基本状况；程延园、周长城等论述了劳资关系中集体谈判制度。第二，劳资矛盾解释。有些学者从原因视角去分析劳资矛盾，也有学者从集体行动视角去审视劳资矛盾。美国学者奥尔森用集体行动理论解释劳资矛盾；社会学家斯梅尔塞则用"价值累加理论"六因素来解析集体行动。我国学者李培林从社会转型等方面解释社会矛盾和冲突，认为我国要高度重视私营企业中的劳资冲突；于建嵘提出"以法抗争"、"以理维权"和"以法维权"

三个解释框架。二是应用研究。应用研究主要围绕劳资关系的现状、劳资矛盾形成的原因及解决对策等问题而展开。第一，劳资关系现状。风笑天、张厚义等通过调查方式探讨私营企业劳资关系问题，认为私营企业劳资关系不规范、不稳定，劳资纠纷较多；姚先国认为，劳资矛盾和冲突在整个中国呈加剧趋势；杨正喜以珠三角农民工为例，认为转型时期我国劳资冲突中，争议内容主要是权利争议而非利益争议。第二，劳资矛盾形成的原因。常凯认为，劳资力量对比极端不平衡，是劳资冲突发生的深层次社会原因；夏小林认为，劳资矛盾形成的原因在于政府目标偏差（即偏向资方），企业工会组建和独立性问题影响劳资力量平衡；刘景章认为，劳资以及政府都是寻求利益最大化，所以包括政府在内总是会偏袒资方而非劳方，劳资矛盾和冲突由此而生生不息；美国学者加拉格尔认为，经济全球化削弱了劳工的讨价还价能力，也削弱了政府对劳工权利和工作保障的保护。第三，劳资矛盾的解决。德国杜茨、美国高尔曼、英国巴纳德等学者分别研究和介绍了德、美和欧盟有关劳资问题的法律规制。我国台湾学者黄越钦、丁幼泉认为，劳动"三权"是保护劳动者权利最有力的制度。大陆学者程延园认为，集体谈判使劳资冲突得以规范化，是社会变革时期解决冲突成本最低且最为有效的手段；吴江认为，利益制衡机制的创新是解决劳资矛盾，实现和谐劳资关系的保障；王辉提出如何构建适合我国国情的劳动关系三方机制法律制度。

中外学者围绕劳资问题的研究积累了许多研究成果，为劳资问题的研究奠定了较扎实的基础。而本书对劳资关系和劳资矛盾的研究基于如下几点。第一，随着经济社会的发展和工人权利意识的提高，我国劳资关系发生了深刻而微妙的变化，工人诉求从原来的权利争议转向利益争议，行动方式从无组织行动向有组织行动转化，原有一些理论无法解释现实情形，它需要学界进一步深入研究。第二，珠三角非公企业劳资矛盾与其他地区（如江浙地区）相比有一些不同的特点和表现，有必要做比较分析。第三，从社会治理创新的视角研究珠三角非公企业劳资矛盾调处机制，在研究视角上与以往研究不同。正是基于以上几点，课题组成员在两年多时间里，围绕课题研究内容，在查阅文献的基础上开展了较为广泛的调研。调研内容包括发放问卷、访谈等。课题组进行了两次问卷调查，问卷设计分四个部分：个人基本情况、员工目前的工作状况、劳资关系状况和农民工的代际差异。研究团队分赴东莞、深圳、广州等珠三角企业聚集地，调研企业11家，发放问卷300份，收回有效问卷269份。调研企业的主要类型有外商独资企业、中外合资企业和民营企业，其中有规模在4000人以上的中欧合资企业、日资企业、中美泰合资企业、总部在广州的全国知名民营企业以及珠三角的中小型民营企业。受访企业员工的年龄大部分集中在25~34岁，"80后"员工占受访者的58%，而"90后"员工也占到19%；在性别分布上，受访的女性员工占55.6%，男性员工占44.4%；从受教育的程度看，高中或中专学历的占32.9%，大专及以上学历的占47.7%。除了对企业的问卷调查外，研究团队在调研过程中还与企业集体座谈并与员工作个别访谈。参与座谈的部门包括企业工会、人力资源部、监察审计部、行政部、安管部等部门，另外还有一些一线工人。同时，也对政府相关职能部门作了访谈。访谈对象包括若干市的总工会、社工委、人力资源和社会保障局、司法局、外来人口服务管理局（各地名称不同）等。通过访谈，对问卷调查的内容进行了补充和印证。

本书由六章构成。各章之间既相互独立，又有一定的逻辑关系。本书首先概括了珠三角非公企业劳资矛盾的现状及特点，分析了珠三角非公企业劳资矛盾形成的原因，提出珠三角非公企业劳资矛盾调处的理论依据。在此基础上，从社会治理创新的视角提出劳资矛盾调处机制的转型，并从宏观和微观视角探讨和思考劳资矛盾调处机制。本书的见解、观点对当今我国调处劳资矛盾，构建和谐劳资关系，实现社会和谐，以及探索社会治理创新路径具有参考意义。本书中的第一章和第六章主要由课题组成员潘晶晶完成，其余各章均由课题主持人曾秀兰完成，课题组其他成员不同程度地参与了课题研究工作。

曾秀兰
2014 年 11 月 6 日

目 录

第一章 珠三角非公企业劳资矛盾的现状及特点 …………… 001
  第一节 珠三角非公企业劳资矛盾的发展现状 …………… 001
    一 劳资纠纷数量大幅增长 ………………………………… 002
    二 劳资矛盾和冲突的对抗性加剧 ………………………… 006
    三 集体劳动争议案大幅提高 ……………………………… 011
  第二节 珠三角非公企业劳资矛盾的新特点 ………………… 016
    一 工人有主动抗争的色彩 ………………………………… 016
    二 劳资纠纷方式出现群体化趋势 ………………………… 022
    三 工人集体行动更理性 …………………………………… 026
    四 争议内容既有权利之争也有利益之争 ………………… 031
    五 利益诉求从"底线型"向"增长型"转变 …………… 035

第二章 珠三角非公企业劳资矛盾形成的原因 ………………… 039
  第一节 根本原因：劳资利益差异，劳资力量不平衡 ……… 040
    一 内生原因：劳资之间的利益差异 ……………………… 040
    二 深层原因：劳资之间力量对比的不平衡 ……………… 043
  第二节 制度原因：法律制度不健全，利益表达
          机制不畅通 ……………………………………………… 048
    一 劳动立法、执法的法律体系不健全 …………………… 048

二　政府、工会职责不明，利益表达渠道不畅 …………… 049
第三节　直接原因：劳工权益受到侵害，超出劳方耐受力 …… 053
　　一　工人法定权益得不到保护和完全实现，引发矛盾 …… 054
　　二　工人合理诉求无法解决，引发矛盾 ………………… 058
第四节　劳动者主体原因：新生代工人权利意识增强，
　　　　耐受力较低 ……………………………………………… 061
　　一　新生代工人权利意识增强，更易采取集体行动
　　　　维护权益 ………………………………………………… 061
　　二　新生代工人利益诉求多元而耐受力低，更易导致
　　　　劳资冲突 ………………………………………………… 067
第五节　外部环境原因：法律法规调整，企业转型，
　　　　新媒体催化 ……………………………………………… 069
　　一　法律法规的实施或修订，助推劳资纠纷骤升 ……… 069
　　二　产业结构调整，企业转型，使劳资关系处于多变状态 … 071
　　三　国际金融危机及新媒体的催化使劳资关系风险增加 … 072

第三章　珠三角非公企业劳资矛盾调处的理论依据 … 075
第一节　风险社会理论 ……………………………………………… 075
　　一　风险社会理论：不确定性，难以掌控 ……………… 075
　　二　风险社会理论的启示：高度重视劳资矛盾，预防在先 … 077
第二节　社会冲突理论 ……………………………………………… 080
　　一　社会冲突理论：冲突正功能，"安全阀"机制 ……… 080
　　二　社会冲突理论的启示：正确看待劳资矛盾，建立
　　　　疏导机制 ………………………………………………… 083
第三节　人民内部矛盾学说 ………………………………………… 085
　　一　人民内部矛盾学说：区分不同性质的矛盾 ………… 085

二　人民内部矛盾学说的启示：处在矛盾凸显期，
　　　　劳资矛盾要多方共治 ………………………………… 087

第四章　社会治理背景下劳资矛盾调处机制的转型 ………… 091
　第一节　劳资矛盾调处机制转型的原因 …………………… 091
　　一　诱致性原因：劳资矛盾激化引发严重后果 …………… 091
　　二　强制性原因：从社会管理到社会治理已成为新的
　　　　执政理念 …………………………………………………… 095
　第二节　劳资矛盾调处机制转型的路径选择 ………………… 100
　　一　调处主体的转型：由政府包揽到多方参与的系统治理 … 101
　　二　调处方式的转型：由经验型、人治型管理到法治型治理 … 110
　　三　调处手段的转型：由单一手段到多种手段的综合治理 … 113
　　四　调处重心的转型：由事后处置到源头治理 …………… 115

第五章　珠三角非公企业劳资矛盾调处的宏观视角 ………… 120
　第一节　政府：应由"主体"向"主导"转变 ……………… 120
　　一　政府职能及政府职能转变的历史演进 ………………… 120
　　二　政府在劳资关系中的角色偏差 ………………………… 123
　　三　政府在劳资关系中的应然角色："主体"向
　　　　"主导"转变 ……………………………………………… 128
　第二节　工会：应突出"维护"职能 ……………………… 145
　　一　工会是劳资关系中的三方主体之一 …………………… 145
　　二　工会在劳资关系中的尴尬及困境 ……………………… 149
　　三　工会转型与本位回归：突出工会的"维护"职能 …… 158
　第三节　雇主组织：应在"三方机制"中更有作为 ……… 173
　　一　雇主组织是雇主的"娘家" …………………………… 173

二　雇主组织在"三方机制"中的职责偏失……………… 177
　　三　雇主组织在"三方机制"中应更有作为……………… 180
第四节　社会参与：社会工作介入劳资矛盾调处与预防………… 191
　　一　社会工作的特点与优势………………………………… 192
　　二　社会工作介入劳资矛盾调处与预防的实践探索及模式… 195
　　三　社会工作在劳资矛盾调处与预防中的作用…………… 199
　　四　社会工作介入劳资关系治理的问题与困境…………… 202

第六章　珠三角非公企业劳资矛盾调处的微观视角……………… 205
　第一节　企业民主管理机制………………………………………… 205
　　一　树立民主管理意识……………………………………… 206
　　二　建立民主管理渠道……………………………………… 208
　　三　促进员工参与管理……………………………………… 210
　第二节　企业基层党组织服务机制………………………………… 212
　　一　基层党组织服务大局…………………………………… 214
　　二　加强和改善党对工会组织的领导……………………… 216
　第三节　企业文化建设机制………………………………………… 218
　　一　构建独特的企业文化…………………………………… 219
　　二　建立让员工可感知的企业文化………………………… 220
　　三　企业文化的建设要基于社会责任……………………… 222
　第四节　企业劳动保障机制………………………………………… 224
　　一　企业内的劳动保障制度应当体现出本企业的特色…… 225
　　二　企业内的劳动保障应涉及员工的成长………………… 226
　　三　在企业内部建立"体面劳动"的保障机制…………… 227
　第五节　企业劳工群体心态引导机制……………………………… 229
　　一　要在企业内部积极培育良性的群体心态……………… 231

二　要及时平复和疏导群体情绪 …………………………… 232
三　要积极应对群体性劳资事件 …………………………… 234

参考文献 ……………………………………………………… 236

附录　调查问卷 ……………………………………………… 256

后　记 ………………………………………………………… 263

第一章
珠三角非公企业劳资矛盾的现状及特点

改革开放 30 多年来，珠三角地区充分发挥改革"试验田"的作用，率先在全国推行以市场为取向的改革，较早地建立起社会主义市场经济体制框架，成为全国市场化程度较高的地区，因此，珠三角也成为全国吸引资本的重要地方，外资企业、民营企业、个体经济等非公企业相对较多。如今珠三角地区已经成为世界知名的加工制造和出口基地，是世界产业转移的首选地区之一。在这个繁华的经济外壳背后隐藏着一个庞大的劳工群体，他们用青春和汗水创造着这个地区的繁华，然而，随着社会的发展，这些产业工人不再选择默默无闻，他们越来越关注对自我权益的保护，与此同时劳资之间的矛盾也显得日益突出。

第一节 珠三角非公企业劳资矛盾的发展现状

2010 年轰动全国的富士康员工跳楼事件及南海本田工人罢工事件将劳资矛盾的尖锐性无情地揭露出来，也引起了全国上下对劳资矛盾的极大关注。通过研究考察我们发现，富士康员工跳楼事件及南海本田工人罢工事件更像是个引爆器，将原本已经矛盾重重的劳资关系问题推上了风口浪尖，在全国特别是珠三角地区劳资纠纷大幅增加，劳资矛盾和冲突的对抗性也有所加剧，同时集体劳动争议案例也呈现上升的趋势，这些都是我们在考察珠三角地区劳资关系时不得不重视的现实情况。

一 劳资纠纷数量大幅增长

在计划经济向市场经济转型过程中,劳动关系双方力量对比相对均衡的状态已被打破,劳动争议案件数量及涉及人数均呈大幅上升之势。据统计,2010年全国劳动争议案件的数量是2000年的4.5倍,主要争议集中在劳动报酬和社会保险待遇及福利方面。2008年案件的数量达693465件,比上一年增加了近1倍,主要争议集中在劳动报酬、社会保险待遇及福利和劳动合同方面。珠三角地区劳资纠纷的数量一直维持在一个较高的水平,随着人们对劳资问题的日益关注,更是将劳资矛盾和冲突不断地推向高点,代表珠三角地区的广东省劳资争议案件的数量在全国更是"名列前茅",《中国劳动统计年鉴》数据显示,2010年全国劳动争议案件共计600865件,广东省93307件,占全国总案件数的15.53%;2008年全国劳动争议案件共计693465件,广东省150023件,占全国总案件数的比例高达21.63%。通过表1我们可以清楚地看到从2000年到2010年广东省劳动争议案件发生的情况。

表1 2000~2010年中国劳动争议案件数量情况一览

单位:万件,%

年份	全国	受理劳动争议案件数量列全国前三位的地区			广东省在全国所占比例
		第一位	第二位	第三位	
2000	13.5	江苏,2.7	广东,2.6	上海,1.1	19.43
2001	15.5	江苏,3.0	广东,2.0	上海,1.4	13.16
2002	18.4	江苏,3.1	广东,2.4	山东,1.5	13.07
2003	22.6	广东,4.2	江苏,3.7	山东,1.9	18.65
2004	26.1	江苏,4.3	广东,4.2	山东,2.1	16.02
2005	31.2	广东,6.1	江苏,5.1	山东,2.6	19.52
2006	31.7	广东,5.5	江苏,4.4	上海,2.4	17.30

续表

年份	全国	受理劳动争议案件数量列全国前三位的地区			广东省在全国所占比例
		第一位	第二位	第三位	
2007	35.0	广东，5.5	江苏，5.0	上海，2.9	15.84
2008	69.3	广东，15.0	江苏，9.4	上海，6.5	21.63
2009	68.4	广东，11.8	江苏，7.5	北京，7.4	17.26
2010	60.1	广东，9.3	北京，6.1	江苏，5.7	15.53

资料来源：2001~2011年《中国劳动统计年鉴》。

根据表1的数据，经过统计和整理我们得出了2000~2009年广东受理劳动争议案件数量的一个走势图（见图1）。

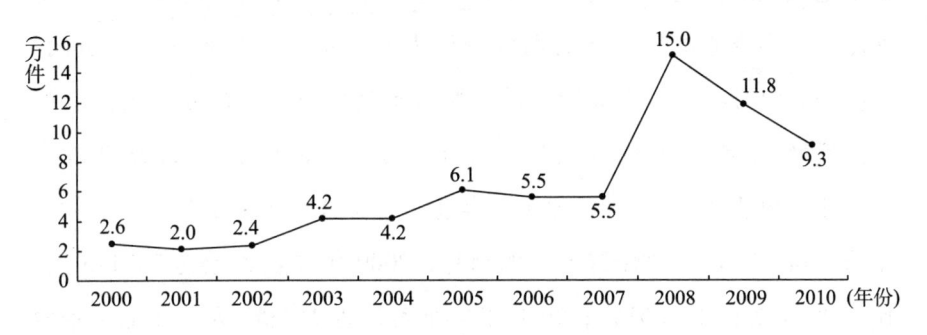

图1 广东受理劳动争议案件走势图

从图1可以清楚地看到，2000年以来，广东省劳动争议案件的数量基本呈稳步向上的趋势，从其增长的幅度来看，2000年到2007年处于一个比较平稳的增长阶段，然而从2007年到2008年这一阶段有一个很大幅度的攀升，造成这种现象的原因我们可以归结为2007年6月《劳动合同法》的通过唤醒了广大劳动者对自我权利的维护意识，从而强化了劳动者自我维权的力量，并转化为现实的行动力。由于珠三角以农民工为劳动者主体的劳资冲突是在中国转型这个特定社会背景下发生的，加上我国开始进入一个利益分化日益明显的时期，这一时期劳资冲突较为激烈，而且多以群体性事件出现，这种情况在《劳动合同法》实施前后达到高潮。① 从2007年到2008年大幅攀升的数据中也折射出广东省所积累的劳资问题在《劳动合同法》实施的背景下呈井喷式的爆发。

同时，表1、图1也很明显地反映出2008年至2009年广东省劳资争议案件又出现了一个明显的回落，究其原因我们不难发现，首先，从经济学的角度来看，经过2007~2008年的一个高增长的爆发期，到2008~2009年的回落符合一般周期的运行规律。其次，在2008年全面爆发的美国次贷危机对全世界造成的负面经济影响是巨大的，在中国特别是珠三角以加工制造为主的出口型企业遭受了巨大的冲击。美国金融危机引起了全球的经济衰退，而珠三角的企业首先感受到了这种寒冷，很多企业的正常运行面临着巨大的困难，一些企业面临倒闭，一些企业艰难维持，企业运营的步履艰难直接影响到的就是劳动者的就业环境，2007~2011年《广东统计年鉴》数据显示，② 2008年珠三角失业人数达202871人，比上一年上升了8.16个百分点。此后的几年珠三角的失业人数保持上升的趋势，2009年失业人数达208175人，比2008年增长了2.61%；2010年失业人数达210555人，比上一年增长了1.14个百分点。在这种情况下不论是资方还是劳方更多考虑的是"生存"的问题，劳动者更关心能否继续工作，因此对权益的诉求被迫移到次位。但是从整体的数据结构来看，广东省2009年高达11.8万件以及2010年高达9.3万件的劳资争议案件仍然居历史高位，可见即使在"生存"面临挑战的形势下也没有磨灭人们对权益的追求，随着全球经济的逐步向好，这种追求将会表现得更加明显，而这大幅升降的背后也暗示着广东省劳资关系的不稳定性。

---

① 杨正喜：《转型时期我国劳资冲突特点——以珠三角农民工为对象》，《管理科学文摘》2008年第3期。
② 数据来源于2007~2011年《广东统计年鉴》。

第一章 珠三角非公企业劳资矛盾的现状及特点

在对统计数据进一步分析的时候我们发现,在反映劳资争议案件数量的项目中,有一个重要项目就是劳资争议所涉及的人数。数据显示,2010年全国劳动争议案件涉及的劳动者人数约为2000年的2倍;2008年案件涉及的劳动者人数为1214328人,比上一年增加了约0.9倍。而代表珠三角地区的广东省劳资争议案件涉及的人数在全国一直是"稳坐第一把交椅",2010年全国劳动争议案件涉及人数共计815121人,其中广东省144778人,占17.76%;2008年全国劳动争议案件涉及人数共计1214328人,其中广东省351275人,占28.93%。通过表2我们可以清楚地看出广东省劳动争议案件所涉及人数情况。

表2 2000~2010年全国劳动争议案件涉及人数情况一览

单位:人,%

年份	全国	劳动争议案件涉及人数全国前三位的地区			广东省在全国所占比例
		第一	第二	第三	
2000	422617	广东,133074	江苏,56493	山东,33364	31.49
2001	556230	广东,112811	江苏,64418	山东,37448	20.28
2002	608396	广东,133010	江苏,78589	山东,75835	21.86
2003	215512	广东,41799	江苏,33691	山东,17183	19.40
2004	764981	广东,148936	辽宁,140600	山东,65931	19.47
2005	744195	广东,169084	江苏,72877	山东,61507	22.72
2006	301233	广东,54176	江苏,40348	上海,23698	17.98
2007	653472	广东,132265	江苏,68653	山东,49632	20.24
2008	1214328	广东,351275	江苏,132391	上海,83207	28.93
2009	1016922	广东,198881	江苏,96405	北京,73463	19.56
2010	815121	广东,144778	江苏,67634	北京,61050	17.76

资料来源:2001~2011年《中国劳动统计年鉴》。

根据表2的数据,我们对2000~2010年全国劳动争议案件涉及人数排名前三位地区的情况进行了一个比较,结果如下(见图2)。

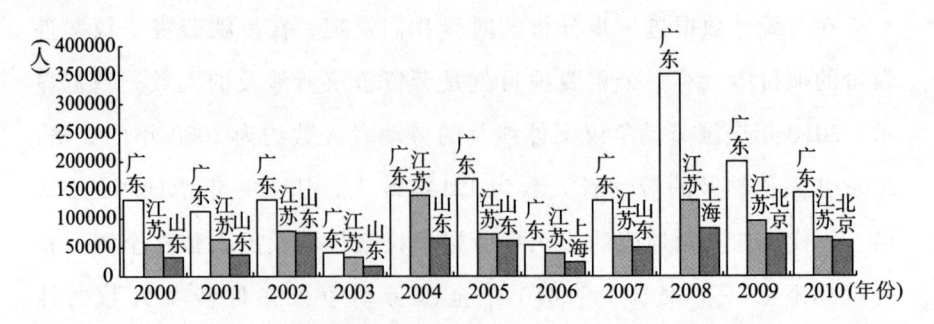

图 2　全国劳动争议案件涉及人数前三位地区比较

从表 2 和图 2 中我们能很直观地发现从 2000 年到 2010 年中广东省在劳资争议涉及的人数上一直是位居第一，并且其数据的波动和劳资争议案件的数量是呈正相关的。2008 年的大幅上升与《劳动合同法》的实施有直接的关系，而 2009 年至 2010 的回调又与国家金融危机有着深刻的联系。通过进一步观察我们看到，随着年份的向前推移，广东与居于第二位省份之间的差距也越来越大，广东呈现"遥遥领先"的架势，广东省作为全国劳资争议案件涉及人数最多的地区，其所占的比重越来越大。

二　劳资矛盾和冲突的对抗性加剧

劳资矛盾和冲突一旦发生，在面对众多的可供选择的解决方式时，劳资双方特别是劳方，往往会通过权衡劳资双方的力量来确定自己的行动策略，然而劳方在最大限度地争取自我权利的时候，资方所采取的策略同样也是最大限度地保证自我利益，为此尽可能地牺牲劳方利益。劳资双方的策略处于明显的博弈之中，也就成为劳资矛盾和冲突发生的一个主要因素。2010 年 2 月根据网友的关注度以及事件的影响力由《法制晚报》和中国人民大学劳动关系研究所共同发起评选最具影响力的"中国十大劳动关系事件"，在这十大劳动关系事件当中，珠三角地区就涉及 4 个事件。直面近几年珠三角地区的劳资矛盾和冲突,劳资双方的博弈往往呈现不同形式的对抗性,值得关注的是,这种对抗性在不断加剧。

对抗是指对立起来相持不下,哲学上指表现为剧烈的外部冲突的斗争形式。在劳资关系中劳资双方的对抗性是指劳方和资方在某个方面或多个方面的矛盾或冲突中无法利用对话的方式达成共识,进而采取的一种斗争形式,这种斗争容易引起非理性的行为,同时可能会对双方利益造成一定的损害。从劳资矛盾和冲突案例来看,以劳方为主体的罢工、静坐、堵路、示威等形式频发。此外,一些劳资矛盾和冲突升级为劳方与资方、劳方与警察的一些肢体冲突,更甚者有些事件中还出现了软禁、殴打致死的情况。笔者从网络、报刊的新闻中收集整理相关资料后发现,仅2012年8~9月珠三角地区发生的劳资矛盾和冲突事件就有数十起,而且一些事件的对抗性十分突出。

2012年8月9日上午,深圳市宝安区西乡九围洲石路约3.5公里处先歌工厂工人罢工,造成洲石公路全线几乎瘫痪,现场警方出动大批防暴警察,现场并未爆发冲突。警方现场禁止拍照。据先歌工厂员工爆料,工厂不但不加工资,反降500元工资,而且降薪的同时欠薪。①

2012年8月15日下午开始,深圳沙井一家电器制品厂的43名保安为了保住后半生饭碗,选择了用集体跳楼的方式维权。有一名徐先生,时年54岁,他告诉记者,8月14日,厂里突然新来了一批保安,大约四五十人,制品厂的相关负责人以"工厂此前雇用的保安有一些并不具备相关资质"为由,可能会使一部分人离开。听到这话后,部分老保安急了,一下子要失业了,什么准备都没有。②

---

① 《深圳先歌国际音影老板欠薪路跑 工人罢工堵路》,http://nuu0065.chinaw3.com/a/report/news/labor/2012/0904/3287.html。
② 《深圳保安为保饭碗集体跳楼维权》,http://nuu0065.chinaw3.com/a/report/news/labor/2012/0820/3217.html。

2012年8月25日深圳石冢感应电子资方擅自降低员工待遇激怒员工,导致该厂全体工人罢工。事发后警察出面,并出现殴打工人的情况,抓走了两个站在罢工人群最前面的人。①

2012年8月27日珠海市联思电子厂有限公司的1000多名员工罢工,起因是企业出售给浙江一个老板,要求工人重签合同,双方就补偿问题未达成一致。罢工从27日早上持续到29日晚上。员工"小雯子"表示:联思员工大闹联思电子厂,谁叫它少赔一个月的工资!员工"翠燕"表示:联思电子厂全体员工大罢工,目的只有一个,那就是讨回属于自己的权益。②

2012年9月7日,东莞市虎门镇莱得利皮具厂有2000多名员工集体上街堵路罢工,要求工厂改善工资福利待遇。地方政府派出数百名警察到现场戒备,将工人赶回工厂,有数人被抓。当天下午大批工人走出工厂,将107国道堵了两个多小时,导致当地交通瘫痪。地方政府出动警察,拉起警戒线,驱散抗议工人。该厂李姓员工说:"就是对工厂待遇不满,全体员工就去省道堵路,他们就出动防暴警察来抓我们,然后把我们赶回来,武警、防暴警察来了三四百人。警察抓了9个人,1女8男,现在还没放回来,要拘留15天。"③

2012年9月11日,广东江门蓬江区杜阮镇陈玉珍幼儿园的老师忽然集体失踪了。家长称,这些老师的失踪可能跟工资待遇太低有关。一位学生家长向记者透露,之前,他孩子的班主任在家访时,经常向她抱怨自己工资待遇太低,而且领导时不时还找理由克扣老师这原本就不多的钱,让他们十分苦恼。当地一位知情人员透露,该幼儿园老

---

① 《深圳石冢感应电子资方擅降低员工待遇 激全体员工罢工》,http://nuu0065.chinaw3.com/plus/view.php?aid=3246。
② 《逼签新合同 珠海市联思电子厂千多名员工集体罢工》,http://nuu0065.chinaw3.com/plus/view.php?aid=3297。
③ 《东莞港资皮具厂二千人罢工堵路抗议待遇低辞工难》,http://nuu0065.chinaw3.com/plus/view.php?aid=3305。

第一章 珠三角非公企业劳资矛盾的现状及特点

师是因为不满待遇低有预谋地突然出走，让学校难堪。①

2012年9月12日5时左右，揭阳市部分出租车司机在火车站聚集，向市政府有关部门提出打击"黑车"及出租车承包费过高等诉求。②

2012年9月14日，番禺昶联金属材料制品（广州）有限公司基层员工因不满长期低薪（一般月收入只有1100元）全体罢工。另外，昶联金属材料制品（广州）有限公司与深圳翔通劳力派遣公司签有长期劳务派遣合同，借以规避缴纳劳动保险，对此该公司员工也深感不满。③

2012年9月24日，广东中山市小榄镇公共交通有限公司近百名司机和售票员罢工，小榄16条公交线路受到影响。部分司机表示：公交公司存在克扣员工工资、不给签劳动合同的行为，他们要求增加福利、提高待遇。④

在劳资双方的博弈过程中，造成劳资矛盾和冲突的对抗性加剧的原因是多方面的。

首先，政府作为劳资关系的第三方，对劳资矛盾和冲突应当发挥协调或者是调停作用，政府的作用在于提供一个公平的市场经济环境，为资方和劳方搞好服务，既要保护资方的利益，也要保护劳方的利益，在两者之间保持平衡。然而遗憾的是，一些地方政府缺乏积极的态度，以经济发展需要带动、企业自主发展、行政管理不便介入等为由忽视劳资问题，或者是当劳资冲突爆发后一味地维护资方利益而放弃劳方的利益，这是一种非常短视的行为。政府对资方利益的维护或许会使

---

① 《待遇过低 江门一幼儿园教师集体罢课》，http：//news.aedu.cn/20120913/51d63d95-f00e-41e7-a18b-29f9748b4da4.shtml。
② 《广东揭阳出租车集体罢工》，http：//nuu0065.chinaw3.com/plus/view.php?aid=3311。
③ 《广州番禺大岗昶联公司全体工人罢工 抗议低薪及劳务派遣》，http：//nuu0065.chinaw3.com/plus/view.php?aid=3316。
④ 王文杰、卫卫：《小榄近百名司乘停工 要求提高待遇》，http：//nuu0065.chinaw3.com/a/report/news/labor/2012/0925/3334.html。

资方对此表示满意，但其实是掩盖了劳资问题，加剧了已有的劳资矛盾，只是当时在各种因素的制约下劳资矛盾和冲突没有以对抗性的方式爆发出来，但随着矛盾的不断积累，劳资冲突的对抗性会进一步加剧并最终导致冲突事件。

其次，在市场经济条件下"强资本、弱劳力"是一种普遍的现象，当然劳动力的供大于求也是一个非常重要的经济原因。从劳动关系的性质上看，资本往往是一种稀缺性的资源，而劳动则具有从属的特性，只有当劳动力从属于资本的时候才能出售，再加上我国的劳动力极大地供过于求，很显然，资强劳弱从基本面上看不可能发生根本性的变化。[①] 劳方的弱势地位，注定了劳方争取自身权益道路的不平坦。当处于弱势地位的工人无法将政府制定的劳动者权益保障政策等政治资源转化为实际的利益，当工人们无法在正式的制度安排下（如通过真正代表他们权益的企业工会组织的集体谈判）在企业内部对雇主提出改善工作条件、维护劳动者权益，那么他们将争议"外部化"的方式便会成为一种必然的选择。[②] 从20世纪90年代末开始，发生多起农民工艰难讨薪案件，社会对工人的社会权益给予越来越多的关注，尤其到近年来，劳动者遇到不公、不合理对待的劳资事件一旦被曝光，社会舆论便会给予很大的关注。社会舆论普遍认为，在劳资矛盾和冲突中劳动者作为一个弱势群体往往是受欺压的，同时这些坚守一线的劳动者对推动我国经济的发展做出了不可磨灭的贡献，因此他们应当受到更多的关注以及更加公正的对待。这无疑强化了劳动者对自身权益的认识和重视。在维权的过程中劳动者逐渐意识到，仅仅停留在企业内部的抗争对雇主造成不了压力，必须要把问题"外部化"、"社会

[①] 赵端：《把权利交给工人是调整劳资关系的根本之道——访中国人民大学劳动关系研究所所长常凯教授》，《中国党政干部论坛》2010年第10期。
[②] 廖艺萍：《农民工政治参与的困境与出路——基于和谐社会视角的分析》，《探索》2006年第1期。

化"和"严重化",让社会关注,特别是让政府领导人认识到问题的严重性,才有可能使劳动者面临的问题得到解决。因而,更多的劳动者选择集体上访、越级上访、上街游行等方式,造成重大群体事件,引起政府领导的重视并加以解决。① 一旦这种严重的劳资对抗事件很快得到有效的解决后,特别是很快满足劳动者维权的诉求后,极易在社会上形成"蝴蝶效应",从而加剧劳资矛盾和冲突的对抗性。

最后,在珠三角地区很多企业的规模不大并且处在发展的初期,这个阶段也正是企业需要不断进行积累的时候,同时在中国有劳动力众多的优势,因此一些资方为了快速地进行资本的积累而减少在人力上的成本,往往将劳方的价格压得很低,而且并不会为此而不安。在他们看来,"中国反正有的是人,你不来他来",这种理念几乎是资本主义原始积累时期的理念,正是这种理念才使资方忽视了劳方的权益,也忽视了劳方的力量,一旦资方的规则超出了劳方可接受的底线,那么劳资之间的矛盾和冲突便会发生。在"强资本、弱劳动"的环境下,资方也往往会以强者的姿态来对待劳资之间的问题。然而劳动者并不仅仅是一般的商品,他们不是物,而是人,他们有思想、有行为能力,为了争取自身权益,在作为弱势一方不被资方重视的情况下,只能选择最有影响力、见效最快的对抗方式,因此也就造成了劳资矛盾和冲突对抗性的加剧。

三 集体劳动争议案大幅提高

近年来,珠三角地区的多家企业发生了停工、罢工的群体性事件,工人似乎开始觉醒,他们逐步认识到在"强资本、弱劳动"的劳资关系现状中个体的渺小与力量的薄弱,而集体却具有大于个体许多倍的力量和影响力。有数据显示,从 2000 年到 2010 年中国集体劳资争议

---

① 王春光:《农民工:一个正在崛起的新工人阶层》,《学习与探索》2005 年第 1 期。

案件的数量以年均7.1%的比例增加,而作为珠三角地区代表的广东省,其集体劳资争议案件则以年均75.23%的速度剧增。集体劳动争议由来已久,国内外学者进行了大量的研究。集体争议是劳动争议中与劳动者全体或部分劳动者有关的那部分争议,即部分劳动者或劳动者全体,以及这些劳动者的利益代表(代表机构、代表者)与劳动力使用者以及劳动力使用者的利益代表(代表机构、代表者)之间,就劳动条件的决定、维持、变更等进行交涉所发生的争议[①]。通过研究2000年至2010年全国及广东省劳动争议案件数以及涉及的人数发现,集体争议呈现大规模上升趋势,特别是代表珠三角的广东省在全国所占的比例高,且其集体劳动争议案件的数量和涉及的人数均是大幅上升。通过表3我们来进行详细的分析。

表3　2000～2010年全国及广东省集体争议案件情况一览

单位:件,人

年份	集体劳资争议案件数		集体劳动争议劳动者当事人数	
	全国	广东	全国	广东
2000	8247	2475	259445	98192
2001	9847	2397	286680	82451
2002	11024	1786	374956	93349
2003	10823	429	514573	98680
2004	19241	4304	477992	84390
2005	16217	2115	409819	106468
2006	13977	1330	348714	83220
2007	12784	830	271777	62092
2008	21880	1897	502713	197756
2009	13779	1776	299601	72877
2010	9314	1013	211755	54163

资料来源:2001～2011年《中国劳动统计年鉴》。

---

① 彭光华:《集体争议处理机制初探》,《工会博览》2007年第9期。

第一章 珠三角非公企业劳资矛盾的现状及特点

2000~2010年集体争议案件数量全国与广东省对比情况如图3所示。

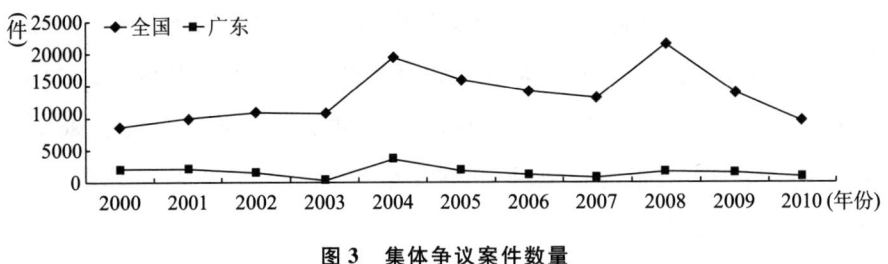

图3 集体争议案件数量

2000~2010年集体争议案件涉及人数全国与广东省对比情况如图4所示。

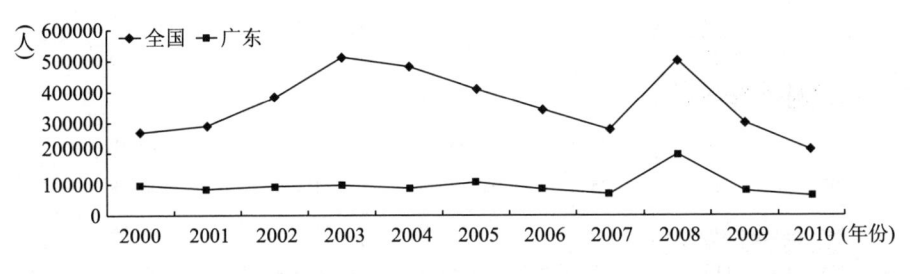

图4 集体争议案件涉及人数

从以上数据中我们可以直观地看出，2000年到2010年这10年间广东省集体争议案件的数量和涉及人数与全国的走势基本一致，只是到了2008年这个高点以后，全国集体劳资争议案件的数量出现了一个"跳水式"的下降，而这种情况在广东省表现得并不是特别明显。2008年全国集体劳动争议案件的数量是21880件，比2007年增加了71.15%，而2009年为13779件，比2008年下降了37.02%；而广东省的情况则不同，2008年广东省集体劳动争议案件的数量是1897件，比2007年增加了128.55%，而2009年为1776件，比2008年仅仅下降了6.38%，可见广东省的集体劳资争议案件数量相对于全国而言增长更快。

从2000年到2010年度全国劳动争议仲裁机构受理的集体劳动争议案件数据分析集体劳动争议的情况可以看出，集体劳动争议主要发生在广东、江苏、山东、北京、上海等经济较为发达地区，从2000年到2010年广东省的集体劳动争议案件最多，共计20352件，约占全国集体劳动争议总数的14%，同时其涉及的劳动者人数极其庞大，10年来共计达1033638人，约占全国集体劳动争议案件涉及人数的26%。通过表4我们可以很直观地看到2000年到2010年广东省集体争议案件数量及人数情况。

表4　2000～2010年广东省集体争议案件数量及人数情况

年份	集体劳动争议案件数（件）	集体争议案件增长率（%）	集体劳动争议劳动者当事人数（人）	劳动者当事人数（人）	集体争议人数在劳动者当事人数中的比例（%）
2000	2475	—	98192	133074	73.79
2001	2397	-3.15	82451	112811	73.09
2002	1786	-25.49	93349	133010	70.18
2003	429	-75.98	98680	41799	236.08
2004	4304	903.26	84390	148936	56.66
2005	2115	-50.86	106468	169084	62.97
2006	1330	-37.12	83220	54176	153.61
2007	830	-37.59	62092	132265	46.95
2008	1897	128.55	197756	351275	56.30
2009	1776	-6.38	72877	198881	36.64
2010	1013	-42.96	54163	144778	37.41

资料来源：2001～2011年《中国劳动统计年鉴》。

集体劳动争议是劳动者主张和维护自己合法权利的一个重要渠道，从2002年到2010的数据来看，珠三角的从业人数占广东省从业人员的一半以上（2002年除外）并有不断上升的趋势（详见表5），由此可见，广东省集体劳资争议的居高不下也从一个侧面反映出珠三角地区集体劳动争议以及珠三角地区劳资矛盾的现状。

第一章 珠三角非公企业劳资矛盾的现状及特点

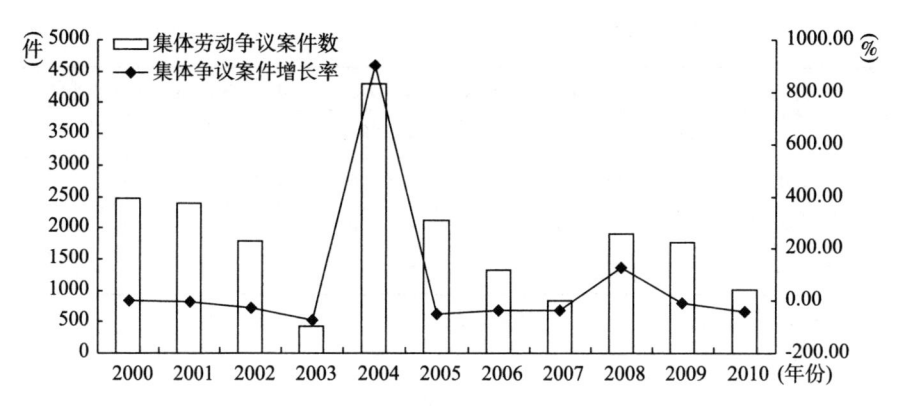

图 5 广东集体劳动争议案件数及增长率

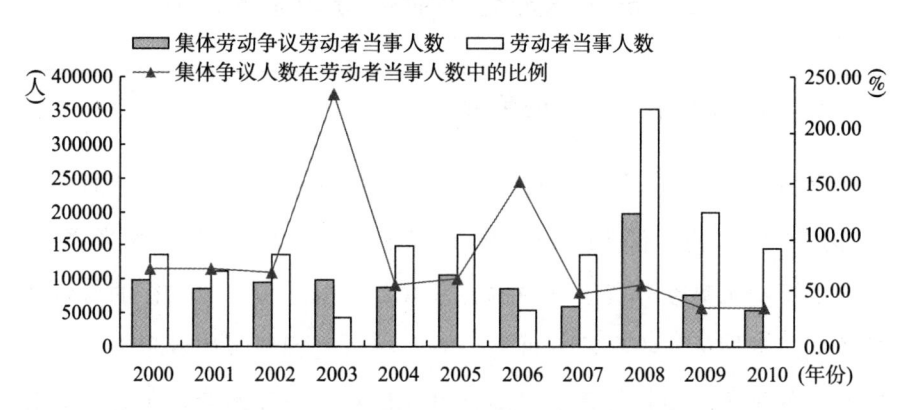

图 6 广东集体劳动争议劳动者当事人数及其占劳动者当事人数的比例

表 5 珠三角从业人员在广东省的比例

年份	从业人员年末人数（万人）		珠三角从业人员占广东省从业人员比例（%）
	广东省	珠三角	
2002	4134.37	2034.09	49.20
2003	4395.93	2250.43	51.19
2004	4681.89	2492.27	53.23
2005	5022.97	2822.60	56.19
2006	5250.09	2992.34	57.00
2007	5402.65	3102.26	57.42

续表

年份	从业人员年末人数（万人）		珠三角从业人员占广东省从业人员比例（%）
	广东省	珠三角	
2008	5553.67	3204.26	57.70
2009	5652.39	3261.00	57.69
2010	5752.37	3377.35	58.71

资料来源：2001～2011年《广东统计年鉴》。

第二节 珠三角非公企业劳资矛盾的新特点

一 工人有主动抗争的色彩

在劳资矛盾中，资方和劳方作为行动的两大主体在劳资矛盾中相互作用，各方采取不同的行动策略以保证自身的利益，在这两者之中，劳方的行动策略在劳资矛盾中占有非常重要的地位。与以往的劳资纠纷不同，近期的纠纷事件不再是劳方的权益受到损害或者是丧失后寻求救济的抗争，而是具有了主动抗争的色彩。一开始劳资矛盾和冲突往往发生在单个劳方个体与资方之间，在劳方看来，当劳资矛盾发生后如果只是一味地由资方来进行安排，那么自己就陷入了被动的境地，所谓"被动就会挨打"，一旦劳方以一个被动接受者的角色在劳资矛盾中求存，那么其所能获得的利益是不可能实现最大化的，只有将主动权把握在自己的手中，才有资格和机会与资方进行讨价还价。越来越多的劳动者意识到，在劳资矛盾中采取何种行动策略应当由自己来掌握主动权。因此，工人在既定的环境条件下依据个人的偏好会选择不同的行动策略以保证最大化地维护自身的利益。

1. 与资方进行对话

当劳资矛盾发生后，很多工人会考虑主动地、直接地与资方进行语言上的交涉，这样可以直接地将自己的意见以及要求反映给资方。在他们看来，这样会起到更有效的作用。

首先，只有代表资方的上层领导有能力来解决他们所面临的问题。劳资矛盾往往是工人与其直接领导（或者是领班、小组长等）之间因不能达成共同意见而产生。这些直接领导虽然在很大程度上是代表着资方在行使权力，但是其本身并没有对事件做出决定的权力，他们所能起到的作用只是上传下达，而在这个上传下达的过程中也往往会因其主观的原因而造成所传达的信息出现疏漏。对此，工人们非常清楚。在劳资矛盾发生后工人并不指望依靠自己的直接领导来解决问题，只有通过寻求与资方的直接交涉才有解决问题的可能。

其次，这种方式所需要的成本最为廉价。当劳资矛盾发生后，劳资双方不论从何种策略出发，不论存在多么大的分歧，不论劳资之间的矛盾是多么不可调和，他们最终的目的都是希望能够解决问题、平息矛盾的，只有这样劳资双方才有精力和机会进行自我发展。工人期望通过简单对话的方式就可以赢得资方对其诉求的满足从而将问题解决，自己不用再为此事而消耗更多的精力和财力，同时又实现了自己的诉求，这是两全其美的事情。因此，劳方愿意为此试一试，尽管以此方式就能解决问题的可能性微乎其微。

最后，这种方式可以了解资方的真实想法。在工作中劳方所能接触到的资方代表便是其直接领导，但是直接领导并不能从真正意义上代表资方，他们无法将自己的决定作为资方的意图来与工人进行交涉，工人们也非常清楚这一点，因此，工人渴望能够真正地了解到资方的真实意图，而不只是在下面道听途说，并由此来判断资方的条件与自己的底线之间的差距，从而考虑是否可以采取其他行为策略。

2. 利用互联网造势

随着时代的进步和科技的发展，互联网已经从精英阶层的生活领域逐步进入普通大众的生活领域中，特别是对于20世纪60年代以后出生的人来说，互联网已经是再普通不过的事物了。互联网科技发展至今其传播途径也发生了很大的变化，曾经以邮件为主的联系方式，现在已经以博客、微博、微信等新的媒介形式迅速发展，这种新的媒介方式传播的范围更大、波及的人群更广、产生的效应也更强烈。国家统计局惠州调查队针对当前"农民工特别是青年农民工的思想动态、利益诉求及工作待遇、工作环境"等情况进行抽样调查，调查结果显示，农民工队伍呈年轻化，20世纪80~90年代出生的占六成以上。① 这些年轻人一旦融入工人队伍中，便形成一个庞大的群体，这个群体懂得利用互联网的多种途径进行娱乐活动、交友甚至是维权。据《扬州晚报》报道："美国CNN网站周二刊文称，智能手机的快速普及和微博等新媒体的迅速发展，使得原本不被重视的农民工群体获得了更多的信息来源和更大的话语权，从文化上解放了他们，并且重塑了他们的社会地位。"② 当劳资矛盾发生后，工人利用互联网主动与资方抗争已经成为越来越广泛的行为，例如名字为"大宝工人"的新浪微博（微博账号）在2012年9月26日发出了一篇微博，内容为"东莞大宝200人罢工@涨工资、发高温津贴，还我加班费，高空作业，不顾工人生命安全……"。

此微博一经发出，受到了《长江商报》、杨锦麟（香港凤凰卫视时事评论员）、《南风窗》、《南方都市报》、《南方周末》等知名媒体和社会人士的关注，到2012年10月15日"大宝工人"的微博发布消息称："我们的集体争取已得到了结果，不是最好的，但在那种情况下，也不是最坏的，这事儿的经历让我们永生难忘！谢各位。""永生难忘的经历……得到结果，也谢谢各位了。"微博中"大宝工人"播报的情况是东莞大岭山镇大宝化工集团的保安因加班费与资方发生纠

---

① 蔡雯：《农民工队伍呈年轻化 90后农民工要钱更要关爱》，http://www.oeeee.com/a/20100713/908522.html。
② 书丰：《CNN：智能手机普及提升中国农民工网络话语权》，http://www.yangtse.com/system/2012/09/19/014617253.shtml。

纷。从2012年8月底,该工厂自聘的保安因为长期加班而没有加班费向劳动部门投诉,几经调解未果,双方矛盾激化。大宝化工集团的工人利用微博这种新的媒介主动将此劳资纠纷事件公之于众,以期引起社会的关注,以便借助社会舆论的外界压力让资方做出一定程度的妥协。

3. 仲裁或诉讼

仲裁是指买卖双方在纠纷发生之前或发生之后,签订书面协议,自愿将纠纷提交双方所同意的第三者予以裁决,以解决纠纷的一种方式。仲裁协议有两种形式:一种是在争议发生之前订立的,它通常作为合同中的一项仲裁条款出现;另一种是在争议之后订立的,它是把已经发生的争议提交仲裁的协议。这两种形式的仲裁协议,其法律效力是相同的。在劳资关系中,当劳资双方发生劳资争议或是劳资纠纷时,当事人不愿协商、协商不成或者达成和解协议后不履行的,可以向劳动争议仲裁委员会申请仲裁。在我国设置于各级劳动部门的劳动争议仲裁委员会是劳动仲裁机构,它的职能就是对劳动者与用人单位之间的劳动关系做出裁决。劳动争议仲裁委员会由劳动局、工会代表、企业代表所组成,通过仲裁活动来调解双方的冲突。[①] 从一定意义上说,劳动仲裁为劳动者开启了一扇可以通过正规途径进行申诉的大门。随着时代的发展和劳动者法律意识的加强,对于劳动仲裁劳动者并不陌生。《中华人民共和国劳动争议调解仲裁法》于2008年施行并做出了"劳动争议仲裁不收费。劳动争议仲裁委员会的经费由财政予以保障"的规定,这大大降低了劳动者的维权成本,为劳动者在劳动争议和纠纷中主动抗争维护自我权益铺平了道路。在珠三角地区有很大一部分劳动者就是通过劳动仲裁的方式"拿回"了自身的利益。以2010年为例,广东省涉及的劳资争议案件共计115953件,结案数共计

[①] 李志国、周铁军:《中国私营企业劳资关系研究——温州私营经济实证分析》,《社会科学战线》2004年第3期。

105242件，其中通过仲裁调解的为35566件，占总案件数的33.79%；通过仲裁裁决的为55225件，占总案件数的52.47%；而这些案件用人单位胜诉的为15582件，占总案件数的14.81%；劳动者胜诉的为26036件，占总案件数的24.74%。[1]

虽然仲裁在处理劳资争议和纠纷中有不可磨灭的积极意义，但是中国的劳动争议仲裁委员会的政府色彩过于浓厚，工会、企业及社会人士基本不参与，而且其对劳动争议的仲裁更多地具有程序性意义，即它主要是作为诉讼前置程序出现的。虽然它把调解作为结案重要方式，但其主要功能并不是调解劳资纠纷，更不会主动介入劳资冲突进行调解与斡旋。[2] 因此，目前有大约一半的劳动争议不服仲裁而进入了诉讼程序。[3]

诉讼指纠纷当事人通过向具有管辖权的法院起诉另一方当事人的形式解决纠纷，是一种法律行动。在劳资关系领域中，因劳资之间有未予解决的争议，调解无效或是不服劳动争议仲裁委员会的裁决，都可以向人民法院提起诉讼。此外，劳动争议的诉讼，还包括当事人一方不履行仲裁委员会已发生法律效力的裁决书或调解书，当事人民法院强制执行的活动。和仲裁一样，诉讼也是劳动者通过法律途径寻求解决劳资争议或纠纷的一个重要途径。诉讼往往面临相应的诉讼费用，而且其周期也较长，虽然这是劳动者对劳资争议主动抗争的一种表现，但这条路并不容易走。例如，"工人杨人斌因在深圳的某珠宝厂从事雕刻工作导致其患上肺病，与资方5次对簿公堂。2010年5月，杨人斌接到了当地中院的二审判决：驳回上诉，维持原判。5年5次输官司，杨人斌不知道究竟怎样才能讨回公道。"[4]

---

[1] 数据来自2001~2011年《广东统计年鉴》。
[2] 杨正喜、唐鸣：《转型时期劳资冲突的政府治理》，《中南民族大学学报》（人文社会科学版）2008年第2期。
[3] 刘诚：《劳动争议处理法核心问题研究》，《甘肃政法学院学报》2008年第5期。
[4] 《广东一尘肺病工人再遇"工伤"认定难》，《工人日报》2010年8月30日。

工人利用法律手段与资方进行主动的抗争以维护自身的权益，是应当予以赞许的，然而当前中国的法律仍然不健全，同时资方在法律方面获得的支持也显得强大，因此对工人来讲，通过仲裁或诉讼进行主动抗争所能换来的收益并不十分理想。

4. 怠工或旷工

与仲裁或诉讼不同，当劳资矛盾发生后，工人也会通过一些非正常的途径来表达自己的不满，并在工作中以消极怠工或者是旷工的形式与资方的对抗。资本管理部门与工人之间产生了一种不定式的"暗中讨价还价模式，因为它没有组织，而且并不通过正式提出利益要求来解决问题。相反，工人对付管理部门的政策措施的办法是消极怠工与私下违抗"。[①]

消极怠工就是利用消极的态度故意不认真工作，导致工作效率降低。员工为了回应企业的管理控制而怠于工作，时常表现为纪律松散、推诿拖延，不直接和管理人员发生正面冲突，而采取迂回、消极不合作的态度对待工作，以寻求心理上的平衡。外资生产企业几乎全部采用流水线的生产方式，这种生产方式很难采用计件的形式支付工资，因而基本上都采用计时的工资给付形式。面对资方的控制，工人会有意识地在相同的工作时间内放慢工作速度，以此来表达对资方的不满。消极怠工的隐蔽性在于，工人能够在上班、加班等资方要求的工作时间内准时出现，但是在工作中降低了效率，而且这种行为具有感染性，周围其他的员工见状极易进行效仿，从而造成企业生产效率的低下，当消极怠工的负效应日渐蔓延成为一种风气时，企业就面临很大的风险。以深圳港资的流星电子厂的女工为例，"当流水线的速度使得超负荷的身体已经不堪忍受的时候，或者当工人们尚未习惯某种新产品的生产速度

[①] 华尔德：《共产党社会的新传统主义》，龚小夏译，（香港）牛津大学出版社，1996，第267页。

的时候，整个线上的所有女工就会突然间不约而同地放慢工作速度，集体向组长和管工们表达一种无言的反抗。没有人会说一句话，她们任由产品在自己面前堆积起来，有些人甚至会甩手离开"。①

旷工就是劳方不履行正常的手续而缺勤。外资企业与工人一般都签订了劳动合同，虽然合同的时限一般较短，但根据《劳动合同法》对员工离职的程序做出了明确的规定，而且企业对工人离职一般都有严格限制，在这个背景下，工人常常以旷工的形式来表达对管理控制的不满，希望通过这种形式让企业主动解约，从而获得一笔经济赔偿金。旷工的最终结果或许是离开企业，但这与主动离职不同，在回应资方控制的过程中，工人掌握了主动权，将问题丢给了管理者，不论是主动解约还是听之任之，都可能在企业内部产生仿效效应，从而使企业陷入进退两难的境地。

二 劳资纠纷方式出现群体化趋势

2010年1月起，富士康公司员工跳楼事件举国震惊。2010年5月位于广东佛山南海狮山工业园区南海本田厂区约200名员工举行罢工。2010年12月，禅城区佛山（香港）皓昕金属饰品有限公司（以下简称皓昕公司）近百名患尘肺病工人，称公司宣布破产搬迁，担心后续治疗没着落，走上张槎路，要步行到市政府反映诉求。② 2011年1月深圳西部公汽公司337、338线路因部分驻罗湖车站司乘人员劳资诉求问题发生部分车辆停运情况。③ 2011年3月，80多名环卫工人聚集在海珠区海幢街街道门口，追讨3年来被公司无故克扣的工资。④ 2011

---

① 潘毅：《中国女工——新兴打工阶级的呼唤》，（香港）明报出版社，2007，第143页。
② 门君诚、王銮峰：《传工厂破产将搬迁 佛山近百尘肺工上街散步讨说法》，http://www.btophr.com/s_focus/915.shtml。
③ 《深圳2条公交线路因司乘人员劳资纠纷部分停运》，http://www.s1979.com/shenzhen/201101/1110429111.shtml。
④ 钟传芳：《80环卫工人停工讨欠薪》，《羊城晚报》2011年3月30日。

第一章　珠三角非公企业劳资矛盾的现状及特点

年5月因声称交不出每天200元的班费，海南琼海新国线出租车公司、昌导出租车公司百余名出租车车主上午11时将车停在琼海市政府门口集体罢运。① 2011年5月惠州市一间中美合资电子厂发生罢工潮，逾千工人不满资方关闭工厂未按规定遣散员工，拉中英文抗议标语在厂区游行抗议，工人并称如问题未解决，将到广州的美国总领事馆抗议。② 2011年8月因嫌公司待遇过低，薪酬制度有不合理之处，广州益力多乳品有限公司深圳分公司的百余名员工停工，同时还选取员工代表与公司管理层进行谈判。③ 2011年9月因怀疑被公司采取不正常手段变相逼退，宝安龙华的台企宏光车料（深圳）有限公司200多名员工自8月23日起停工。④ 从这些事件可以看出：因劳资矛盾引发劳资对抗已经呈现群体性的趋势。

从本质上来说，劳资纠纷群体化趋势是一种劳资双方的利益博弈，是市场经济条件下正常的劳资利益冲突表现形式。马克思认为，资源占有的不平等造成了一个两极分化的阶级结构，随着被统治阶级被剥夺感和共同利益感的不断增强，其针对统治阶级的反抗将集体性地组织起来。⑤ 虽然在中国的社会主义初级阶段，劳资双方的矛盾并未像马克思所说的是阶级与阶级之间的对抗，但是目前劳资群体性事件所表现出来的激烈程度、涉及的劳动者人数、冲突的表现形式以及所引发的社会效应，都要远远超过非群体化的劳资纠纷事件。这些群体性事件往往以罢工、游行、静坐等一些形式表现出来，且都是以工人作为行动的主体。作为社会行动者的工人，其行动的动机和目的与其对

---

① 林惠慈：《海南琼海百余的士市府门口罢运被逐》，大公网海南频道，2011年5月10日。
② 安芯：《惠州美资厂未按规定遣散员工引发千人罢工》，《联合早报》2011年5月30日。
③ 王晓涛：《益力多深圳分公司百余员工停工　嫌公司待遇过低》，南都讯，2011年8月27日。
④ 王晓涛：《深圳宝安一台企　疑被逼退员工停工》，南方网，2011年9月2日。
⑤ 马克思：《共产党宣言》，成仿吾译，人民出版社，1978。

构成环境结构要素的一系列规范的认识及对一系列资源的掌握密切相关。①从近期发生的劳资纠纷群体性事件可以看出，工人对自我权益的维护和追求让群体化趋势成为可能，同时在不断的实践过程中工人们发现，单个工人的力量是微弱的，在当前"强资本、弱劳力"的现实中所能争取和获得的利益也是有限的，当劳资关系出现了问题，想要靠单个工人来改变所面临的状况非常艰难，因为单个工人很难应对复杂的资方管理集体。将工人的力量集中起来似乎更能与资方势均力敌，而且在劳资纠纷中工人集体力量的爆发性往往更能够引起社会和政府的足够关注，甚至能够推动工人权益诉求的快速达成。因而，工人群体化的效应很快便散播开来，行为不断被效仿，从而导致在现阶段劳资纠纷出现群体化趋势。群体化的趋势的特点和优势主要表现在以下方面。

一是具有共同的利益诉求。在劳资纠纷中出现群体化的趋势，其必要的一个条件就是这个群体一定有共同的利益诉求，也正是由于具有共同的利益诉求才可能将不同的个体聚集成一个群体。在出现群体化趋势之前，劳方中的每个个体都会有一种从自身利益出发的诉求，这种诉求是千差万别的。工人们在不经意的交流中发现他们千差万别的利益诉求中有一些是共同的或是相通的，而这些共同的利益诉求也是劳资纠纷中大多数人所关注的主要方面，这为工人群体化奠定了一个重要的基础。构成群体化的重要条件成立后，便可能通过某一个（或几个人）的组织形成群体化，或是自发地形成群体化。这个共同的利益诉求群体一旦形成，其力量便呈现几何级增长，而这股力量对资方而言威慑力比个体的力量大得多。因此，一些开始没有加入群体中的工人，由于发现了群体力量的强大，也会改变自己的观点，加入群体中，在意见和行为上保持与群体其他成员一致，这也就是群体可能带来

---

① 唐军：《生存资源剥夺与传统体制依赖：当代中国工人集体行动的逻辑——对河南省Z市Z厂兼并事件的个案研究》，《江苏社会科学》2006年第6期。

的从众效应。这个群体的规模越大,资方的压力越大,也越被动。

二是影响力更大。在劳资纠纷中工人为了增强自身的力量,建立代表劳方利益的话语权,会形成一个利益诉求群体,这个群体在一定条件下会引发聚众共同实施的、出乎人们意料的、影响社会秩序和稳定的事件。这些事件往往表现为:企业或政府在毫不知情的情况下,工人自发组织停工、罢工、堵马路、游行、静坐等集体活动。这些行为不仅会给企业的正常运行带来直接的冲击,给政府或工会组织带来压力,给正常的社会秩序(如交通秩序)带来一定的混乱,更重要的是,这些行为能够在社会上产生很大的影响,引起社会各界的关注,并迫使企业、政府或工会组织予以尽快解决,以恢复正常的公共秩序。而这种强大的影响力也正是工人采取群体行动的重要目的。这种强大的影响力来源于公众。在劳资纠纷的问题上公众往往是支持劳方的,这就形成了对劳方巨大的支持。其一,因为在当前的社会中,劳资纠纷往往是因资方对劳方权益的侵害而引发的,而这种现象也激发了一种大众意识;其二,因为在中国"锄强扶弱"的传统文化中,公众从主观意愿上会予以作为弱者的工人群体很大的同情和帮助;其三,因为公众有建立正常秩序的渴望,不希望因为某件劳资纠纷案件使正常的秩序遭到破坏,从而影响了公众的正常生活,例如因游行导致的交通瘫痪影响公众的正常出行。正是公众的巨大影响力,迫使企业、政府不得不主动与工人群体进行协商,并尽快地解决问题,这也是工人在维护和追求自身利益时所希望的。

三是成本更少。奥尔森在其著作《集体行动的逻辑》中提出,假定人是理性的,因此不会浪费金钱、时间和资源,如果人们不需要消耗资源即可获得所需,那么他们就不会消耗资源争取利益。当劳资纠纷发生后,工人依靠个体的力量进行维权或是争取自身的利益,成本是相对较高的。首先是精力上成本。精力成本是指在劳资纠纷中工人在精神、体力方面的耗费与支出。其次是经济成本。经济成本是指工人因为劳资纠纷问题在经济上的支出或是收入上的损失。最后是时间成本。时间成本是工人在劳资纠纷事件中所消耗掉的个人时间,例如与资方谈判的时间,申请仲裁、诉讼的时间,离职后找工作的时间,等等。单个工人的力量是渺小的,在与资方的协商中他的话语权可以不被重视甚至可以被忽略,即使是通过法律仲裁或是诉讼的途径,也要经过复杂的程序和漫长的等待,同时工人出于对个人生存或生活条件的考虑,也可能会因为不能承受所要消耗掉的精力成本、时间成本或是经济成本而放弃对自身权益的维护或追求。与之相反的是,一旦工人形成一个群体,资方便不得不给予这个群体话语权,即使资方不愿意这样,也会迫于社会或政府的压力对工人的诉求予以足够的重视。由此一来,处于弱势的劳方也就得到更多的关注和支持,同时资方也会从自身利益出发,为了尽快地减少自身的麻烦、降低劳资纠纷在社会上的负面影响,设法加快与工人群体谈判的步伐,并尽快地达成协议。

三 工人集体行动更理性

集体行动是社会心理学、经济社会学、政治经济学、公共管理学研究的一个共同主题,其涉及的对象是群体或集体。芝加哥大学社会学系赵鼎新教授将集体行动看作一个与社会运动、革命属于同一范畴的概念。他认为,集体行动,就是有许多个体参加的、具有很大自发性的制度外的行为,这种行为与选举等制度内的政治集体行动是相区别的。[1] 目前当劳资双方出现矛盾或纠纷时,工会在劳资纠纷中被边缘化,无法发挥调解劳资关系的应有功能,[2] 这也隐现了拥有近1亿成员的工人阶层在非制度参与方面的集体行动力,在某种契机下爆发

---

[1] 赵鼎新:《社会与政治运动讲义》,社会科学文献出版社,2006,第2~4页。
[2] 刘泰洪:《劳资冲突与工会转型》,《天津社会科学》2011年第2期。

第一章 珠三角非公企业劳资矛盾的现状及特点

出的力量对社会秩序的冲击将是难以想象的。显然，工人如果在制度内部的政治参与得不到满足，就会寻求制度外的保护。[①] 由于缺乏像工会这样的组织进行指导和规划，工人的非制度参与在一定时期内并非以显性、剧烈的冲突方式体现，但是非制度参与更多地表现为一些破坏性参与，在长期内会造成对政治秩序的疏离，销蚀政治合法性，并最终为剧烈的社会冲突孕育能量，政治动荡就将产生。[②] 在实践中工人们发现，无序和混乱的群体行动往往能引起社会更多的关注，他们通过选择集体上访、越级上访、上街游行、重大的群体事件甚至暴力胁迫绑架的方式，让社会和政府认识到问题的严重性，引起政府的足够重视，给资方形成强大的压力，从而维护个人的正当利益。

然而，伴随着这种无序和混乱的状况，工人们开始意识到，这种非理性的集体行动虽然能够为他们带来短期的利益，但是并不能从根本上解决他们所面临的制度性问题。首先，非理性的群体行动破坏了正常的社会公共秩序，给社会公众的正常工作和生活带来了不同程度的困扰，因而这种非理性的集体行动并没有换来社会对工人阶层的足够重视，相反，却引起了社会公众对工人阶层在非理性化行动上的反感。其次，作为构成工人阶层大多数的农民工，他们热爱城市，同时也渴望融入城市，从内心而言，他们并不愿意成为破坏城市正常公共秩序、不能博得城市好感和认可的离经叛道者。再次，随着时间的推移，越来越多的"80后""90后"的新生代农民工加入工人阶层的队伍中来。广东省人力资源和社会保障厅2010年广东新生代农民工调查报告显示，广东八九十年代后出生的新生代农民工有1978万人，占全

---

① 廖艺萍：《农民工政治参与的困境与出路——基于和谐社会视角的分析》，《探索》2006年第1期。
② 廖艺萍：《农民工政治参与的困境与出路——基于和谐社会视角的分析》，《探索》2006年第1期。

省农民工总量的75%，其中高达92%的新生代农民工分布在珠三角地区。[①] 新生代农民工的受教育程度明显高于上一代农民工（详见表6），因此新生代农民工的行动也将更加趋于理性。在问卷调查中，当问及"如果劳动争议发生，有人组织您采取上访、堵厂、堵路等行动来解决问题，您会……"时，30.6%的被访者回答"劝阻"，28.2%的被访者回答"同情不参与"，只有4.3%的被访者回答"积极参与"。由此也可看出，工人的理性色彩更浓。最后，这种非理性的集体行动结果往往是劳资双方两败俱伤，工人们虽然能够从中获得一些利益，但是也将面临失去工作的危险，这对工人的长期发展是没有益处的。因而，近些年来，工人的集体行动越来越趋于理性。以2010年的南海本田工人罢工为例，工人的罢工是工人集体行动的表现，罢工过程是在无声无息中进行的，并以平静方式结束，整个罢工过程并未出现混乱的场面，此次事件虽几经波折，但综观事件各方，表现确有可圈可点之处：劳资双方妥协退让，地方政府中立克制，劳资专家积极协调。对比富士康"跳楼门"等触目惊心的维权事件，本田工人罢工事件堪称近年中国劳工维权的理性标本。[②]

表6 新生代农民工的人力资本特征

人力资本特征	农村从业劳动力	外出农民工		
		合计	上一代农民工	新生代农民工
受教育年限（年）	8.2	9.4	8.8	9.8
文化程度（%）				
不识字或识字很少	6.6	1.1	2.2	0.4
小学	24.5	10.6	16.7	6.3

---

① 李艳：《新生代农民工的利益诉求与管理策略——以南海本田停工事件为例》，《中国人力资源开发》2011年第4期。
② 颜昌武、朱泳东：《本田事件：中国劳工维权的理性标本》，《决策》2010年第8期。

续表

人力资本特征	农村从业劳动力	外出农民工		
		合计	上一代农民工	新生代农民工
初中	52.4	64.8	65.2	64.4
高中	11.2	13.1	12.4	13.5
中专	3.1	6.1	2.1	9.0
大专及以上	2.2	4.3	1.4	6.4
参加职业培训（%）	14.3	28.8	26.5	30.4

资料来源：国家统计局住户调查办公室，http：//www.stats.gov.cn/tjfx/fxbg/t20110310_402710032.htm。

以南海本田工人罢工事件为例，总体而言，南海本田工人罢工事件得到了相对圆满的解决，工人们在罢工中所显现出的理性光芒发挥了相当大的作用。

首先，工人们在采取集体行动的过程中，始终敞开着与资方进行协商、对话的大门。2010年5月至6月初，广州本田汽车零部件制造有限公司数百名员工因不满薪酬待遇致使本田在华工厂全部停工，事件发生后引起了社会的广泛关注。事发后工人推举了工人代表组成了代表团并聘请国内处理劳资问题的专家和资方在厂内进行协商、谈判。在此期间经工人两次拟订的提薪方案均遭到资方的拒绝，在这种情况下，工人并没有爆发新一轮的集体行动，而是不断与资方进行协商，最终在经过了三轮的谈判之后，于2010年6月4日晚双方逐步达成一致的增资方案：在原来1544元工资的基础上，每人增加300元基本工资，66元奖金补贴，134元年终奖金，一共是500元，并且，具体实施时间回溯到5月份。关于奖金发放的时间和方式，双方也达成一致意见。工龄工资问题也被提出，资方同意将其作为下一次工资协商谈判的议题。[1]

---

[1] 白青锋：《风波就此平静——南海本田工资集体协商全景追踪》，《当代劳模》2010年第4期。

其次，本田数百名工人在集体行动中表现出有序和自律，没有采取类似于堵路、围堵、游行等过激的行为，没有影响到正常的公共秩序。广州本田汽车零部件制造有限公司的工人"罢工"以一种出乎预料的平静方式进行并结束，与以极端激烈的方式爆发的通钢事件、富士康员工跳楼事件不同，本田工人的集体行动并没有造成人员的损伤，没有出现劳资双方在语言和肢体上的碰撞，没有出现吵闹或打砸的行为，也没有将事态蔓延至社会层面，从问题的发生到解决都是在厂区内平静且理性地进行着。罢工由两名已经准备辞职的年轻技校工人发起。在准备离开之前，他们打算为工友们做些事。他们拉下了流水线的开关，向工友们宣布：罢工了！开始的时候，罢工并没有得到太多工人的响应，但随着时间的推移，慢慢地越来越多的身穿工作装并戴着口罩的工人加入到了这次"罢工"中来，他们平静地聚在厂区大门处，隔着大门向前来采访的媒体表达罢工诉求。

再次，工人有着明确的目标。多数的上访、静坐、围堵政府的事件都有一个共同点：向社会诉说着资方是如何不人道，以尽可能多的"罪名"状告资方的无情和不公。然而与此不同，南海本田工人们有着更为清晰、明确的行动目的——加薪，对资方种种"劣迹"的诉讼并没有在此次罢工的集体行动中体现。罢工活动的发起人郎鹏（化名）曾向记者声称："我们不只是想要一次提高多少工资，重要的是要建立长期维护工人利益的机制。"[①] 研究发现，当劳资矛盾出现后，劳方如果没有明确的诉求目的，而是对进行资方过多的指责或是与资方闹到两败俱伤的地步并不一定能为工人换来期望的利益，也可能使工人陷入失业的危险境地。南海本田工人罢工中明确的目的为工人们的集体行动指明了方向，同时也增加了其目的的现实意义和可行性，因为经济上的诉求并未上升到道德、法律和政治的层面，也是资方易

---

① 《本田"罢工门"调查》，《商周刊》2010年第12期。

于面对和接受的层面。这种明确的目标体现出工人们行动是在理性的引导下进行的，也为工人能真正实现自我利益起到了重要的作用。

最后，工人们积极寻求"外脑"的帮助。李晓娟这个名字会被记住，一名19岁的南海本田工厂工人，作为工人推举的谈判代表，在网上留下了真名和手机号，并联系到中国人民大学教授常凯作为谈判顾问。2010年6月3日傍晚，中国劳动法学专家常凯教授在北京家中的电话忽然响起，一位南方口音的小姑娘开口说道："我是南海本田工人谈判代表团的联系人李小娟。"电话中，19岁的李小娟讲述了近两天厂里发生的情况："我们遇到了许多法律问题搞不太清楚。资方的律师说我们违法，我们认为是他们违法，但又不知如何反驳。常教授，您是著名的劳动法学专家，员工们非常希望您能在法律上给我们帮助。"常凯教授经过认真考虑，当即决定接受员工们的请求，担任南海本田工人的法律顾问。他在电话中提出条件，"只有接到工人们的正式书面委托后，我才能介入这次事件，并飞赴广东参与劳资谈判。"次日9时许，南海本田工厂的工人按要求给常凯教授传真来了正式的委托书。接到委托书后常凯教授奔赴广州，以法律顾问的身份参与到本田罢工事件的劳资谈判当中，常凯表示，"作为法律顾问，我将以法律为依据，帮助和指导工人代表在谈判中争取自己的合法权益，并要理性对待谈判，促成谈判双方的理解和妥协，以便达成协议"。

四 争议内容既有权利之争也有利益之争

劳资争议（劳资纠纷或劳资冲突），各国通常分为权利争议和利益争议两大类。[①] 所谓权利争议，是指基于法律法规、劳动合同或集体合同的规定，劳动关系当事人就权利的存在与否、有无受到损害或

[①] 蔡吉恒、黄莹瑜：《若干国家和地区劳资利益调整立法简介》，《中国劳动》2010年第10期。

有无履行债务等发生的争议。权利争议涉及对劳动法律法规、劳动合同和集体合同的解释与适用，围绕着既定的权利发生，又称为法律争议。一般来说，个体劳动关系中的争议都属于权利争议，而集体劳动关系中有关集体合同的解释、适用和履行的争议也属于权利争议。而所谓利益争议，是指因为确定或变更劳动条件而发生的争议。利益争议通常发生在集体合同的签订与变更的谈判过程中，又称为事实争议。① 权利争议一般是在根据现有劳动契约一方要求某些权利而另一方反对这一要求时发生的，所以我们说权利争议的对象（权利）是自然得到的或根据合同约定赋予的，其权利是一种既得的权利。利益争议其争议对象是一种团体上的利益，是就有关集体协议或以缔结集体协议为目的而发生的争议，其争议对象（利益）表现为一种潜在的和可能的权利，比如工会向雇主提出在下一个年度要增加工资、奖金，给予更多的带薪假期等，双方有可能就这些问题产生争议。此外，二者解决方式不同。一般而言，"决定权利纠纷由法院处理，并且对利益纠纷则彻底交给当事人自己"。② 从珠三角目前的情况来看，劳资争议的内容既有利益之争也有权利之争。

从国家的劳动统计年鉴数据来看，2000 年广东省受理的劳动争议案件为 26274 件，到 2010 年案件增至 93307 件，这些劳动争议主要集中在劳动报酬、社会保险待遇及福利方面。以 2010 年为例，广东省因劳动报酬而产生的劳动争议案件为 37033 件，占总案件数量的 40%；因社会保险待遇及福利而产生的劳动争议案件为 9744 件，占总案件数量的 10%，二者合计达到 50%。我国劳动争议没有区分权利争议和利

---

① 常凯：《劳权论——当代中国劳动关系的法律调整研究》，中国劳动社会保障出版社，2004。
② 杨正喜：《转型时期我国劳资冲突特点——以珠三角农民工为对象》，《管理科学文摘》2008 年第 3 期。

益争议,而事实上,能进行劳动仲裁或诉讼的主要是权利争议。[①] 从争议内容上来看,因劳动报酬和社会保险等引发的争议,具体表现为用人单位侵犯劳动者根据劳动法律法规、劳动合同享有的权利,如拖欠工资、超时加班、劳动安全卫生条件恶劣、不依法缴纳社会保险费用、不履行劳动合同等,特别是拖欠工资和超时加班等现象在珠三角地区具有一定的普遍性,劳资争议大多因此而起。例如,2010年发生的富士康员工跳楼事件暴露出的一个突出问题是职工严重超时加班,以深圳富士康一名职工的工资单为例,"时间:2009年11月,底薪900元,正常工作21.75天,平时加班60.50小时,报酬469元,周六日加班75小时,报酬776元,工资总额2149.50元"。这名员工当月收入的60%靠超时加班挣得,总计135.5个小时的加班!"这一点儿都不稀奇,我们中的很多人每天加班都在两三个小时以上。"一位富士康员工说。[②] 我国《劳动法》第四十一条规定:"用人单位由于生产经营需要,经与工会和劳动者协商后可以延长工作时间,一般每日不得超过一小时;因特殊原因需要延长工作时间的,在保障劳动者身体健康的条件下延长工作时间每日不得超过三小时,但是每月不得超过三十六小时。"《劳动法》第九十条规定:"用人单位违反本法规定,延长劳动者工作时间的,由劳动行政部门给予警告,责令改正,并可以处以罚款。"而富士康员工每月的实际加班时间却比《劳动法》规定的最高加班时间整整多出100个小时!

"人们奋斗所争取的一切,都同他们的利益有关。"[③] 2010年以来,广东各地多家企业发生停工群体性事件,与过往不同的是,工人不再

---

① 杨正喜:《转型时期我国劳资冲突特点——以珠三角农民工为例》,《管理科学文摘》2008年第3期。
② 新华社:《让劳动者体面劳动有尊严地生活》,《上海档案》2010年第7期。
③ 《马克思恩格斯全集》第1卷,人民出版社,1956,第82页。

是工资支付这种权利诉求,而是要求增长工资的利益诉求。[①] 从 2012 年 8 月至 9 月珠三角地区发生的多起劳资争议情况来看,争议不是因为用人单位违反劳动法规或劳动合同规定侵犯劳动者权益而引起的,而是劳动者要求提高工资、改善福利待遇,这从一个侧面反映出劳动者已经不满足于劳动法规赋予的基准权利,他们要求资方在不违反劳动法律的情况下,应当给予劳动者更高的待遇,这也就是超越于基准权利之上的利益之争。2010 年中华全国总工会集体合同部部长张建国日前接受中工网采访时表示:"我国居民劳动报酬占 GDP 的比重,在 1983 年达到 56.5% 的峰值后,就持续下降,2005 年已经下降到 36.7%,22 年间下降了近 20 个百分点。而从 1978 年到 2005 年,与劳动报酬比重的持续下降形成了鲜明对比的,是资本报酬占 GDP 的比重上升了 20 个百分点。全国总工会近期一项调查显示,23.4% 的职工 5 年未增加工资;75.2% 的职工认为当前社会收入分配不公平,61% 的职工认为普通劳动者收入偏低是最大的不公平。"[②] 珠三角地区作为中国外向型经济的前沿阵地,已率先步入中等收入水平,工人渴望分享发展成果的利益诉求增多似乎成为一种趋势。

2010 年广东南海本田工人的罢工事件就是利益之争的标志性事件。本田的一位老员工周密(化名)告诉《每日经济新闻》记者,其实不只是普通员工,该公司的中高层都清楚,工人工资水平是非常低的,而且公司在提薪上一直很保守。一位员工还晒出了工资清单:"南海本田 I 级工资 = 基本工资(675 元)+ 职能工资(340 元)+ 全勤补贴(100 元)+ 生活补贴(65 元)+ 住房补贴(250 元)+ 交通补贴(80 元)= 1510 元,扣除养老保险(132 元)、医疗保险(41

[①] 杨正喜:《结构变迁、怨恨集聚、共同命运与华南地区工人集体行动》,《社会科学》2012 年第 7 期。
[②] 张建国:《中国居民劳动报酬占 GDP 比重连降 22 年》,《理论参考》2010 年第 7 期。

元)、住房公积金（126元），到手的工资为1211元。若每月除去房租250元、吃饭300元、电话费100元、日用品100元、工会费5元，每月仅剩456元。"一位本田公司员工在网上这样描述工资增长速度："我在本田干了两年半了，第一年工资涨了28元（理由是公司刚起步很多项目还没投产）；第二年涨了29元（理由是公司部分项目尚未完全投产）；到了第三年在项目全部投产后也仅加了40多元。"和中国工人的拮据相比，公司有一批特殊的工人——日本支援者，他们却享受着高工资、高福利。周密告诉记者，公司一个20多岁的日本支援者曾自称每月工资有5万元人民币，这还不包括令人艳羡的补贴和福利。以部长为例，每月收入可达10万元人民币以上。"日本那边经常会派支援者过来，支援者吃住行全包，每天还有300多美元的补助，相当于普通工人两个月工资。""在10个支援者中，可能有4个是年轻人，有的只有二十一二岁。他们干的事许多中国员工也能做，说不上为公司作出了多大的贡献。"[①]

五 利益诉求从"底线型"向"增长型"转变

利益诉求行为是在一定的制度环境下产生并受制度环境的影响和制约的，"底线型"利益是受法规保护的利益，其利益标准是清晰可见的。例如，法律规定的最低工资是多少元，一天或一个月的最长加班时间是多少小时，企业为员工缴纳社会保险的比例是多少，等等。"增长型"利益并没有明确的法规保护。企业在遵守最低工资标准的前提下，什么时候该增长工资、应该增长多少工资，这些不可能由政府制定清晰和统一的标准，或是以法律的形式固定下来。"底线型"利益诉求是劳动者在工资收入、工作时间、社会保险、劳动保护等方

---

① 程元、李亚蝉：《本田佛山中日员工工资相差50倍，数百人罢工》，《每日经济新闻》2010年5月20日。

面为达到国家法规明文规定的标准而展开的利益诉求;"增长型"利益诉求则是劳动者不满足底线利益的获取,要求自身利益的增长与企业利益增长或与社会发展保持同步。[①] 以2010年广东省佛山市南海本田工人罢工事件为例,南海本田Ⅰ级工资为1510元,扣除养老保险、医疗保险、住房公积金等到手的工资为1211元,而2010年广东省佛山市的最低工资标准为每月920元,显然,广东省佛山市南海本田工人罢工事件不再是传统的为保障底线利益而开展的利益诉求行动,他们为获得发展而展开了"增长型"利益诉求。近年来在珠三角地区劳方的利益诉求从"底线型"向"增长型"的转变日益明显。

一方面,随着中国法治社会建设的不断推进以及社会中要求重视劳动者权利的呼声愈来愈强烈,政府大大加强了对企业在劳动权益方面的监督和管理,例如最低工资标准、强制性社会保险等在越来越多的企业中得到落实,劳工的"底线型"利益诉求已相对有所保障。另一方面,珠三角的辉煌在相当大的程度上是依赖于低劳动力成本的竞争优势,虽然政府加强了对法律规定的"底线型"利益的落实,但"底线型"利益的标准起点很低。近年来,广东连续数年提高最低工资标准。2010年3月,广东宣布提高最低工资标准,平均提高幅度为21.1%;2011年3月,广东继续提高最低工作标准,平均提高幅度为18.6%;2012年广东省的最低工资标准为每月1300元,位居全国第五;2013年5月1日广东省再调整企业最低工资标准,第一类地区广州市提高19.2%,调整后月最低工资标准为1550元。工人们纷纷表示,提高最低工资标准的确是个好事,这样,他们的保障线提高了。但是,实际上,在珠三角,由于生活成本偏高,1000多元的最低工资基本上不够用。现在珠三角生产企业的员工工资,普工也在2000元以

[①] 蔡禾:《从"底线型"利益到"增长型"利益——农民工利益诉求的转变与劳资关系秩序》,《开放时代》2010年第9期。

上。工人们认为，如果以生存线、温饱线和发展线来计算，现在的最低工资标准只是在生存线上。①

此外，劳方虽然是以劳动力为商品来维持个人的生产和再生产，但是劳方作为普通的社会公民有权分享社会发展的成果。改革开放30多年来，中国在经济发展上取得了巨大的成就，珠三角地区率先推进市场化的改革，现在是中国整个市场体系最完善的地区，珠三角地区的GDP 1998年超过新加坡，2003年超过香港地区，2007年超过台湾地区。② 面对社会财富的迅速增长、珠三角地区的日新月异、企业的发展壮大、资方收益的增加、公共产品和公共服务的日益完善、大多数居民生活水平的不断提高，劳方对美好生活的向往和只能满足温饱的现状使劳方内心产生了巨大的"失衡"感。一方面，从20世纪90年代末开始，社会对劳动者在就业中所遇到的不公正、不合理问题的关注越来越重视，这无疑强化了劳动者对自我身份的认定。劳动者是财富的创造者，而财富在进行分配时却将他们边缘化，这是他们所不能接受的。他们不再满足于只被"分一杯羹"的现状，他们渴望获得更多财富分配的愿望在已满足"底线型"利益诉求的情况下就显得格外强烈。另一方面，随着时间的不断向前推进，由"80后""90后"构成的一线劳动工人的规模在不断扩大。与老一代的工人相比，"80后""90后"的工人在利益诉求上有了新的变化，他们成长于改革开放后，成长环境比较稳定，对工作的选择不再是为了应付生存的压力，而是希望能够获得更好的发展途径以满足自身对日益丰富的物质生活、精神生活的不断要求。他们基本都受过一定的教育，有一定的法律意识，在遭遇到权益侵害时，具备利用法律和制度手段维护自身权益的

---

① 周羽：《多省市调整最低工资标准　珠三角工人：仅在生存线上》，中国广播网，2012年6月24日。
② 曹晓轩：《改革开放三十年来珠三角地区各方面发展取得巨大成就》，中央政府门户网站，www.gov.cn，2009年1月8日。

意识。在工作中他们更加关注劳动分配的公平性，对工作中的舒适度和自由度要求更高，同时也更加关注晋升、培训机会等个人发展问题，渴望获得社会公平和社会融入等个体发展权益。这种"失衡"感是激发劳动者"增长型"利益诉求的强大内需动力。

第二章
珠三角非公企业劳资矛盾形成的原因

中国的劳资关系是随着近代工商业的发展而出现的。改革开放以来，随着中国市场经济的发展，劳资关系逐渐进入大众视野并成为现时代基本的社会关系之一，劳资关系问题引起广泛关注，对劳资关系的研究也越来越多。

劳资关系本质上是一种市场合作关系，在冲突中合作，在合作中冲突。在珠三角非公企业中，合作与冲突并存构成劳资关系的基本态势。其中，合作成为劳资关系的主流态势。合作的根源主要有两方面，即"被迫"和"获得满足"。[①]"被迫"是由于雇员如果要谋生，就得与雇主建立正常的雇佣关系。"获得满足"主要是由于雇员对雇主有基本的信任，雇员能认识和体会到其工作的价值，管理方也在努力不断提高雇员的满意度。虽然合作是劳资关系的主流态势，但矛盾和冲突仍不可避免，甚至呈高发态势。劳资矛盾形成的原因具有综合性和复杂性。程延园教授认为，冲突的根源可分为"根本根源"和"背景根源"。[②]综合近年来珠三角非公企业发生的劳资矛盾，杨正喜教授认为，劳资冲突的根本缘由在于异化的合法化、客观利益差异和雇佣关系性质；劳资冲突的背景缘由在于广泛存在的社会不平等及劳动力市场供过于求；而珠三角以农民工为劳动者主体的劳资冲突产生的直接

[①] 程延园：《劳动关系》，中国人民大学出版社，2011，第10页。
[②] 程延园：《劳动关系》，中国人民大学出版社，2011，第11页。

缘由则在于权利受到侵犯，如劳动权和人格尊严受到侵犯，这是导致冲突的最主要因素。[①] 结合近年来珠三角劳资矛盾的爆发，分析其原因，总体有根本原因、制度原因、劳动者主体自身的原因及一些外部环境变化的原因等。

第一节 根本原因：劳资利益差异，劳资力量不平衡

一 内生原因：劳资之间的利益差异

劳资关系是产业关系的重要组成部分，它指的是劳动者与用人单位在劳动过程中建立的社会经济关系。劳资关系是一种雇佣关系，这种雇佣关系本质上是一种经济利益关系。马克思认为，劳资关系的实质是阶级与阶级间的剥削与被剥削关系，是一种利益不同者之间的支配与被支配关系或对立关系。只要有资本和雇佣关系，就不可避免有冲突。可以说，资本到哪里，冲突就到哪里。

1. 劳资冲突的产生与劳资关系的内在属性密不可分

马克思认为，劳资关系是一种建立在私有制基础上的社会经济关系。劳资冲突的产生与劳资关系的内在属性密不可分。劳资关系的内在属性是生产资料私有制和劳动力成为商品。在这两个固有属性的基础上，劳资关系是在就业组织中由雇佣行为而产生的关系。劳资关系强调的是在劳动者与生产资料分离的前提下劳动关系确立过程中所形成的劳动者与生产资料所有者之间的相互关系。[②] 建立在私有制基础上的劳资关系，由于生产资料为资本家所拥有，劳动并不是自由自觉的创造；相反，工人创造出来的产品总是与人的主观愿望相背离，成

[①] 杨正喜：《中国珠三角劳资冲突问题研究》，西北大学出版社，2008，第94~132页。
[②] 袁凌、李健：《中国企业劳资关系内在属性与冲突处理研究》，《华东经济管理》2010年第2期。

为与人对立的异己力量，从而导致劳动异化。异化概念的基本含义是人创造出来的物不受人支配，反而转过来成为支配人、奴役人的力量。把异化现象与人的劳动活动特别是当代工人的劳动联系起来，并分析扬弃异化的历史条件，提出异化劳动理论，是马克思的一大创造。[①] 马克思从劳动本质出发，构建起劳动异化理论。在谈到劳动的本质是什么时，马克思指出，"人（工人）只有在运用自己的动物机能——吃、喝、生殖，至多还有居住、修饰等等——的时候，才觉得自己在自由活动，而在运用人的机能时，觉得自己不过是动物"。[②] 可见，自由自觉的创造才是劳动的真正本质。但在生产资料私有制条件下，劳动并不是自由自觉的创造，从而导致劳动者的劳动同其劳动产品的异化、劳动者同其劳动活动的异化、劳动者同其劳动类本质的异化、人与人关系的异化。[③] 在当代，市场经济已经获得主导地位，与之相适应的是，私有制也成为最主要的经济形式，这就决定了现代资本主义国家中绝大多数人都是普通雇佣工人，都在为他人工作。相当多的工人，他们并不拥有生产资料，为了生活，被迫把自己的劳动能力交给拥有生产资料的人去支配。由于工人既不支配生产出来的产品，也不支配生产过程，所有一切都归于他人，所以他不可能感到愉悦，劳动异化就不可避免，劳资冲突也成为必然。

2. 劳资之间的利益差异是劳资矛盾和冲突的内生原因

劳资关系归根到底是指人与人之间（或阶级之间）的利益关系，劳资矛盾和冲突源于劳资之间的利益差异。在劳资关系中，劳资之间的矛盾和冲突具有必然性，因为劳资之间在客观上存在利益差异，双方都要为实现自己的利益最大化而做选择。"利润最大化是资本的直

[①] 陈刚：《马克思的异化劳动理论及其现代意义》，《东岳论丛》2005年第1期。
[②] 《马克思恩格斯全集》第3卷，人民出版社，2002，第271页。
[③] 杨正喜：《中国珠三角劳资冲突问题研究》，西北大学出版社，2008，第95页。

接追求，工资最大化则是劳动的直接追求，劳动关系的矛盾和冲突即由此而来。"① 在劳资关系中，追求利润是资本天生的本能，资方追求的目标是实现资本的保值、增值，实现利润最大化、成本最小化，为了实现利润最大化、成本最小化，甚至不惜牺牲劳方的权益。2014年8月2日，江苏省昆山市中荣金属制品有限公司抛光车间发生粉尘爆炸事故，导致75人死亡，185人受伤。原因是"涉事企业的问题和隐患长期没有解决，粉尘浓度超标，遇到火源发生爆炸"。该企业是一家创办于1998年的台资企业。有学者评论："台商往往被比作古代亚洲大陆的游牧民族，在大陆茫茫的经济草原中逐水草而居——寻找'成本洼地'。"② 而劳方及其组织则追求工资、福利等利益的最大化。正如马克思曾经指出："人们奋斗所争取的一切，都同他们的利益有关。"③ "每一个社会的经济关系首先是作为利益表现出来。"④ 劳动者为满足生存和发展的需要，必然要求更高的劳动报酬、更好的工作条件和更大的发展空间，两者之间的利益是彼此矛盾对立的，这就必然使资本天生的逐利性与劳动者本能的利益需求之间产生矛盾。当矛盾积累到一定程度时，最终必然导致双方的冲突。因此，无论是哪个国家、哪种制度，只要有雇佣关系，就会有劳资矛盾，这是由经济关系的本质特征所决定的。⑤ 劳动者追求工资最大化以及劳动条件最优化与资本所有者利润最大化之间的矛盾是劳资矛盾和冲突形成的内在根源。这个矛盾在商品经济社会会长期存在，不可能完全消除。从这个角度看，劳资矛盾具有内生性，也有长期性。劳资冲突从本质上说是一种利益冲突，当企业劳资双方的利益差别发展到一定程度并且得不

---

① 常凯：《劳动关系学》，中国劳动社会保障出版社，2005，第400页。
② 《"成本洼地"实际是劳工权益的洼地》，http://www.dooo.cc/2014/08/30834.shtml。
③ 《马克思恩格斯全集》第1卷，人民出版社，1956，第82页。
④ 《马克思恩格斯全集》第18卷，人民出版社，1964，第307页。
⑤ 姚先国：《劳资和谐是劳动关系和谐的核心》，《今日浙江》2007年第8期。

到有效解决的情况下，这种利益冲突就会产生。

劳资之间的矛盾和冲突还源于劳资双方在价值追求上存在差别。一方面，劳资双方在利益上存在重大差别，资方以成本最小化、利润最大化为目标，而改善工作条件以及提高福利待遇则是劳方的要求。另一方面，劳资双方在价值追求上也存在差别。资方更多地追求效率，而劳方则更期待公平，倾向生活和人性方面的需求。非公有制企业主作为"人格化的资本"，其最关心的问题是经济利益，而不会是职工的安全健康、福利待遇和人格尊严等合法权益。而劳工则渴望经济收入外的权利平等、人格尊严等精神关怀。劳资双方在价值追求上的差别是劳资冲突的诱发因素。当这种潜在的劳资冲突遇到某些事件的刺激时，就将点燃冲突的导火索。

劳资之间的利益差异是天然客观存在的，具有不可避免性，这种天然的利益差异是劳资矛盾形成的内生原因。

二 深层原因：劳资之间力量对比的不平衡

1. 经济全球化下资本的全球流动形成劳资力量的不平衡

当今时代，经济全球化已经成为不可逆转的趋势。经济全球化促进了总体财富的增长，也加剧了世界经济发展的不平衡性。世界各国经济发展的不平衡性，造成资本投资回报率在不同国家和地区会有巨大差异。由于投资回报率差异的存在，在现代交通、通信技术的支持之下，资本活动的范围就遍及全球，其目的是寻求利益的最大化。马克思指出："如果资本输往国外，那末，这种情况之所以发生，并不是因为它在国内已经绝对不能使用。这种情况之所以发生，是因为它在国外能够按更高的利润率来使用。"[①] 这是由资本自身的趋利性决定的。"资本害怕没有利润或利润太小，就像自然界害怕真空一样，一

[①] 《马克思恩格斯全集》第25卷，人民出版社，1974，第285页。

旦有适当的利润，资本就胆大起来。如果有10%的利润，它就保证到处被使用；有20%的利润，它就活跃起来；有50%的利润，它就铤而走险；为了100%的利润，它就敢践踏一切人间法律；有300%的利润，它就敢犯任何罪行，甚至冒绞首的危险。"① 为了追逐更高的利润和更便宜的生产地，资本在全球范围内流动，并展开激烈的竞争。但在全球化条件下，劳动力和资本面临的境况是不同的。因为，劳动力和资本具有不同的特点。由于资本自身的特点，资本在全球化条件下可以自由流动，资本可以跨国地流动，但作为资本对应物的劳动力的流动具有约束性条件，具有流动的限制性。相对于资本来说，劳动力的可选择性明显不足。可以说，全球市场化的实质是资本的全球化，即资本获得了在全球经济中的话语权和处置权。经济全球化加强了资本的强势地位，使资本在市场经济中处于核心和灵魂地位，而劳动力则由于市场流动的限制性和供过于求的普遍趋势，在与资本的对抗中处于一种不利的劣势和被动地位。

资本在全球的流动，使全世界资本家更容易联合起来，共同谋划全球最佳赢利模式。这一方面带来了技术进步；另一方面也使工人被迫进入一种竞争格局，这种竞争格局不是竞争向优，而是竞争向次，不是竞争向上，而是竞争向下，就看谁接受更差的工作条件和更低的工资标准。经济全球化及资本在全球的流动也导致资方主导劳动力市场，即劳动力的市场交易被资方（企业主）左右，劳动标准主要由资方确定，劳动过程和劳动结果由资方控制。在这种状态下，处于强势地位的资方通过绝对和相对的方式降低工人的工资，或牺牲劳动者的正当权益甚至生存条件。因此，经济全球化下资本的全球流动形成了劳资力量对比的不平衡，进而加剧了资本与雇佣劳动的矛盾和冲突。

---

① 《马克思恩格斯选集》第2卷，人民出版社，1995，第266页。

第二章 珠三角非公企业劳资矛盾形成的原因

2. 中国特有的国情加剧形成了"强资本、弱劳动"的劳资格局

经济全球化下资本的全球流动形成资本的强势地位和劳动力的弱势地位，形成了劳资力量不平衡的状态。而在中国，一些特殊的情况又使这种状态进一步加剧。中国从 20 世纪 80 年代开始强调以经济建设为中心，实行改革开放。此后，实行以引进外资和扩大对外贸易为主要特点的对外开放，并在珠三角等地区逐渐形成了外向型经济的发展战略，利用外资的规模呈现加速扩大的趋势。地方政府也将发展经济作为其主要职能，直接承担发展经济的第一要务。政府为了发展经济，实现 GDP 的快速增长，将招商引资列为重点工作。为了留住投资、推动增长、展现政绩，很容易忽视在维护公平正义方面的职责，导致在实际运作中向资本倾斜，纵容违法违规的私营企业主。在部分非公企业，尤其是小型私营企业中，经常存在雇主违反劳动法律的情况，损害劳动者的权利和利益，一些地方政府甚至充当不良私营企业主的保护伞。因此，在以发展经济为第一要务的发展模式下，地方政府的资本倾向性更加强化私营企业、外资企业劳资关系博弈中资本方的力量，这就容易导致这些非公企业劳资关系的紧张甚至冲突。

在中国，城乡二元经济结构推动了"强资本、弱劳动"格局的形成。城乡结构是社会结构的重要内容之一。城乡二元经济结构构成了中国社会结构的重要特点。所谓城乡二元经济结构，是指传统农业与现代工业并存、城乡分割的一种状况，即社会经济和人口被划分成农业和工业两大部门。[①] 而中国是个传统的农业大国，农业人口众多。农村实行家庭联产承包责任制后，农村生产劳动效率提升，所需的劳动力数量减少，这便产生了大量的农村剩余劳动力，这些大量的农村剩余劳动力往城市转移，于是形成了城市劳动力供大于求的状况。劳

---

① 杨宁、贺伟：《中国城乡二元经济结构下农村剩余劳动力就业分析》，《经营管理者》2011 年第 13 期。

动力的供求状况直接影响到资本和劳动力之间的强弱对比，形成"强资本、弱劳动"的劳资格局并由此引发劳资矛盾。有学者认为，城乡二元结构是当前我国社会矛盾突出的根本原因。①"强资本、弱劳动"的劳资格局也与中国改革开放几十年来甚至更长时间内出现的人口红利相关。所谓人口红利，是指一个国家的劳动年龄人口占总人口比重较大，抚养率比较低，为经济发展创造了有利的人口条件，整个国家的经济呈高储蓄、高投资和高增长的局面。②"因为多，所以便宜"这个在商业圈内横冲直撞的道理，在劳动力市场也不例外。中国社科院人口与劳动经济研究所所长蔡昉认为，人口红利"红"在低成本，30多年来，外商在中国投资的最大动力除了低廉的原材料成本外，就是人口红利。农村地区大量剩余劳动力走向发达地区，农民工占第二、第三产业就业人口的比重高达46.5%，建筑行业占80%。劳动力资源丰富和成本优势已使我国成为世界工厂和世界经济增长的引擎。③近几年，有专家和学者认为，中国的人口红利将很快消失，将从劳动力过剩转向劳动力短缺，出现"刘易斯拐点"。④近几年出现的"保姆荒""民工荒"等就是一个先兆。但总体来说，劳动力供大于求的状况没有发生根本的改变。因此，也不可避免地出现"强资本、弱劳动"的劳资格局。

改革开放以来，随着中国的经济体制不断向市场化改革，中国的社会阶层结构发生了根本性的变化。农民阶级分化了，工人阶级变化

---

① 陆学艺：《当代中国社会结构》，社会科学文献出版社，2010，第277页。
② 周宁、周婷玉、朱剑敏：《中国的人口红利还能"红"多久？》，http：//news.qq.com/a/20091211/000942.htm。
③ 周宁、周婷玉、朱剑敏：《中国的人口红利还能"红"多久？》，http：//news.qq.com/a/20091211/000942.htm。
④ "刘易斯拐点"即劳动力过剩向短缺的转折点，是指在工业化过程中，随着农村富余劳动力向非农产业的逐步转移，农村富余劳动力逐渐减少，最终达到瓶颈状态。这一概念由诺贝尔经济学奖得主刘易斯在人口流动模型中提出。

第二章 珠三角非公企业劳资矛盾形成的原因

了,并产生了诸如私营企业主、经理人员、专业技术人员、个体工商户、农民工等新的社会阶层和社会群体。1978年以后,在经济社会转型中逐步形成了十大社会阶层结构。① 一个与现代社会经济结构相适应的社会阶层结构已经形成,并正在发展之中。在社会多阶层中,工人阶级队伍空前壮大,而农民工又成了工人阶级的重要组成部分。具有农民身份的工人所占比例已超过一半。而且,62.1%的产业工人就业于非公有制单位。② 阶层结构的变化也引起其他问题。多阶层的共存在一定程度上缓解了马克思时代的"二元阶级对立"。但是,由此出现的阶层间的结盟和风险转嫁会使社会较低阶层处于不利的境地。③

此外,在中国,随着非公有制企业对国民经济贡献率的提高,企业主群体的政治、经济和社会地位也在迅速上升。企业主群体中的不少代表,不断进入各级人大、政协,获得较高政治地位。雇主组织的发展也较快,目前已经拥有了如全国工商联合会、中国外商投资企业协会、中国民营企业家协会和中国个体劳动者协会等全国性的非公有制的雇主组织,这些组织在各地都有相应的下属组织或机构。它们通过同政府官员和各类精英紧密联系,其强势地位得以不断确立和巩固。资本的强势和政府发展经济愿望相结合,一些地方政府与企业主群体已经形成一种联合或者默契,致使有些雇主或企业的违法行为得不到有效的约束。

以上各种状况构成了中国特有的国情,而这些共同作用加剧形成了"强资本、弱劳动"的劳资格局。在强势资本的主导和管理下,中国的劳资关系也发生了质的变化,劳资两端各自形成利益,随之而来的冲突时有发生。

---

① 陆学艺:《当代中国社会结构》,社会科学文献出版社,2010,第390页。
② 陆学艺:《当代中国社会结构》,社会科学文献出版社,2010,第96页。
③ 石秀印、许叶萍:《市场条件下中国的阶层分化与劳资冲突——与马克思时代对比》,《学海》2005年第4期。

第二节　制度原因：法律制度不健全，利益表达机制不畅通

一　劳动立法、执法的法律体系不健全

从计划经济向市场经济过渡开始后，随着劳动关系性质的变化和劳动争议案件的增多，劳动争议处理法制化，成为健全社会主义市场经济法制体系的要求。健全的劳动关系法律体系应是调处劳资矛盾和冲突的重要条件。近10多年，在调整劳动关系方面，《劳动法》《劳动合同法》《就业促进法》《劳动争议调解仲裁法》《工会法》等法律的出台显示出我国初步形成了劳动法律体系，但还有许多不完善之处。这主要表现在两个方面。

一是劳动立法的法律体系还不健全。例如，《劳动争议调解仲裁法》的相关规定，大多是对个别劳动争议处理做出的规定，并不涉及集体争议和集体冲突。而目前，集体争议已经成为劳动争议所面临的最主要的问题，由于没有正常畅通的集体争议处理途径，所以，许多集体争议便演变为集体冲突甚至社会冲突。再如我国的《劳动合同法》，其立法目的是完善劳动合同制度，明确劳动合同双方当事人的权利和义务，保护劳动者的合法权益，构建和发展和谐稳定的劳动关系。作为一部调整企业劳资关系的法律，《劳动合同法》自2008年颁布实施以来就受到劳方和资方以及社会各界的广泛关注。该法的制定和实施，为劳动者的合法权益提供了保障，但引来企业的怨声载道。从《劳动合同法》的立法目的可以看出，该法更加倾向于对劳动者权益的保障，例如，关于"解除劳动合同"的相关条款，几乎对劳动者没有约束，只有诸如"劳动者提前三十日以书面形式通知用人单位，可以解除劳动合同。劳动者在试用期内提前三日通知用人单位，可以

解除劳动合同"等条款。① 而企业要想对劳动者提出解约,则会有很多障碍,轻则支付一定的经济补偿金,重则会被劳动者提起诉讼。由于《劳动争议调解仲裁法》《劳动合同法》等劳动法律在体现劳动者与企业单位的权利与义务方面不对等,这就不利于维护平等互利的劳资关系,容易引发劳资矛盾。劳资关系的现实情况在发展,但法律滞后,也容易引发劳资矛盾。例如,在一段时间里,珠三角地区企业主欠薪逃匿现象较严重,但我国现行法律没有将欠薪逃匿行为纳入刑法调整范围,形成不了法律威慑,而行政处罚限制多、罚款轻,犹若"隔靴搔痒",起不到惩戒作用。这些法律的滞后是产生劳资矛盾和冲突的重要因素。

二是在劳动司法方面也比较滞后。主要表现在:劳资双方对劳动法律的认知度不高,如在调查企业员工对《劳动合同法》的了解程度时发现,仍有少数员工对该法的认识不到位。究其根本是对该法的宣传力度不够、企业的重视程度不够以及员工自身的维权意识不够。此外,也表现在企业对劳动法律的执行力度不够。法律重在实施,如《劳动合同法》是《劳动法》的具体条例,劳动司法部门要适时监督企业与员工之间劳动合同的签订、解除以及续签等事项,监督劳资双方在处理纠纷时按照相关法律法规等流程办理。监督法律执行是法律发挥实效的重要方面,也是法律权威的基础。监管机制缺乏、监管力度不够、监管措施不到位,导致法律执行乏力、"盲点"多多,给部分企业主可乘之机,违法违规,引发劳资矛盾。再者,有些地方劳动司法部门组织不健全,人员专业素质较低,也导致劳动司法的不力和滞后。

二 政府、工会职责不明,利益表达渠道不畅

1. 政府监管缺位

劳资冲突不是一个孤立的社会现象,而是内生于政府治理的制度

---

① 2008年实施的《劳动合同法》。

环境中，政府的作用及其行为方式构成了劳资冲突的外部环境。就我国劳资冲突而言，既有劳动和资本对抗性依附的共有特性，也有转型期政府治理的制度困境和利益逻辑。① 我国在长期的计划经济实践中，统筹统管的管理方式使各级政府自然地形成了"全能政府"和"管制型政府"。在从计划经济向社会主义市场经济转轨的进程中，政府对社会经济事务的管理仍然沿着惯性的轨道。政府"八仙过海，各显神通"，积极投身于经济发展之中，发展当地经济。由于对地方政府政绩的考核是以 GDP 作为最重要的指标，所以如何吸引资本、留住资本也就成为政府优先考虑的问题。政府尽可能采取措施鼓励投资，维护投资者的利益，由此造成政府在资方与劳方的天平上不可避免地倾斜于资方的现象。同时，由于将发展经济列为政府的重要职能，因此出现对劳动执法的监管及协调劳资矛盾的职能缺位。这样，当劳方利益受损而又得不到表达或表达遇到障碍时，劳方就容易出现"暴力维权"现象，劳资冲突由此产生。总结中国改革开放 30 多年来政府管理中最大的缺陷就是以社会公平公正为代价片面追求效率，导致公共维权机制的缺失和失灵并由此引发社会矛盾和冲突。

2. 工会维护职能缺失

工会是职工自愿结合的工人阶级群众组织，是劳动者利益的代表。2001 年修订的《工会法》第六条明确规定，"维护职工合法权益是工会的基本职责"。明确提出工会有维护、建设、参与、教育四项社会职能。企业工会，其最基本和最重要的职能应该是维护职能，即维护工人的利益，替工人"说话"。但在大多数企业工会中，存在工会职能特别是工会维护职能缺失的现象。所谓工会维护职能的缺失是指工会没能尽到维护工人合法权益的职责。主要表现为"不作为"、软弱，

---

① 刘泰洪：《劳资冲突治理地方政府何为》，《中国工人》2012 年第 7 期。

第二章 珠三角非公企业劳资矛盾形成的原因

甚至走到工人的对立面去维护资方的利益等形式。① 现实中，虽然珠三角地区部分企业已实行工会直选，但大多数非公有制企业的工会组织实际上为雇主所控制，工会组织的"行政化"和"老板化"现象较严重。工会理应是一个可以代表工人与企业对话的维权组织，而实际却变成了仅仅搞搞活动、发发小礼品，不去为员工争取利益的清闲部门。在问卷调查中，当问及"如果有工会，它们的作用是什么"时，有30.12%的被访者回答"组织集体活动"、26.27%的被访者回答"发福利慰问品"，只有11.81%的被访者回答"参与协调劳动争议"、9.64%的被访问者回答"参与集体谈判"。这种不正常现象，使工会在企业层面，很难能够真正代表和维护劳动者的合法权益，有时甚至充当企业负责人的站岗人和守卫者，代表企业应付员工，走到工人的对立面。我们可从2010年发生的南海本田工人罢工事件过程看工会的职能缺失。2010年5月17日开始，佛山南海本田零部件厂工人因不满工资低、待遇差，上百名工人罢工要求加薪。这次罢工事件中，工会不是罢工的组织者，当两名罢工者在没有任何补偿的情况下被辞退时，工会没有维护他们的权益。公司在年年赢利的情况下不但不涨工资，而且中日员工同工不同薪，差距巨大，面对这些情况工会没有要求企业改善薪酬。甚至工会工作人员的回复是："你们劳资双方的事，我们工会不掺和！"② 那么在这一企业中工会扮演了一个什么角色呢？从一开始谈判中的"不出面"到"工会打工人"，工会完全站到了工人的对立面。佛山南海本田工人罢工事件中，工会在事件发展中的前期表现是工会维护职能缺失的真实写照。

由于工会维护职能的缺失，工会不能站在工人的角度维护工人的

---

① 贺建永：《论中国工会维护职能的缺失》，《经济研究导刊》2011年第13期。
② 王羚：《南海本田停工事件再反思　激辩群体劳资矛盾破解之道》，《第一财经日报》2010年9月20日。

正当利益或做好协调和疏导工作，当矛盾积累到一定程度，工人的不满情绪必然爆发，引发劳资冲突。

3. 利益表达渠道不畅

利益表达，是指各个社会阶层的人，通过一定的渠道和方式向政府、执政党和社会各级组织机构表达自身利益要求，以求影响政治系统公共政策输出的过程。一般来说，员工的利益表达方式主要有两种，即制度内的利益表达和制度外的利益表达。中国"强资本、弱劳动"劳资格局中劳方的弱势地位、劳动关系法律制度的不健全、政府和工会的职能偏差等原因，导致工人在制度内的利益表达机制不畅通。一方面，工人权利意识日益觉醒和增强；另一方面，工人利益表达的常规渠道被堵塞，合法的利益表达渠道在制度内受阻。这就构成了利益表达渠道不畅与权利意识增强的矛盾。利益表达渠道不畅，可能出现两种结果：一种结果是忍气吞声、息事宁人，成为"沉默的大多数"，不过长此以往，不满和怨恨得不到发泄，可能会导致严重的冲突；另一种是以极端的方式维权。[①] 发生于2009年7月的吉林省通化市的通钢事件是个典型。"7月24日发生在吉林省通化市的通钢事件，以7个高炉一度停产、1名企业高管被殴致死的双输后果，引起国内外高度关注。……通钢改制后，一些下岗工人的月收入不足300元，职工基本的生存权益受到严重挤压，工人的情绪从一开始的抱怨，逐渐发展到怨恨，始终没有得到纾解，最终导致发生过激行为。……通钢事件中有两个特点，一是工人自发的大规模的集体行动，二是劳资冲突中的暴力化倾向。……由于利益表达渠道不畅，在上访、告状收效甚微的情况下，工人们逐渐意识到了集体行动的力量。"[②] 学者陈微波概括分析了我国企业劳资冲突成因中的利益表达因素，认为主要存在四

[①] 韦长伟：《互补与协同：中国劳资冲突的多元化解》，《理论导刊》2011年第4期。
[②] 杨琳：《通钢事件是我国劳资关系发展的标志性事件》，《瞭望》2009年第32期。

方面的问题：员工在利益表达上具有局限性；雇主在利益表达上具有优势地位；工会组织在利益表达上具有"制度性弱势"；政府在利益表达制度建设上存在错位。① 在现实中，劳资矛盾形成的原因是多方面的，而员工在利益表达上的渠道不畅和局限性是我国企业劳资矛盾和冲突形成的主要原因。当企业员工在通过正常渠道进行表达难以实现自己的利益诉求，或者通过正常渠道表达诉求利得不偿失的情况下，他们往往采用非理性的、非制度化的暴力方式表达利益诉求，群体性的劳资冲突也就容易发生。

第三节　直接原因：劳工权益受到侵害，超出劳方耐受力

劳工权益，是指劳工权利和利益的统称。劳工权益即劳权，有个别劳权与集体劳权之分。个别劳权是指由劳动者个人享有和行使的与劳动有关的权利。1995年实施的《劳动法》第三条规定："劳动者享有平等就业和选择职业的权利、取得劳动报酬的权利、休息休假的权利、获得劳动安全卫生保护的权利、接受职业技能培训的权利、享受社会保险和福利的权利、提请劳动争议处理的权利以及法律规定的其他劳动权利。"② 这些就是个别劳权的主要内容。集体劳权又称团结权或劳动基本权，是指劳动者运用组织的力量维护自身利益的权利。集体劳权主要包括组织权（团结权）、集体谈判权、民主参与权。此外，劳工权益可以分为法定权益和合理诉求两个部分。③ 引发劳资冲突的直接原因往往是劳动者的权益受到侵害而又不能适时合理解决。劳动

---

① 陈微波：《基于劳资冲突治理视角的利益表达问题研究》，《求实》2013年第1期。
② 1995年《劳动法》。
③ 郑广怀：《劳工权益与安抚型国家——以珠江三角洲农民工为例》，《开放时代》2010年第5期。

者的权益受到侵害主要体现在两方面。

一 工人法定权益得不到保护和完全实现，引发矛盾

劳工法定权益是国家确定的最低的劳工标准，必须通过政府执法和司法手段得到强制性保护。珠三角地区劳资矛盾产生的直接原因大多是劳动者的法定权益受到侵害，得不到保护或完全实现。主要表现为以下方面。

1. 劳动者报酬过低，工资不及时发放，甚至拖欠工资

目前珠三角地区大多实行最低工资标准，以保护劳动者的基本权益。但不少企业为了保障自身的利益，往往是按国家规定的最低工资标准给工人发放工资，工资就低不就高，实行"地板工资"（即最低工资标准）。"地板工资"虽是合法的，但是按照再生产预期理论则不合理，工人的实际付出与报酬远远不成比例。"地板工资"仅仅能维持职工的基本生活，但无法满足其自身发展和家庭成长的需要，从而使职工产生可想而知的痛楚。在问卷调查中，当问及"您近几年，在企业工作的感受是"时，36.47%的被访问者回答"不算辛苦，但工资低"，有17.29%的被访问者回答"很辛苦，且工资低"，只有18.42%的被访问者回答"不算辛苦，且工资满意"。但由于工人处于弱势，其也只得接受。由于工资过低，为了增加工资，大多数工人采取加班的办法提高收入。从问卷调查了解到，有92%的工人加过班，只有8%的工人没有加过班，而且84.7%的工人回答是"自愿"加班。加班的原因中，68.66%的人回答是"增加收入"。可以看出，加班已经成了工人生活的常态。发生于2010年的富士康员工跳楼事件，引起社会各界乃至全球的关注。自杀员工都是"80后""90后"，都来自农村，入职时间较短。富士康最低工资标准只有900元，于是很多工人把希望寄托在加班费上。每个月工人都要和厂方签订一份协议，表明他们是自愿加班的。"深圳市总工会副主席张素芬说，国际上通行

的最低工资标准一般是社会平均工资的40%~60%。我国《企业最低工资规定》也认同这一标准。以此计算，深圳市的最低工资应该不低于1500元，远高于当前的1000元左右标准。"①

此外，"老板"拖欠工资，甚至欠薪逃匿，是引发劳资矛盾的另一重要因素。经济发达、企业集中的珠三角地区是企业主欠薪逃匿高发地带。据统计，广东省珠三角九市（广州、深圳、东莞、佛山、珠海、肇庆、中山、江门、惠州）2008年共发生企业主欠薪逃匿案件1731宗，占全省同期发案总数的99.3%，平均每天有4.7家企业企业主欠薪逃匿。其中，调研组实地走访的广州、深圳、东莞三市2008年共发生企业主欠薪逃匿案件1355宗，占珠三角九市同期发案总数的78.3%。②

2. 劳动者的休息休假权和劳动卫生权得不到保障

我国非公企业劳动时间普遍过长，除少数企业遵守国家规定的8小时工作制外，多数企业工人的劳动时间远远超过8小时。在问卷调查中问及"您一天一般工作几个小时"时，12.6%的被访问者回答工作10小时，还有15.6%的人回答工作12小时。在很多企业里，员工每月只能休息两天，有的企业甚至没有休息日。以大量见诸报端的富士康员工跳楼事件为例，2012年3月30日，美国非营利机构公平劳工协会（FLA）发布报告称，富士康存在数十起违反劳工权利的行为，其中尤以加班时间过长、克扣加班工资等违反劳动法行为为甚；富士康中60%以上的员工称其工资无法满足基本需求，14%的员工无法拿到被拖欠的计划外加班工资；富士康旗下的深圳观澜、深圳龙华和成都工厂工人的工作时长都超出了我国《劳动法》规定的标准，也超出

---

① 杨琳：《劳资"转型"之痛》，《瞭望》2010年第25期。
② 资料来源：广东省政法委材料《关于我省企业欠薪逃匿情况的调研报告》。

了 FLA 的每周工作 60 个小时的标准。① 为什么 14% 的员工无法拿到被拖欠的计划外加班工资？原因是富士康以 30 分钟为增量来支付加班工资。也就是说，如果加班 29 分钟，那么就无法拿到加班工资；如果加班 58 分钟，那么就只能拿到 30 分钟的加班工资。②

不少企业忽视生产安全和生产卫生，缺乏最起码的劳动保护条件，侵犯劳动者的生命健康权的情况也较普遍。恶劣的劳动环境威胁着劳动者的健康和生命，生产事故频发，甚至使一些劳动者终身残疾或危及生命。2014 年 8 月 2 日江苏省昆山市中荣工厂爆炸事件，其起因是粉尘大大超标。"在看得见的惨烈背后，是看不见的权益缺失。工人长期暴露在高浓度粉尘作业环境，造成大面积尘肺病，工人曾就此抗议，而工厂未就此改善作业环境。此次爆炸发生在周六早上 7 点 37 分，是法定的非工作时间，但发生爆炸的抛光车间有 261 人打卡上班。工人每天的工作时间在 14~15 小时，大大超过劳动法规定的工作时间的极限。"③ 资方对利益的变态追求和忽视劳动者的权益成为劳资关系紧张的重要根源。

3. 有法不依、执法"打折"，使劳动者的合法权益受害

经过多年的努力，中国基本构建起了有中国特色的社会主义劳动法律体系，但是，我国目前劳资关系面临的主要问题是有法不依、执法"打折"。我国的《劳动法》《工会法》等从法律上基本保障了劳动者的权益和工会的职能，但是法律没有完全落到实处，有法不依的现象屡见不鲜。例如，在中国，对于安全生产有明确的法律规定，但现实情况是有法不依、执法不严、违法不究。有法不依、执法"打

---

① 邵敏、包群：《FDI 对我国国内劳工权益的影响——改善抑或是恶化？》，《管理世界》2013 年第 9 期。
② 李长军：《从富士康"血汗工厂"事件看我国劳工权益保护机制的缺陷》，《金融经济》2012 年第 12 期。
③ 《劳工界呼吁信：反思粉尘爆炸惨案，全面提升劳工权益》，http://www.jttp.cn/a/report/news/society/2014/0806/5965.html。

折"主要表现在以下方面。

一是企业用工劳动合同签约率低。《劳动法》规定,"建立劳动关系应当订立劳动合同"。但是,在私营企业中不签订劳动合同的现象却屡见不鲜。在一些企业中,劳动合同只针对管理人员和技术骨干,一般职工不签订劳动合同。有些企业劳动合同内容显失公平,更多是对劳方义务的要求,而资方负担的责任却很少。在以上种种情况下,一旦发生劳动纠纷,劳动者往往处于不利的地位。

二是"五险一金"保障权利没有完全实现。"五险一金"是指用人单位给予劳动者的几种保障性待遇的合称,包括养老保险、医疗保险、失业保险、工伤保险、生育保险、住房公积金。国家相关法律对此做了规定。在调研中发现,在珠三角地区,近年来社保缴存覆盖面不断提升,大多数企业为员工购买了"五险",但较少缴存住房公积金。在问卷调查中,当问及"企业是否为您买'五险'"时,71.4%的人回答"有",18.4%的人回答"没有全买",7.5%的人回答"没有"。在问及"企业是否为您买住房公积金"时,59.84%的人回答"有",38.15%的人回答"没有"。不少企业在社保、公积金缴存方面存在不同程度的问题。2014年4月,广东东莞最大的鞋厂——裕元鞋厂因社保和住房公积金缴存问题发生停工风波。原因是社保、公积金"欠账"。调查了解到,裕元鞋厂4万多工人均存在社保缴存基数低于实际收入、缴存年限不足等情况,且绝大多数未缴存住房公积金。裕元鞋厂一名组长说,他入厂工作已22年,目前月收入已达到4400多元,依养老保险8%的个人缴存比例计算,每月个人缴存部分应为350多元,但现在只有144.8元,此外还一直没有缴存公积金。[①] 有法不依、执法不严,使不少企业主钻法律空子,一方面是出资者逃避应负的法律责任,损害劳动者权益;另一方面劳动者也会违反劳动合同,

---

① 邱明、马晓澄:《东莞"代工厂"劳资纠纷引发风波》,《北京青年报》2014年4月19日。

使出资者大伤脑筋,这些都会造成劳资关系紧张。

三是企业违法行为得不到及时的追究。如果企业出现侵犯劳动者法定权益的违法行为（例如不支付工伤赔偿、欠薪、超时加班且不支付加班费等）,应当得到及时的追究,农民工的法定权益必须得到完全的主张。但在现实中,这些法定权益通常只是一个可供"打折"的价码,[①] 一些侵犯劳动者权利的行为得不到法律的追究和严厉的制裁。由于法律救济机制的残缺,工人的权利只能算是"应然权利"而不是"实然权利"。[②] 有一句著名的英国法谚"无救济则无权利",这句法律谚语告诉我们：法律对公民权利规定得再完备、列举得再全面,如果在侵权行为发生之后,公民无法获得有效的法律救济的话,那么,这些法律上的权利都将成为一纸空文。[③] 执法"打折"既使企业主减少甚至逃避责任,有时也是政府出于"维稳"的需要。如《劳动合同法》生效以后,街道办事处在劳资纠纷中人为地降低了法律的执行标准,以预防可能出现的社会不稳定因素。[④]

二 工人合理诉求无法解决,引发矛盾

1. 工人诉求得不到解决,引发冲突

如果说法定权益是劳工权益的"底线",那么,合理诉求则是劳工权益的"增量"要求。合理诉求是在劳动者法定权益基础上的利益要求,合理诉求的实现要通过工人（通常是工会）与企业的集体谈判等方式来实现。近年来,随着工人权利意识的提高,工人会在法定权益的基础上提出合理诉求。工人的合理诉求可能是基于所在企业自身

[①] 郑广怀:《劳工权益与安抚型国家——以珠江三角洲农民工为例》,《开放时代》2010年第5期。
[②] 胡连生:《我国非公有制企业中的劳工权益保障问题》,《科学社会主义》2005年第4期。
[③] 陈瑞华:《看得见的正义》（第二版）,北京大学出版社,2013,第111页。
[④] 张永宏:《争夺地带：从基层政府化解劳资纠纷看社会转型》,《社会》2009年第9期。

的发展状况而提出的，如工人看到企业效益和利润的提高而要求增加工资；也可能是做横向比较而提出的，如工人了解到相邻或相近性质企业工人的待遇高、生活条件好些，而向企业主提出改善待遇的合理诉求。工人合理诉求的提出往往源于一种相对剥夺感。"相对剥夺"（Relative Deprivation）最早由美国学者 S. A. 斯托弗（S. A. Stouffer）提出，其后经 R. K. 默顿（R. K. Merton）的发展，成为一种关于群体行为的理论。它是指当人们将自己的处境与某种标准或某种参照物相比较而发现自己处于劣势时所产生的受剥夺感，这种感觉会产生消极情绪，可以表现为愤怒、怨恨或不满。工人的相对剥夺感一方面是以企业获利为参照，即劳动者的利益无法与企业利益同步增长而产生的剥夺感；另一方面是以社会为参照，即当本厂的利益增长不如其他企业时而产生的剥夺感。这种相对剥夺感在工人刚进入企业的时候不一定会产生，往往在待遇稍有改善而又没达到预期目标的时候更容易产生。正如有句话"拥有而后不满",[①] 即占有一点东西的人比一无所有的人更容易形成对社会的不满。有时，即使工人本身的处境已有所改善，但如果改善程度低于其他企业或人群的改善程度，相对剥夺感也会产生。工人的相对剥夺感会影响个人或工人群体的态度和行为，引发矛盾甚至产生暴力维权行动。2010 年 5 月 17 日至 6 月 4 日，南海本田发生历时 19 天的停工事件。起因就是涨薪要求未得到满足，南海本田职工自发发起集体性停工。[②]

2. 生活境况超出承受力，产生自损行为

从近年来发生的劳资冲突事件看，发生极端事件是因为工人对企业的待遇和生活条件难以接受，超出了其自身的忍耐力走向暴力维权

---

① 〔美〕埃里克·霍弗：《狂热分子：码头工人哲学家的沉思录》，梁永安译，广西大学出版社，2008，第 163 页。
② 黄应来：《南海本田工会"变身"记》，《南方日报》2011 年 7 月 5 日。

或自残维权。不少珠三角企业对工人的待遇既实行"地板工资",又采取"宿舍劳动体制"和"围墙管理"。任焰、潘毅将工厂大量使用外来工,并利用工厂宿舍暂时安置外来劳动力、承担劳动力日常再生产的现象概念化为"宿舍劳动体制"。宿舍劳动体制是一种独特而有效的劳动控制与管理形态,资方通过宿舍对工人们的劳动与生活进行直接控制,塑造工人的生活方式。①"围墙管理"也是不少企业的生活管理模式。改革开放之初,外资、台资企业前来投资办厂,需要大量劳动力。由于当时的社会提供不了员工的生活服务,企业便形成包吃包住的"小社会"模式。大墙一围,自成系统。地方政府也乐得不插手企业围墙内的事务,从而助长了这类"围墙管理"模式的形成。深圳一家知名企业跳楼自杀幸存员工田玉、饶乐琴说,在企业里,很多地方是员工"禁区",到处都有保安盯着,感觉很压抑。21岁的员工汪云说:"就像《黑客帝国》里的主人公尼奥,当发现这个巨大的'系统'对每个人的监控如此强势,就会彻底丧失安全感。"②"围墙管理"让员工感受到很大的精神压力。在"围墙管理"下,工人不仅被商品化了,而且更被原子化了。原子化的工人被剥夺了采取集体行动的各种资源,只能采取原子化的反抗方式,自杀则是选择用生命来表达无声的反抗。③ 在"围墙管理"下,工人很少与人沟通交流,没有社会和文化生活,身心上的疲惫无法排解,致使这些新生代高度情感焦虑,最终自杀。可以说,自杀是因为工人的权利不能获得适当救济。农民工为权利而自杀属于典型的通过自损行为实施的私力救济,即通过针对本人的自损行为而给他方施压,强制其接受自己提出的纠纷解

---

① 任焰、潘毅:《宿舍劳动体制:劳动控制与抗争的另类空间》,《开放时代》2006年第3期。
② 杨琳:《劳资"转型"之痛》,《瞭望新闻周刊》2010年第25期。
③ 郭于华、沈原、潘毅、卢晖临:《当代农民工的抗争与中国劳资关系转型》,(香港)《二十一世纪》2011年第4期。

决方案。① 工人的自杀也反映了工人权益受侵害后权利救济制度的缺失。正如在自杀论方面影响深远的社会学家迪尔凯姆认为，自杀并非一种简单的个人行为，而是对正在解体的社会的反映，应以社会事实解释自杀率，并提出自杀率与宗教社会、家庭社会、政治社会的整合度成反比。②

第四节 劳动者主体原因：新生代工人权利意识增强，耐受力较低

一 新生代工人权利意识增强，更易采取集体行动维护权益

近10年来，我国非公企业的职工队伍发生了结构性的变化，除了建筑企业以包工方式运作，因而工人年龄偏大（多数在40~50岁）外，在各类代工企业中的工人几乎全部为"新生代"。新生代产业工人已经成为职工队伍的主体。新生代产业工人也有"新生代劳工"或"新生代农民工"的不同称谓，一般是"80后""90后"，年龄在18岁到30岁之间。这批人在目前2亿多的产业工人中约占60%以上，已成为珠三角地区产业工人的主体。2012年深圳职工平均年龄为30岁，与深圳市人口平均年龄完全相同，职工年龄按照出生年代进行划分，"50后"和"60后"占8.8%，"70后"占20.1%，"80后"占59.4%，"90后"占11.7%。③

新生代产业工人相对于老一代工人来说，在诸多方面都有不同的特点，不少学者对此进行过比较和研究。如学者刘传江、徐建玲对两

---

① 徐昕：《为权利而自杀——转型中国农民工的"以死抗争"》，载《中国制度变迁的案例研究》（第六集），中国财政经济出版社，2008。
② 〔法〕迪尔凯姆：《自杀论》，孙立元、藤文芳编译，北京出版社，2012。
③ 《中国工人》编辑部：《把权力交给工人——深圳市总工会副主席王同信专访》，《中国工人》2013年第5期。

代农民工的差异比较如下（见表1）。

表1　两代农民工的差异比较

比较的特征	第一代农民工	第二代农民工
成长的社会环境	改革开放前	改革开放后
成长的家庭环境	多子女家庭	独生子女或不多于两个孩子的家庭
文化程度	小学和初中文化为主	初中及以上文化为主
人格特征	吃苦耐劳特征较强	吃苦耐劳特征较弱
打工的主要目的	为家庭，生存为主	为自己，追求生活质量
对城市的认同感	较弱，多以同乡为主要交往对象	较强，向往城市生活和融入城市
与家庭的经济联系	大量的收入寄（带）回农村老家	汇寄回家比例较低，有时向家里要钱
生活方式	与传统农民接近	与现代市民接近
对工作的要求	能够挣到比种田多的钱即可	向往体面的工作，或对将来在城市生存有帮助的工作
务农的经验	有比较丰富的务农经验	没有或缺乏务农经验
对未来的期望	多数人在年龄大后返乡劳动	多数人不愿返乡务农

资料来源：刘传江、徐建玲：《"民工潮"与"民工荒"——农民工劳动供给行为视角的经济学分析》，《财经问题研究》2006年第5期。

新生代产业工人由于受教育程度普遍提高，加之其他因素的影响，权利意识不断觉醒和增强。对权利意识的界定，学界有不同的观点。笔者认为，权利意识是权利主体对权利的认知、理解、态度以及当其权利受到损害时，以何种方式和手段予以补救的一种心理反应。权利意识是一个复合结构体。从主体上讲，有个体权利意识、群体权利意识和社会权利意识；从形态来看，有应有权利意识、法定权利意识和实在权利意识；从权利意识的构成要素来看，有权利主体意识、权利认知意识、权利实现意识、权利救济意识、权利要求等。[①] 近10年来，尤其在这几年，随着公民权利意识的增强，新生代产业工人的权利意

---

① 曾秀兰：《公民权利意识觉醒下社会管理之应变》，《广东社会科学》2013年第2期。

第二章 珠三角非公企业劳资矛盾形成的原因

识亦不断增强。

1. 新生代工人权利意识不断增强的主要原因

第一,全球化迅速发展,是权利意识觉醒的时代背景。全球化是当今时代最重要的特征之一。全球化使人类不断跨越空间障碍及制度、文化差异的障碍,在全球范围内实现物质与信息的充分沟通,使国与国之间形成密切的联系。全球化发展,使资本、技术等在全球范围的自由流动加快,作为发展中国家的中国,也获得了更多的发展机会,推动了中国经济的快速发展。全球化下外资的引入,不但是引入资本、技术,也引入了一些规则和制度,引入了国外的文化和理念。发达市场经济国家的人权观念和平等观念,一些外资企业主动承担社会责任、维护工人权利、重视环境保护的企业文化也开始植入中国,并对中国产生潜移默化的影响。中国逐渐接受国际社会公认的关于工人权利保护的价值观念,如中国接受了"体面劳动"的观念和目标。[①] 这在一定程度上唤醒和提升了全球化背景下外资企业工人的权利意识,为工人权利意识的发展创造了微观环境。近年来,实现体面劳动和有尊严地生活正成为职工特别是新生代农民工的价值取向和集体意识。

第二,市场化不断深化,是权利意识觉醒的经济基础。权利意识是社会意识的组成部分,根植于深厚的社会经济关系中。"权利决不能超出社会的经济结构以及由经济结构制约的社会的文化发展。"[②] 一定的经济条件制约着人们的思想意识,正如列宁所说,"雇佣奴隶被贫困压得无暇过问民主","无暇过问政治"。生活在贫困落后、缺乏联系状态下的居民是难以形成完整的权利义务观念的。在中国很长的历史阶段,自给自足的自然经济占主导地位,由于没有权利意识发展

[①] 林燕玲:《改革开放30年中国工人权利意识的演进和培育》,中国社会科学出版社,2009,第254页。

[②] 《马克思恩格斯全集》第25卷,人民出版社,2001,第19页。

的土壤，工人只有服从的臣民思想，权利意识非常淡薄。伴随着中国的市场化改革及改革的不断深入，工人权利意识不断觉醒和提升。权利的主要内容，如自由、平等、承认个人的合法权益等，也正是市场经济的基本原则，是市场经济一系列运行原则和规范在政治生活中的运用和反映。随着30多年的市场化改革，国家也更加关注民生和公平，权利意识已经成为全社会的主要意识形态并不断扩展到以前受到歧视的农民工群体。

第三，民主化、法制化的推进，是权利意识觉醒的政治条件。公民权利意识的提高是现代民主与法制社会的重要标志。民主化与法制化是相辅相成的，法制化必然导致和促进民主化；民主化要求有法制化的保障。伴随着各项改革的深入，中国的民主化进程也在不断推进，公民知情权、参与权、表达权、监督权得到保障。在民主化的推进下，人们的权利和意愿得到尊重，主动性和积极性得到发挥，这些为公民权利意识的觉醒提供了生存土壤。同时，我国的法制化进程也在加快，法制化为工人权利意识的觉醒和权利的实现提供了重要保证。一是通过普法教育，使工人对自身的权利、义务等有更全面、更明确的认知。二是通过立法对企业职工的权利做出规定。三是法制化的推进使工人的权利救济机制更完善，为权利救济的实现提供了可能和保障。

第四，网络的快速发展，是权利意识觉醒的技术支持。网络创造着人们新的工作方式、生活方式和思维方式，也推动公民权利意识的演进。首先，网络为公民权利认知提供了便利。网络以最廉价和便捷的方式方便网民获得各式各样的信息，这为公民对自身的权利认知提供了便利。其次，网络为公民的权利表达提供了平台。与传统传媒的一元性和单一性相比，网络具有多样性和差异性的特点。网络为公民提供了一个表达意见和主张的平台。围绕某一事件，每个人都可以参与讨论，人们可根据自己的价值观和喜好发表自己的观点，多元化的观点和态度产生碰撞。渐渐地，人们由不知晓到知晓、由感性的认知到理性的认知，权利意识不断提升。最后，网络为公民维权提供了便利的途径。网络开辟了公民表达、参与和互动的新场域，对于社会上一些侵权的热门事件，网民通过网站、论坛、微博等空间踊跃发表意见，会引起社会的关注和支持，形成一种强大的舆论压力，推进对问题的解决。网络的便利性和影响力为产业工人权利要求的实现提供了最有效的渠道，新生代农民工也正是伴随着网络成长起来的。

2. 新生代工人权利意识不断增强的主要表现

第一，权利认知水平大幅提升。权利认知是指权利主体对自身或他人应该或者实际享有的权利的了解和感知。主要表现为，公民知道自己有什么权利，是否已经享有了这些权利。权利认知居于权利意识结构的最底部，是权利意识的起点。新生代产业工人公民权利认知水平的提升一方面靠自己的学习，另一方面通过专业人士的引导和培训。新生代产业工人对《工会法》《合同法》《劳动合同法》等法律中涉及自身利益的条文有较多的了解。例如，当调查问卷中问到"您知道加班工资是多少吗"时，61.2%的人表示"知道"，38.8%的人表示"不知道"。由此来看，大多数人对涉及切身利益的工资等基本权益还是有越来越多的了解。

第二，权利实现意识越来越强烈。权利实现意识是指公民在工作和生活中主动将自己应该享有的法定权利转化为现实权利的意识。公民权利意识状况可通过其权利实现行为表现出来。任何意识都可以从作为主体的人的行为和对观念及行为的评价上表现出来。[①] 要使法定权利变为现实权利，就要有实现它的愿望和行动，没有权利实现的行动，就难以依照法律途径维护自己的权利，保证权利的实现。伴随着新生代产业工人权利认知水平的提升，其权利实现意识也越来越强烈。新生代农民工群体维权意识不断增强，当面临工资拖欠、劳动强度过

---

① 夏勇：《走向权利的时代》，中国政法大学出版社，2000，第49页。

大、社会保障缺失、职业病和工伤事故频发等时,他们会尽可能通过不同途径促成政府对其权利给予保障或拿起法律武器来维护自己的权益,而不是像他们的父辈一样"逆来顺受"。面对不公正的待遇,产业工人经历了"从隐忍到抗争"的发展。知名学者于建嵘认为,"近30年来,中国公民的的权利意识和维权行为有两个重要的变化。其一,越来越多的民众,在权益受到侵害时不再沉默,而是选择维权抗争;其二,公民评判自身权利是否受到侵害的标准正在从法定规则向基本人权发展"。① 近几年出现的"民工荒"和"用脚投票"从另一方面体现了农民工权利意识的觉醒。

第三,权利救济手段更加多样。权利救济是指在权利人的实体权利遭受侵害的时候,由有关机关或个人在法律所允许的范围内采取一定的补救措施消除侵害,使权利人获得一定的补偿或者赔偿,以保护权利人的合法权益。"无救济则无权利"这句古老的法律谚语表明:如果权利受到侵犯之后,公民无法获得有效的法律救济的话,那么,公民的权利将成为一纸空文。权利救济是权利得以实现的重要手段。在过去,当自己的权利被侵犯时,工人经常会有"有冤无处申""有苦无处诉"的感觉,并常常处于"状告无门""申请无路"的困境。而近年来,当工人的权益受到侵害时,他们会通过公力救济、私力救济、社会救济等多种方式和手段维护权益,如交涉、仲裁、调解、诉讼等。②

---

① 于建嵘:《底层立场》,上海三联书店,2011,第280页。
② 公力救济,是指国家权力机关运用公权力对被侵害权利予以救济,包括民事诉讼和行政救济。私力救济,指当事人认定权利遭受侵害,在没有第三者以中立名义介入纠纷解决的情形下,不通过国家机关和法定程序,而依靠自身或私人力量,实现权利,解决纠纷,包括强制和交涉。私力救济的典型形式就是私下和解。社会救济,是指依靠社会权力来对被侵害权利进行救济,主要包括仲裁和部分调解(包括民间组织调解、行政调解、律师调解)。见辛国清《公力救济与社会救济、私力救济之间——法院附设 ADR 的法理阐释》,《求索》2006年第3期。

一项关于珠三角农民工的研究发现，农民工的年龄越轻越倾向于参与集体行动。[①] 目前新生代产业工人已经成为职工队伍的主体，而随着他们法律意识和权利意识的增强，自然会有更多的不满，由此也就会带来更多的劳动争议、诉讼以及罢工等劳资纠纷和冲突。

二 新生代工人利益诉求多元而耐受力低，更易导致劳资冲突

经历了30多年的改革开放，产业工人群体不再是一个同质的群体。产业工人从老一代到新生代发生了很大的转变，他们从"改善生活"到"改变命运"、从"打工赚钱"到"体面工作"、从"逆来顺受"到"主动维权"、从"依恋乡村"到"淡出乡村"。[②] 第二代农民工相较于第一代农民工具有更强的主观能动性和独立性。[③] 新生代产业工人与老一代产业工人很大的不同之处在于其利益诉求更加多元化。新生代产业工人诉求多样化，有政治诉求、经济诉求、文化诉求、组织诉求、教育诉求。[④] 从物质需求来看，他们从"生存的满足"向"生活的要求"转变，[⑤] 从传统的"底线型"利益诉求向"增长型"利益诉求转变。[⑥] 从精神诉求来看，他们不仅渴望物质权益，还渴求精神权益。他们对已经拥有的生存状况并不满足，他们有丰富多彩的精神向往和理想追求，不再把打工只是作为提高农村生活质量的手段，

[①] 蔡禾、李超海：《利益受损农民工的利益抗争行为研究——基于珠三角企业的调查》，《社会学研究》2009年第1期。
[②] 娄本东：《农民工代际差异凸显的问题与对策》，《理论导刊》2013年第11期。
[③] 郎俊杰、钱亚东、董梦妍：《农民工社会诉求代际差异实证研究》，《经济研究导刊》2012年第4期。
[④] 赵蓉、王振亚：《当代中国转型社会新生代农民工的基本问题》，《学术探索》2013年第12期。
[⑤] 陈宇海：《从"生存的满足"到"生活的要求"——代际变迁中的农民工》，《青年探索》2008年第1期。
[⑥] 蔡禾：《从"底线型"利益到"增长型"利益——农民工利益诉求的转变与劳资关系秩序》，《开放时代》2010年第9期。

而是希望通过打工来改变自身的命运，实现人生的梦想。在问卷调查中，当问及"您在这里工作的最大愿望是什么"时，34.34%的人回答"增加工资"，20.09%的人回答"学习进修"，16.85%的人回答"有广泛的社会交往"，14.90%的人回答"在城市立足"，11.45%的人回答"被尊重"。由此可知，新生代工人不但有物质诉求，还有其他多元的精神诉求，利益诉求呈多元特征。同时，他们比其父辈具有更强烈的不公平感，他们对于种种社会不公正现象也更为敏感。更为重要的是，他们抛弃了上一代人常常怀有的宿命论，他们不认命运，有着强劲的表达利益诉求的动力和对未来更好生活的要求。[①]他们追求城市生活方式，渴望留在城市，并怀有融入城市的强烈愿望。他们从单纯谋生向追求幸福感与归属感转变，并要求人格平等、报酬平等和发展机会平等，即由谋求生存转向追求平等。他们的精神支柱也从承担家庭责任向实现自我价值转变。

新生代的产业工人，一方面利益诉求更加多元化，而另一方面耐受力又较低，这跟他们的经历有关。新生代产业工人的经历与老一代有较大的不同：老一代产业工人大多有比较丰富的务农经验，能吃苦，有较强的家庭责任感，多从事建筑业等劳动强度大的低端行业；而新生代产业工人，他们出生以后就上学，上完学以后就进城打工，他们基本没有从事过农业劳动，对农业、农村、土地、农民等方面的问题并不熟悉。在课题组调研采访中了解到，约有50%的工人"没有"或仅仅"有一些"务农经历。由于经历的差异，他们的吃苦精神也较缺乏，相对来说也缺乏责任和担当意识。他们不想像父辈那样从事艰苦的体力劳动，他们在工作中常常稍感苦和累就容易产生辞职的念头。在职业的选择上，他们不再选择或基本上不选择"苦、累、脏、差"

---

① 郭于华、沈原、潘毅、卢晖临：《当代农民工的抗争与中国劳资关系转型》，（香港）《二十一世纪》2011年第4期。

的体力劳动行业，大都力求和城里人一样选择一些智力型行业和技术行业，同时注重工作环境和地理位置是否有利于自己的发展。① 概括地说，"三高一低"是新生代产业工人的共同特征，即受教育程度高、职业期望值高、物质和精神享受要求高、工作耐受力低。

正是由于新生代产业工人利益诉求更多元而又耐受力低，所以，当他们的多元诉求未得到满足又未能有效维权时，便会产生更强烈的"挫折感"，并演化成对社会的不公平感和更强烈的参与集体行动的冲动，也有更强的集体行动能力，这就增加了发生劳资冲突的风险。

第五节　外部环境原因：法律法规调整，企业转型，新媒体催化

一　法律法规的实施或修订，助推劳资纠纷骤升

近年来，劳动法律制度不断完善。法律法规的实施或修订一方面为劳资关系走向法律化、制度化解决提供了基础和条件，另一方面也容易引发一些新的问题。例如，2008年我国开始实施《劳动合同法》。在《劳动合同法》的实施中，出现了一些较突出的问题，如部分企业用各种手段规避和应对《劳动合同法》的相关规定，大量使用劳务派遣工，以非正规就业替代正规就业等。《劳动合同法》颁布后的一段时间内，劳动争议集中爆发。据《劳动和社会保障事业发展统计公报》的数据，《劳动合同法》颁布实施后，劳动争议案件出现井喷。而据最高人民法院的统计数字，2008年全国审理劳动争议案件28万

---

① 朱光婷、杨绍安：《我国第二代农民工的三大转变》，《长春工业大学学报》（社会科学版）2009年第3期。

余件,同比上升93.93%。① 新《劳动合同法》实施一周年之际,各地劳动争议案件普遍增加。2008年东莞市各级法院受理的劳动争议案件高达23044件,同比上升159.18%,占全市法院上年受理案件的20%以上。争议集中在加班工资、裁员经济补偿、劳动合同签订、社保等方面。② 2012年,第十一届全国人民代表大会常务委员会第三十次会议修改了《中华人民共和国劳动合同法》,重点调整了有关劳务派遣方面的内容,这些条文的修改和调整,对用工单位、派遣单位和派遣员工带来一定的影响,这同样引发一批新的案件。从2012年3月起,广东省开始实施《广东省高温天气劳动保护办法》,在这一背景下,夏季高温津贴发放问题又成为社会关注的热点。因为新法律出台和实施后,有些企业不能很好地贯彻和执行这些法律法规,调整变化后的法律法规如果落实不好、衔接不畅,就会引发劳资纠纷,也可能成为劳资矛盾的焦点。例如,根据《广东省高温天气劳动保护办法》规定,在每年6月至10月期间,劳动者从事露天岗位工作以及用人单位不能采取有效措施将作业场所温度降低到33℃以下的(不含33℃),用人单位应当按月向劳动者发放高温津贴。但是,部分企业作业场地环境超过33℃高温,仍未依法向员工发放高温补贴。市人社局负责人表示,发放高温补贴的一个重要标准是劳动者作业场地温度。而在本次执法检查过程中,有企业反映测定作业场地环境温度较难,而部分员工误认为以天气预报温度为标准,从而引发劳资纠纷。③

从近年来发生的劳资纠纷案件看,新的法律和司法解释的出台会引发一批新的案件。

---

① 王俊秀、刘梦泽:《劳合法实施2年劳动争议案井喷 新工人求职更难》,《中国青年报》2010年1月19日。
② 《东莞劳动争议骤升》,财经网,http://www.caijing.com.cn/2009-01-14/110048077.html。
③ 黄子宁:《高温来了 补贴没到?》,《广州日报》2014年8月7日。

二 产业结构调整，企业转型，使劳资关系处于多变状态

我国"十二五"时期，将加快转变经济发展方式，促进制造业由大变强，淘汰落后产能，同时，提高产业集中度，促进企业组织结构优化。以此为基本要求，我国出台了节能减排、淘汰落后产能、引导企业兼并重组等一系列的举措，这就会使原已形成的劳动关系受到冲击，易于产生劳动争议。

近年来，随着珠三角经济转型升级步入深水区，劳动密集型企业的生存压力越来越大。随着企业生存环境的剧变，企业采取了兼并重组、迁离原址、更换订单等措施，让一些员工对未来感到担忧，于是劳方提出更高的权益诉求，资方则以"不受法律支持"为由反驳，态度较强硬，导致劳资矛盾的激化。

例如，2014年，联想收购IBM的X86服务器业务交易获得通过后，IBM深圳制造公司——国际商业机器系统集成（深圳）有限公司将成为联想的全资子公司。合同一方发生变更，该公司3月3日单方面提出了员工解决方案。因赔偿标准低于员工预期，且宣布前未与员工协商，引发员工不满并于当日开始了为期9天的停工。IBM给员工提出了N+1+6000元（N为劳动者在本单位工作的年限，每满1年支付1个月工资；1为1个月的工资）的离职补偿金或继续留在公司工作两个选择。但IBM深圳制造公司将另一项业务转移到新加坡时，给员工提供的离职赔偿金是N+3+6000元。"都是同一家公司，为什么赔偿标准不一样？这不公平。"员工王秋平说。员工聚集在工厂广场上要求IBM深圳制造公司就"赔偿标准不一"给予解释未果，随后演变为停工维权事件。再如，东莞市万江区山打根实业（东莞）有限公司为港资玩具代工企业，为提高生产效益，近期将工厂搬迁到附近的中堂镇，员工不愿随迁。2月24日、26日以及3月6日，逾千名员工3次停工。在该公司工作了14年的工程部技术人员何先生说，工厂说

是搬迁，其实是经营不下去了，厂里的订单不足，搬迁可能就是变相裁员。①

企业转型成为劳资纠纷的导火线。在未来一段时间里，随着我国经济产业结构的进一步调整及企业的转型升级，劳动争议可能增多，劳资关系将处于更多变状态。

三 国际金融危机及新媒体的催化使劳资关系风险增加

1. 国际金融危机给我国劳资关系造成严重冲击

珠三角地区相对全国来说是对外依存度较高的地区，是我国传统的出口导向型企业最集中的区域。由此，国外经济的波动态势会直接影响该地区企业的经济状况，进而影响劳资关系运行的稳定性。2008年开始的世界金融危机波及我国，导致外部需求锐减。在我国，民营企业和外资企业等非公有制经济企业是我国出口企业的主体，世界金融危机带来的国际市场需求疲软导致我国出口增速回落，而非公有制企业首当其冲，受影响最为明显，面临的冲击也最大。许多企业和行业因出口锐减经营困难，持续亏损，有的企业停业、倒闭、破产。当这些企业面临金融危机，企业经营效益下滑后，企业很可能会采取一些策略来应对。企业可能采取的措施包括如下几个方面。一是为削减人工成本，减少劳动雇佣，进行裁员。如果这样，相对企业的专业技术人员来说，企业内的非技术劳动者可能首先成为被"剔除"的对象，这容易引发劳资争议和纠纷。二是为减少生产成本，企业可能迁到内地城市，这也可能引发再就业和利益补偿纠纷等问题。2011年珠三角的广东等地连续发生的数十起员工群体罢工事件，主要涉及的就是外商投资企业，罢工表面上看是因企业迁址而引发的利益补偿纠纷，

---

① 扶庆、赵瑞希、吴燕婷、邱明：《珠三角企业转型引发劳资博弈 停工频发激化矛盾》，凤凰·财经，http://finance.ifeng.com/a/20140408/12069788_0.shtml。

但其深层次原因则是由欧美市场低迷而带来的企业效益下滑和生产经营受损，从而促使企业向内地转移。三是采取其他降低用工成本的方法，如降薪、放无薪假、调岗等。一些企业借口国际金融危机而肆意侵犯劳动者合法权益，而大多数劳动者对企业的不法行为却无可奈何，个别劳动者由于法制观念淡薄，加上走法律程序时间过长，就采取了私力救济的方式，酿成了一些血案。2009年6月15日发生在广东东莞市的刘汉黄刺杀台商案，便是这一类型的典型案件。刘汉黄与厂方最大的劳动争议就是，他入职还不到1个月即发生伤残，但企业方以还未上保险为由拒绝赔偿。[①]

国际金融危机背景下，我国劳动争议案件剧增。2008年，中国各级劳动争议仲裁机构共处理劳动争议案件96.4万件，是2007年的1.8倍。[②] 同一年，全国各级人民法院受理的劳动争议案件高达28.6万件，比2007年增长了93.93%。[③] 2009年上半年，全国法院受理劳动争议案件近17万件，同比增长30%。[④] 在国际金融危机下，国外经济增长持续下滑的风险传递到我国的劳动力市场，破坏了原有劳动关系，给我国劳动关系造成了严重的冲击，使我国劳资关系出现紧张态势。

2. 新兴媒体对劳资关系的影响日渐深远

新兴媒体是相对于传统媒体而言的，所谓新兴媒体就是以数字信息技术为基础，以互动和多媒体传播为特点，具有创新形态的媒体。一般来说，包括网络媒体和手机媒体，如论坛、博客、微博、微信等具体形式。随着社会生活信息化、网络化的深入，企业劳动者中网民

---

① 罗洁琪：《刘汉黄刺杀台商始末》，《财经》2009年第14期。
② 尹蔚民：《站在新起点 迎接新挑战：推动人力资源和社会保障事业科学发展》，《劳动和社会保障法规政策专刊》2009年第4期。
③ 王胜俊：《2008年最高人民法院工作报告》，http：//www.gov.cn/test/2009-03/17/content_1261386.Htm。
④ 《上半年中国劳动争议案件呈井喷态势》，http：//www.caijing.com.cn/2009-07-13/110196787.html。

越来越多，互联网、微博、微信等网络工具对劳动者的思想和行为方式的影响也日益增大。网络在最大限度地体现沟通便利的同时，也助推企业工人运用它进行维权行动。在劳资关系中，作为处于相对弱势一方的工人群体，非常需要快速有效的途径维护自身的权益。但传统维权途径成本高昂、效率低下，所以，通过新媒体维权成为当前劳工维权的创新尝试。[①] 新媒体在维权过程中的主要作用体现在维权方便快捷、引起的社会反响大、维权成本低等方面。当前，在劳动者群体性事件中频频出现的"网上联动、网下行动"的现象，正是在我国互联网快速普及与发展的背景下劳动关系领域出现的一种新情况。[②] 在新兴媒体下，一旦出现危机事件，媒体和网民的群体心理状态就会显现，容易出现不理性的行为，即一些信息会通过媒体而进行夸大和过分渲染，并引发"网络围观"，形成"蝴蝶效应"，致使劳资冲突事态恶化。随着新兴媒体的发展，其对劳资关系的影响亦日渐深远。

---

① 卢燕、蓝宝辉：《劳工新媒体维权途径研究》，《四川理工学院学报》（社会科学版）2014年第3期。
② 王阳：《新形势下推进劳动关系多方治理结构建设》，《中国工人》2012年第11期。

第三章
珠三角非公企业劳资矛盾调处的理论依据

第一节 风险社会理论

一 风险社会理论：不确定性，难以掌控

20世纪40年代以来，人类社会发生了巨大变化。各个学者从不同的角度对所发生的变化进行诠释，有的认为"后工业社会"来临，有的称之为"晚期资本主义社会"阶段或"后现代社会"，而有些则从"风险社会"的角度对社会的巨大变迁做出解释。"风险社会"的概念由德国著名社会学家乌尔里希·贝克首次提出。贝克在1986年出版的《风险社会》一书中，使用了"风险社会"的概念来描述当今的后工业社会，认为我们现在正处在一个充满风险的时代，并提出了风险社会理论。风险社会理论提出后，世界上一些大的事件接连出现，如英国疯牛病、"9·11"恐怖袭击、SARS流行、禽流感危机等事件，使风险社会理论成为国内外学者研究的焦点。

贝克在《风险社会》一书中认为，现代性内部正在经历一种断裂，一种崭新的社会形态，即风险社会正在从古典工业社会的轮廓中浮现出来。"我们正在见证的不是现代性的终结，而是现代性的开

端——这是一种超越了古典工业设计的现代性。"① 贝克的风险社会理论认为，工业社会所关注的社会问题主要集中于财富分配上的不平等、由此带来的冲突以及这种不平等是如何合法化的等。伴随着物资的丰裕，财富分配问题不再成为人们所关心的首要问题，由科技发展或工业的过度生产所带来的风险，以及如何避免、减弱或疏导这种风险则日益成为人们所关心的问题。马克思和韦伯意义上的"工业社会"或"阶级社会"的概念围绕的一个中心论题是：在一个资源匮乏的社会中，"社会性地生产出来的财富是怎样以一种社会性的不平等但同时也是'合法'的方式被分配的"。而"风险社会"则建立在对如下这个问题的解决基础之上，"作为现代化一部分的系统性地生产出来的风险和危害怎样才能被避免、最小化或引导？"贝克由此提出，人类社会正面临由以财富分配为主题的阶级社会向以风险分配为主题的风险社会转化，并通俗地表达了工业社会和风险社会的区别，他说："阶级社会的驱动力可以概括为这样一句话：我饿！另一方面，风险社会的驱动力则可以表达为：我害怕！焦虑的共同性代替了需求的共同性。"②

英国学者吉登斯从反思现代性的角度把风险区分为"外部风险"和"人造风险"两种类型。"外部风险"就是来自外部的、因为传统或者自然的不变性和固定性带来的风险，如自然灾害等。"人造风险"是指"人力制造出来的风险"，"当代社会风险是由人的行动和决定造成的，而不是由外在因素强加的，人的任何一种行动和决定都可能制造风险。""被制造出来的风险"指的是由我们不断发展的知识对这个世界的影响所产生的风险，是指我们没有多少历史经验的情况下所产生的风险。在全球化时代，人类面对的主要就是"人造风险"。这种

---

① 〔德〕乌尔里希·贝克：《风险社会》，何博闻译，译林出版社，2003，第3页。
② 〔德〕乌尔里希·贝克：《风险社会》，何博闻译，译林出版社，2003，第57页。

风险的人为因素不仅来自技术,也来自政治的道德。吉登斯还认为,在工业社会存在的头两百年里,外部风险占主导地位。但伴随着"外部风险"逐渐向"人造风险"的转移以及"人造风险"的普遍扩散,我们越来越多地生活在了一个"风险社会"里。现代风险具有普遍性和永恒性,也就是说,风险无处不在、无时不有。

按照风险社会理论的观点,现代社会突发危机的不确定性、不可预见性都日益增强,使我们人类不可避免地面对各种风险和危机。贝克将晚期工业时代的风险或风险社会的风险与工业时代的风险或工业社会的风险做了明确的区分。主要包括几方面,如"工业社会的风险具有地域性,而风险社会的风险具有全球性;工业社会的风险具有直接感知性,而风险社会的风险不具有直接感知性;工业社会的风险具有可计算性,而风险社会的风险具有不可计算性;工业社会的风险具有明确的责任主体,而风险社会的风险不具有明确的责任主体"。[①] 吉登斯认为,现代社会风险的一个主要特征是"人为制造的不确定性"。[②] 现代风险在性质上与传统风险完全不同,原因很不确定,一旦发生以后会迅速扩散,过去的生活经验、技术手段和组织制度,已不足以防止、规避和应对新的风险的威胁。这种不确定性的风险不是孤立现象,而是呈现共生共存状态。[③] 风险社会的公共风险增大,更多的是人的因素作用的结果,具有更大的不可预测性,也更难以掌控,而且与每个人的利益密切相关。

二 风险社会理论的启示:高度重视劳资矛盾,预防在先

西方风险社会理论认为,现代社会是一个充满风险的社会。风险,

---

① 刘少杰:《当代国外社会学理论》,中国人民大学出版社,2009,第258~259页。
② 〔英〕安东尼·吉登斯:《失控的世界》,周红云译,江西人民出版社,2001,第32页。
③ 〔德〕乌尔里希·贝克:《世界风险社会》,吴英姿、孙淑敏译,南京大学出版社,2000,第14页。

概而言之，就是可能发生的危险。社会风险是指社会各个领域中的不确定性因素引发社会动荡、社会冲突、社会损失的一种潜在的可能性关系状态。① 在当今高科技迅猛发展条件下的全球化时代，某些看似局部的或是突发性的事件却往往容易导致和引发整体性的社会灾难。在当今中国，通过30多年的改革开放，现代化建设步入了快速发展的轨道，并取得了巨大的成就。但随着现代化进程的快速发展，也带来了利益分配不均和利益分化的加剧，导致社会风险不断累积。按照风险社会理论，人类进入现代化的一定阶段后，必然伴随社会风险的增长进入风险社会。"现代性在某些领域和生活方式中，降低了社会总的风险性，但同时也导入了一些以前所知甚少或全然无知的新的风险参量，这些参量包括后果严重的风险，它们来源于现代性社会体系的全球化特征。"② 亨廷顿曾提出，"现代性产生稳定，而现代化却会引起不稳定"。③ 美国社会学家戴维斯和格尔等用J曲线理论来解释为什么在经济繁荣的时候会发生社会不稳定。J曲线理论认为，客观生活状况的改善会导致人们产生更高的期望值；当人们的期望值增长得比客观状况改善的速度还要快时，就会导致人群中更高程度的被剥夺感；人们的高期望值与期望难以得到满足之间的巨大差距导致了动乱的发生。国内学者孙立平提出社会"断裂"说。这一观点认为中国正在迅速形成一个庞大的底层社会，社会结构同时呈现碎片化和两极社会的形态，正在加速"断裂"与"失衡"。④ 国内学者李强提出"倒丁字型"说，即"下层数量庞大，中层、上层均匀分布"，"由于社会结构的不协调，社会关系处于一种很强的张力之中。社会矛盾容易激化，

---

① 刘岩：《风险社会理论新探》，中国社会科学出版社，2008，第5页。
② 〔英〕安东尼·吉登斯：《现代性与自我认同》，赵旭东等译，三联书店，1998，第4页。
③ 〔美〕塞缪尔·亨廷顿：《变化社会中的政治秩序》，王冠华等译，上海三联书店，1989，第40~41页。
④ 孙立平：《转型与断裂：改革以来中国社会结构的变迁》，清华大学出版社，2004。

第三章 珠三角非公企业劳资矛盾调处的理论依据

社会问题和社会危机比较容易发生"。① 这些理论说明，发展与社会风险往往是共生的，经济发展到一定阶段容易产生社会风险。

许多学者认为，当今中国社会已经进入一个充满风险的社会。当代中国已经出现了"风险社会"的征候。从近10年来中国社会各种社会矛盾不断激化的现实和趋势看，中国社会的发展也到了社会矛盾最容易激化的高风险阶段。这不仅存在众多的风险源，而且还存在多种使风险放大的因素，使当前中国社会处于多种社会风险相互交织的高风险状态。目前中国正处于社会转型时期，从风险分析的角度看，表现为历时态的风险共时态地存在于当前社会中，即产生所谓的"风险共生"现象。② 在这一社会形态下，一方面，传统类型的风险，如传染病、自然灾害等依然构成对人民生活和社会安全的威胁；另一方面，现代化进程中还不断涌现出地区冲突、群体性事件、劳资冲突和各种刑事犯罪等新的风险类型，这些新型社会风险对社会生活的威胁将会更大。而且，这些风险不是个人行为带来的问题，而是一个社会系统问题。

劳资矛盾是当今各种社会矛盾中的重要方面和表现，也是风险社会面临的重大问题之一。从社会治理及社会治理走向现代化的要求看，对处在高风险时代的劳资矛盾应高度重视。如果不重视或处理方式不妥，本是非组织性、非对抗性的劳资矛盾就有可能走向暴力性和对抗性的冲突，或劳资冲突一旦达到特定的临界点，便可能形成勒庞所说的"乌合之众"，"自觉的个性消失，形成一种集体心理"，③ 进而诱发集体暴力，甚至有可能从"作为手段的冲突"转向"作为目的的冲

---

① 李强：《"丁字型"社会结构与"结构紧张"》，《社会学研究》2005年第2期。
② 于水：《风险社会下农民工群体性事件治理》，《江苏社会科学》2013年第2期。
③ 〔法〕古斯塔夫·勒庞：《乌合之众——大众心理研究》，冯克利译，广西师范大学出版社，2007。

突",①导致矛盾升级和事态扩大,由经济问题引发政治问题。风险社会理论也启示我们,要具备预防风险的意识。对待劳资矛盾,要预防在先。只有未雨绸缪,防患于未然,才能更主动地应对风险社会时代的各种风险。

第二节 社会冲突理论

一 社会冲突理论：冲突正功能,"安全阀"机制

社会冲突理论源于马克思的社会冲突理论、齐美尔的社会交往形式理论、韦伯等人的思想。在此,社会冲突理论主要是指现代冲突理论,其思想主要体现在德国社会学家鲁尔夫·达伦多夫的《工业社会的阶级与阶级冲突》及美国著名社会学家刘易斯·科塞的《社会冲突的功能》等著作中。科塞是这样给冲突下定义的："可以权且将冲突看作是有关价值、对稀有地位的要求、权力和资源的斗争,在这种斗争中,对立双方的目的是要破坏以至伤害对方。"②达伦多夫是社会冲突理论的代表人物之一。达伦多夫的社会冲突理论首先是针对帕森斯的结构功能主义只讲社会均衡不讲社会冲突的缺陷而来的。③帕森斯的结构功能理论从静态的角度来分析社会,认为社会结构的每个组成部分都发挥着各自的有机功能,社会是移动着的静态的平衡。它假设社会制度处于均衡的状态,保持着有条不紊的秩序,不会发生整体的变迁。而传统冲突学派恰恰看到了社会不协调的一面,许多社会问题并不是均衡模式所能解释得了的。它认为社会是动态的,无时不在变

---

① 〔德〕齐美尔:《社会学:关于社会化形式的研究》,林荣远译,华夏出版社,2002,第186页。
② 〔美〕科塞:《社会冲突的功能》,孙立平译,华夏出版社,1989,前言。
③ 李培林、谢立中:《社会学名著导读》,学习出版社,2012,第61~62页。

化。整个社会体系处于绝对不均衡中，在社会体系的每一个部分都包含着冲突与不和谐的因素，是社会变迁的来源。现代冲突理论则在两者的基础上，融合了功能主义与传统冲突论的一些基本观点，是对两者的同时批判和继承。[①] 现代冲突理论在坚持不和谐是社会的固有特征的理论基础上，认为可以通过社会秩序的调整来缓解冲突，并在冲突与缓解冲突的互动中寻求发展，保持一种动态的平衡与和谐。达伦多夫的社会冲突理论认为，社会具有两面性，一面是共识，一面是冲突。共识的一面是美好的，而冲突的一面是丑恶的，如果只看到前一面，我们对社会的理解就是失真的，会陷于乌托邦的幻想之中。

科塞是社会冲突理论的重要代表人物。科塞对发生冲突的根源及冲突的形式进行了分析，此外，科塞的社会冲突理论最突出的贡献在于他对冲突功能的分析。科塞认为，冲突具有正、反两方面的功能，冲突功能的性质取决于冲突的问题及其产生的社会结构。就冲突的问题来看，如果冲突的问题涉及双方的核心价值，冲突就具有反功能，反之具有正功能。就冲突产生的社会结构来看，结构松散开放的社会里产生的冲突具有正功能，因为在这样的社会，敌对的情绪可以相对自由地表达，从而通过消除产生不满情绪的原因来重新调整社会结构，促进社会的稳定和整合。相反，在僵化封闭的社会结构里产生的冲突则具有破坏性。

现代冲突理论强调社会冲突有正功能。该理论认为，冲突具有维护社会系统的积极功能，不能轻易地将偏差和异议看成社会系统均衡状态中的病态现象，认为不和谐是社会的固有特征，可以通过社会秩序的调整来缓解冲突，并在互动中寻求发展，保持一种动态的平衡与和谐。达伦多夫认为，通常使用较多的冲突调节方式主要有协商和解、调停和仲裁。通过有效的冲突调节，即使冲突强度不变，冲突烈度也

---

① 张伟：《现代社会冲突理论》，《学习时报》第286期。

可以控制在一定的水平，从而使冲突成为一个连续变迁社会中的规律现象之一。科塞在《社会冲突的功能》中论述了冲突的功能。科塞认为，群体间的冲突对群体内部具有聚合功能，有助于群体团结。当群体成员面临外部冲突时，敌意的共享使他们联合起来，为打败外部敌人而共同奋斗，从而使他们意识到相互之间的一致性和依赖性，由此增进了群体的内部团结。科塞认为，群体内的冲突有助于群体、社会的稳定与协调，一定程度上的冲突有助于消除成员间的敌对关系和分歧，使成员间的关系变得更为协调一致与稳固。

"安全阀"理论是现代冲突理论的另一重要成果。"安全阀"理论最早由齐美尔提出，科塞吸收其观点并进一步完善，主张将安全阀机制制度化。[①] 科塞在探讨冲突的功能时，提出了社会安全阀制度。社会安全阀制度是指社会的一种机制，它通过潜在的社会冲突来维持一个群体，安全阀可以充当发泄不满的出口，及时"排泄"积累的敌对情绪。科塞认为，群体内部一定条件下的某些冲突有助于"排泄"社会关系中积累起来的紧张情绪和敌意，以防止这些敌意情绪积压到一旦爆发就将瓦解整个群体的程度，从而起到一种保护群体存在和维持安全阀制度的作用。科塞说："冲突对其发生于其中的关系并不总是反功能的；冲突经常是为维护这种关系所必需的。如果没有发泄互相之间的敌意和发表不同意见的渠道，群体成员就会感到不堪重负，也许会用逃避的手段作出反应。通过释放被封闭的敌对情绪，冲突可能起到维护关系的作用。"[②] 冲突也有利于规则、规范的重新调整、建立、完善。科塞认为，冲突扮演了一个激发器的角色，它激发了新规范、规则和制度的建立，从而充当促使敌对双方社会化的代理人。此

---

① 陈成文、高妮妮：《从科塞的冲突理论看我国社会建设》，《社会科学论坛》2009 年第 8 期。
② 谢立中：《西方社会学名著提要》，江西人民出版社，1998，第 234~235 页。

外，冲突重新肯定了潜伏着的规范，导致竞争对手们对本已潜伏着的规则和规范的自觉意识，从而强化对社会生活的参与。①

现代冲突理论对冲突的功能进行了较全面的分析，并提出建立"安全阀"机制，从这个角度看，现代冲突理论比功能主义更具有建设性。

二 社会冲突理论的启示：正确看待劳资矛盾，建立疏导机制

社会冲突理论为现时代劳资矛盾的调处和劳资关系的治理提供了有益的启示。

首先，正确看待新时期的劳资矛盾。在科塞看来，社会系统的运行中不可避免地出现紧张、失调和冲突现象。任何一个社会系统都不可避免地存在冲突现象，完全和谐的社会是不存在的，而且和谐也不是一种孤立的、静态的和谐，它是一种动态的和谐，是在不断化解矛盾冲突的过程中达到的。在社会转型期，劳资争议案件上升，劳资矛盾有激化的趋势，是多种因素共同作用的结果，属于正常现象。"冲突是人际关系的组成部分，并非总是有害于社会"，能够让矛盾与冲突暴露出来并加以解决，恰恰是现代社会与传统社会的一个分水岭。②社会转型的过程就是对各种对立、冲突、动荡加以解决，进而实现社会统一、整合和安定的过程。在转型时期的变迁与发展历程中，社会必然充满各种对立、冲突与动荡。劳资矛盾的出现是这些对立、冲突的具体表现。现阶段劳资关系紧张，主要是因为中国在社会结构转型中利益关系和利益分配出现扭曲。因此，要理性看待社会结构性博弈而引致的社会矛盾与冲突。应该看到，劳动者通过维护自身权益，可以推动利益表达机制的形成和社会结构的矫正，正是在博弈和冲突中，

---

① 〔美〕科塞：《社会冲突的功能》，孙立平译，华夏出版社，1989，第125页。
② 任剑涛：《从冲突理论视角看和谐社会建构》，《江苏社会科学》2006年第1期。

社会呈现动态稳定。此外，劳资矛盾的爆发也暴露了体制上的某些不完善之处或管理决策上的一些不足，有利于问题的尽早发现和尽早解决。

其次，政府和社会要安装"减压阀"，建立矛盾疏导机制。"减压阀"来自形象的物理学概念：锅炉耐压是有限的，蒸汽压力太大，锅炉就要爆炸。要降低爆炸概率就要装一个阀门，压力大时往外排气，锅炉就安全了。减压阀用来描述为社会不满提供释放途径的合法冲突机制，这是一种释放敌意并维持群体关系的机制。释放不满是"清洁空气"，通过允许自由表达而防止敌意倾向的堵塞和积累。通过可控制的、合法的、制度化的机制，让人们的利益诉求能够在体制内得到表达，或者能够把各种矛盾纳入体制内，使各种社会紧张情绪能够得以释放，社会诉求得以回应，社会冲突得以消解。另外，"减压阀"机制一定程度上还可以转移矛盾的焦点，避免矛盾的积累，避免对体制产生巨大冲击和整体不和谐。有学者研究了早期巴厘岛人的滑稽戏剧，当时该地社会结构高度阶层化并且很僵硬，人们的注意力大量地倾注在用以表示等级和身份的仪表上，巴厘岛人的戏剧就是用来专门对等级现象进行滑稽模仿的。这种滑稽的模仿中所自由表达的讽刺恰恰落在其社会制度的紧张点上，它使紧张关系在笑声中得以松弛，排解了在这个僵硬的等级社会中明显的敌对情绪，具有使原有制度延续下去的功能。[1]

目前和将来一段时间里，劳资纠纷呈高发态势，政府和社会要安装"减压阀"，积极开拓劳动者等弱势群体在利益表达上的合法渠道，建立矛盾疏导机制。科塞认为，冲突的产生有主、客两方面的原因。在他看来，发生冲突的根源主要有两类：一类是物质性的，即权利、地位方面的不平等，以及资源分配方面的不均；另一类是非物质性的，

---

[1] 张成、刘衡：《试论社会矛盾冲突疏导机制构建》，《人民论坛》2012 年第 14 期。

第三章　珠三角非公企业劳资矛盾调处的理论依据

主要是价值观念和信仰的相异。因此，对待矛盾和冲突，除了从客观上对矛盾冲突进行化解之外，还应注重从主观方面，即在社会相对公平的基础上，对人们的心理进行调适，这需要建立完善的矛盾表达和疏导机制，使其充当社会的"安全阀"。从制度上保证一个下情上传、上情下达的通道，有利于矛盾冲突得到化解。有句话说"知屋漏者在宇下，知政失者在草野"，政府和社会、企业要多听百姓呼声，要建立规范有效的、多层次的矛盾疏导机制。建立规范有效的矛盾疏导机制，有利于把积累性的爆发转化为和平的、无危害的宣泄与释放，维护社会稳定，使社会逐步步入和谐发展的轨道。就企业来说，工会在维护劳资和谐方面具有天然的力量和巨大的作用。工会组织作为沟通资方与劳方的桥梁和纽带，针对企业劳资关系方面出现的矛盾及不和谐因素，需安装"减压阀"，提供劳工发泄不满、愤怒、焦虑等消极情绪的渠道，把矛盾、冲突消除在萌芽状态中，避免矛盾的积聚和冲突的爆发，避免劳资冲突的极端化。

第三节　人民内部矛盾学说

一　人民内部矛盾学说：区分不同性质的矛盾

人民内部矛盾学说是对毛泽东在1957年发表的《关于正确处理人民内部矛盾的问题》一文中所阐述的观点和思想的概括。1956年年底，中国的三大改造基本完成。由于三大改造中工作方法过急过快，加上受国际"波匈事件"和国内外敌对势力的影响，当时的中国不断发生罢工、请愿和退社等事件。如何认识和解决这些社会矛盾，成为当时新中国面临的一个重大课题。1957年2月，毛泽东围绕此问题在最高国务会议第十一次（扩大）会议上讲话，讲话内容后整理为著名的《关于正确处理人民内部矛盾的问题》（以下简称《正处》）一文。

《正处》一文指出：在生产资料私有制的社会主义改造已经基本完成的情况下，革命时期的大规模的急风暴雨式的群众阶级斗争基本结束，正确处理人民内部矛盾已成为中国政治生活的主题。明确提出人民内部矛盾是社会主义社会占据主导地位的矛盾。这是新中国在历史转折点上所作的深刻思考。

毛泽东在《正处》一文中，系统地、创造性地提出了正确处理人民内部矛盾的学说。这一学说的内容主要概括为以下四方面。

第一，指出社会主义社会存在矛盾，存在两类不同性质的矛盾。"国家的统一，人民的团结，国内各民族的团结，这是我们的事业必定要胜利的基本保证。但是，这并不是说在我们的社会里已经没有任何的矛盾了。没有矛盾的想法是不符合客观实际的天真的想法。在我们的面前有两类社会矛盾，这就是敌我之间的矛盾和人民内部的矛盾。这是性质完全不同的两类矛盾。"①

第二，运用对立统一规律，阐明了正确处理人民内部矛盾的理论前提。毛泽东指出："在社会主义社会中，基本的矛盾仍然是生产关系和生产力之间的矛盾，上层建筑和经济基础之间的矛盾。不过社会主义社会的这些矛盾，同旧社会的生产关系和生产力的矛盾、上层建筑和经济基础的矛盾，具有根本不同的性质和情况罢了。"②

第三，阐述了人民内部矛盾的性质。毛泽东指出，"敌我之间的矛盾是对抗性的矛盾。人民内部的矛盾，在劳动人民之间说来，是非对抗性的"。③ "一般说来，人民内部的矛盾，是在人民利益根本一致的基础上的矛盾。"④ 在一般情况下，人民内部的矛盾不是对抗性的。但是如果处理得不适当，或者失去警觉、麻痹大意，也可能发生对抗。

---

① 《毛泽东文集》第7卷，人民出版社，1999，第204页。
② 《毛泽东文集》第7卷，人民出版社，1999，第214页。
③ 《毛泽东文集》第7卷，人民出版社，1999，第205页。
④ 《毛泽东文集》第7卷，人民出版社，1999，第206页。

毛泽东进一步指出，社会主义制度建立以后，实现了人民当家做主，剥削阶级作为一个阶级已被消灭，这就决定了我国在很长一段时期内，几乎不会出现大规模的急风暴雨式的群众性阶级斗争，但人民内部矛盾大量涌现。例如，各劳动阶级内部的矛盾，人民政府与人民群众之间的矛盾等。正确处理这些人民内部矛盾正上升成为国家政治生活的主题。

第四，提出了一系列正确处理人民内部矛盾的方法和方针。毛泽东指出，对人民内部矛盾的解决，只能采取民主的办法，要采取"团结—批评—团结"的方法。"讲详细一点，就是从团结的愿望出发，经过批评或者斗争使矛盾得到解决，从而在新的基础上达到新的团结。按照我们的经验，这是解决人民内部矛盾的一个正确的方法。"① 毛泽东进而提出解决人民内部矛盾的方针，如"统筹兼顾，适当安排""百花齐放，百家争鸣""长期共存，互相监督"等。"任何矛盾不但应当解决，也是完全可以解决的。我们的方针是统筹兼顾、适当安排。"② 毛泽东提出，在政治领域处理矛盾的方针是"团结—批评—团结"；在思想文化领域处理矛盾的方针是"百花齐放，百家争鸣"；在经济领域处理矛盾的方针是"统筹兼顾，适当安排"。

二 人民内部矛盾学说的启示：处在矛盾凸显期，劳资矛盾要多方共治

毛泽东提出的人民内部矛盾学说，对当时认识和解决社会矛盾起到了至关重要的指导作用，具有无可置疑的重大历史价值，对当今正确认识各种社会矛盾，有效地解决劳资矛盾和冲突也有重要的参考价值。

---

① 《毛泽东文集》第7卷，人民出版社，1999，第210页。
② 《毛泽东文集》第7卷，人民出版社，1999，第228页。

第一,现阶段我国处在矛盾凸显期,各种矛盾集中爆发。纵观西方发达国家的工业化和现代化进程,都曾出现过类似的社会矛盾集中爆发的时期。改革开放以来,我国用30多年的时间,完成了西方发达国家上百年才能完成的任务,同时也将发达国家在相当长的历史时期内出现的矛盾积压在这短短的30多年中,造成了我国社会矛盾释放时间短、矛盾集中的局面。中国社会科学院发布的2013年社会蓝皮书指出,"近年来,每年因各种社会矛盾而发生的群体性事件多达数万起甚至十余万起"。①

近年来的群体性事件、农民上访、集体停工事件的不断发生,就是这一现象的具体表现,而劳资矛盾是现阶段各种社会矛盾中的重要方面。各种矛盾的集中爆发使社会治理正面临着巨大的挑战。

第二,正确认识当前劳资矛盾的性质,大多数矛盾是以利益为核心的人民内部矛盾。以利益为核心是当前社会矛盾的本质特征。我国当前的社会矛盾多数是由涉及群众切身利益的问题引起的,有些是围绕利益,有些是围绕权利,无论是围绕权利还是利益,都属于人民内部矛盾。毛泽东在《正处》一文中分析少数人闹事原因时说:"这些人闹事的直接的原因,是有一些物质上的要求没有得到满足;而这些要求,有些是应当和可能解决的,有些是不适当的和要求过高、一时还不能解决的。"② 时至今日,虽然经历了半个多世纪,但物质利益的分配不均仍是当前大多数社会矛盾产生的直接原因。由此,解决矛盾也必须抓住利益这个中心,按照毛泽东提出的"统筹兼顾,适当安排"原则建立有效的社会利益调控体系,建立健全合理的利益补偿制度。当然,除了物质和利益原因外,还存在别的引发社会矛盾的原因,

---

① 《2013社会蓝皮书:近半群体事件由征地拆迁引发》,http://sh.house.163.com/12/1219/08/8J2U0QM800073SDJ.tml,2012年12月19日。
② 《毛泽东文集》第7卷,人民出版社,1999,第236页。

第三章 珠三角非公企业劳资矛盾调处的理论依据

如政府的公信力下降而引发矛盾。"我们的人民政府是真正代表人民利益的政府,是为人民服务的政府,但是它同人民群众之间也有一定的矛盾。……这种矛盾也是人民内部的一个矛盾。"① 应该说,劳资矛盾的大多数属于人民内部矛盾的范畴,所以,在整体上要加强对矛盾的容忍度,把化解各类矛盾作为推进和完善社会治理的"助推器"。

第三,对待劳资矛盾要综合治理,多方共治。毛泽东在《正处》一文中,较系统地提出了处理人民内部矛盾的方法和方针,为当今调处劳资矛盾提供了有益的启示。首先,要避免劳资矛盾由非对抗性走向对抗性,就要求对矛盾处理得当。"在一般情况下,人民内部的矛盾不是对抗性的。但是如果处理得不适当,或者失去警觉,麻痹大意,也可能发生对抗。"② 其次,对待劳资矛盾要综合治理,多方共治。"任何矛盾不但应当解决,也是完全可以解决的。我们的方针是统筹兼顾、适当安排。"对矛盾的处理,并不是所有的事情都由政府包揽下来,"许多人,许多事,可以由社会团体想办法,可以由群众直接想办法,他们是能够想出很多好的办法来的"。③ 毛泽东的这一思想虽然是在1957年提出的,但是道出了当前我国社会管理中问题频发的症结所在,即社会管理缺乏足够的公众参与。为此,中共十八大报告提出,要"强化企事业单位、人民团体在社会管理和服务中的职责,引导社会组织健康有序发展,充分发挥群众参与社会管理的基础作用"。④ 最后,防止劳资矛盾的过度政治化解读。正确区分矛盾的性质,是处理好矛盾的关键。毛泽东指出,社会主义社会存在性质完全不同的两类矛盾:敌我矛盾和人民内部矛盾。其中,大量、普遍存在

---

① 《毛泽东文集》第7卷,人民出版社,1999,第205~206页。
② 《毛泽东文集》第7卷,人民出版社,1999,第211页。
③ 《毛泽东文集》第7卷,人民出版社,1999,第228页。
④ 《坚定不移沿着中国特色社会主义道路前进,为全面建成小康社会而奋斗》,人民出版社,2012。

的是人民内部矛盾。两类矛盾的性质不同，处理的方法也不同。一般来说，敌我矛盾必须用专政的、强制的方法解决；人民内部矛盾应该用民主的、说服教育的方法解决。当今，两类不同性质的矛盾仍然存在。如"疆独""藏独""台独"等敌对势力与我们之间的矛盾是敌我矛盾，而绝大多数的劳资冲突等群体性事件都属于人民内部矛盾。对待人民内部矛盾，不要进行过度的政治化解读，要慎用"不明真相人员""不明真相群众""小部分别有用心的人"等表述，否则，很容易扩大打击面，把自己推到群众的对立面，不但不利于矛盾的解决，反而容易激化矛盾。如若混淆敌我矛盾和人民内部矛盾，势必天下大乱。

人民内部矛盾学说有助于我们认识和把握当今社会各种矛盾的特点和规律，也为劳资矛盾的调处及劳资关系的治理提供参考和借鉴。

第四章
社会治理背景下劳资矛盾调处机制的转型

第一节 劳资矛盾调处机制转型的原因

改革开放以来，我国非公企业快速发展，在我国经济中发挥越来越大的作用，已成为拉动经济增长的重要力量。随着非公企业的发展和我国社会的转型，企业劳资之间的问题和矛盾也日益显现出来，甚至越发激烈，成为当今社会不可回避的现实问题。如何调处劳资矛盾更为有效？在当今社会治理时代也要求劳资矛盾调处机制必须转型，才能适应社会变迁的需要。劳资矛盾调处机制的转型，主要基于以下两方面。

一 诱致性原因：劳资矛盾激化引发严重后果

在此，借用"诱致性"一词来表述劳资矛盾调处机制转型的自下而上或内在的原因。"诱致性"一词源于制度经济学中的"诱致性制度变迁"一词。诱致性制度变迁指的是现行制度安排的变更或替代，或者是新制度安排的创造，它由个人或一群人在有获利机会时自发倡导、组织和实行。诱致性制度变迁必须由某种在原有制度安排下无法得到的获利机会引起。[①] 笔者认为，劳资矛盾调处机制转型的诱致性

---

① 卢现祥：《新制度经济学》，武汉大学出版社，2004，第196页。

原因是劳资矛盾激化会引发严重后果，如果劳资矛盾调处机制不转型，将"无法得到获利机会"。劳资矛盾激化在经济、社会和政治方面会引发严重后果。

1. 经济后果：影响企业和社会经济的可持续健康发展

首先，对企业来说。企业是社会的基本单元，企业劳资关系的和谐是企业稳定和谐的前提。劳资矛盾一旦发生，会导致企业和员工关系紧张和恶化，员工会出现愤怒、仇恨等负面情绪，为了保护自己的合法权益，他们常常用弱者的方式和武器来进行反抗，轻则产生消极怠工、罢工、破坏机器等行为，重则会引发集体性冲突、肢体暴力冲突、自杀等极端行为，这就直接给企业带来经济损失。例如，2010年南海本田工人罢工一天就造成上亿元的损失。"数天停工，已造成本田在华4家整车工厂停产，日产值损失2亿多元。但损失的势头并未得到遏制。"① 企业劳资矛盾也会严重损害员工的工作积极性，不利于企业营造一个良好的工作环境和氛围，不利于企业提高生产效率。劳资矛盾的爆发会对企业的社会声誉、企业形象、企业品牌造成较大的影响，不利于企业的可持续健康发展。

其次，对社会来说。劳资矛盾的爆发破坏社会生产、生活的正常秩序，导致劳动市场运行的中断，影响到地区经济的发展。激烈的、大规模的劳资冲突还会引发经济危机。频繁的劳资矛盾和冲突不但降低企业的生产效率，还将影响一个地区的投资环境。劳资关系和谐稳定是企业和社会经济持续发展的保障，在法律框架内建立和谐稳定的劳资关系，对于企业和劳动者而言是双赢的，而且企业会获益更多。经验表明，劳资关系的和谐程度与经济增长呈正相关关系，劳资关系的改善可以推动经济健康发展。劳资关系的和谐稳定，也被普遍认为是战后西方发达国家迅速发展的成功经验之一。相反，如果劳资关系

---

① 《工会的新机会》，《中国新闻周刊》2010年第23期。

不和谐，必然使经济受损。这些都值得中国政府加以借鉴。

2. 社会后果：加剧社会矛盾，影响社会稳定和社会和谐

劳资关系是最基本的社会关系和社会最重要的利益关系之一，没有和谐稳定的劳资关系，就不可能有和谐稳定的生产秩序，不可能有和谐稳定的社会秩序，也就谈不上社会的和谐稳定。劳资关系可谓社会和谐的晴雨表、风向标，劳资关系不稳定、不协调，社会和谐就无从谈起。和谐的劳资关系既是企业持续发展的前提，也是构建和谐社会的基石。和谐社会需要各种社会关系的协调与稳定，劳资关系和谐与否直接关系到社会主义和谐社会的构建。

劳资关系作为市场经济体制的基础性关系，牵一发而动全身，劳资矛盾和冲突会导致社会冲突加剧，严重影响社会稳定。在劳资关系不均衡的社会中，由于劳动者合理合法的利益要求在制度和法律范围内得不到表达和支持，缺乏协调社会利益关系和矛盾的有效机制，弱者的利益往往会通过激烈的大规模的群体运动表现出来，或通过反社会的破坏性行为表现出来，使社会处于急剧动荡的不稳定状态。近几年，由工资待遇问题引发的员工群体性事件和由拖欠薪资引发的农民工讨薪被打事件频发，如富士康公司员工跳楼事件、广东省佛山南海本田工人停工罢工事件等。这类事件持续时间长、参与人数多，如果处理不当，容易导致矛盾激化，出现流血性事件等恶果。这会增加社会不稳定因素，不利于构建和谐社会。因此，如果劳资关系严重失衡，必然导致社会经济运行不稳定，进而影响和谐社会建设。

3. 政治后果：削弱党的执政基础，消解党的执政合法性

"合法性"一词是政治学学科的一个重要概念，含有"正义""正当"之意。简而言之，合法性是在社会成员中普遍存在的认可，即认定某种事物或现象是合理的。因此，政治合法性，即社会成员对某种政治体系的普遍认可。① 早在古希腊时期，亚里士多德对"最优良的政体"的探求，实际上就是对城邦政治之合法性的研究。亚里士多德认为，"一种政体如果要达到长治久安的目的，必须使全城邦各部分的人民都能参加而且怀抱着让它存在和延续的意愿"。② 后来，法国启蒙思想家的卢梭、德国社会学家马克斯·韦伯对政治合法性展开了系统的研究。

政治合法性理论为分析当今社会政治现象提供了重要视角。一个政权或一个政党的政治合法性必须有其合法性基础，或者说，政治合法性必须建立在一些要素之上，否则，就会失去合法性基础，进而出现合法性危机。当今社会正处于转型期，各种社会矛盾集中爆发，劳资矛盾呈高位运行的态势，这对执政党的执政能力是个严峻的考验。近年来，各地因劳资关系问题而引发的群体性事件增多，有些地方对劳资矛盾引发的群体性事件处理不当，使事态恶化，劳资矛盾向劳政矛盾转化。这就增加了政治风险和政治危机发生的可能性，一定程度上动摇了中国共产党执政的基础。"如果处理不当致使劳资冲突长期化、大规模化，不仅会动摇劳动者对国家、政府、社会的信任，严重时甚至会造成政治动乱。"③ 南美洲的阿根廷等发展中国家就曾发生过类似的情况。2001年，阿根廷爆发严重的政治、经济和社会危机，社会严重动荡，十多天内更换三次总统，国家被拖入政府危机之中。一些国家由于放任资本势力的肆意扩张而忽视对劳动者基本权利的维护，导致劳资矛盾爆发，劳资纠纷从经济问题演变成社会危机，危及政权稳定。这种教训应引以为戒！

---

① 燕继荣：《发展政治学》（第二版），北京大学出版社，2010，第167页。
② 〔古希腊〕亚里士多德：《政治学》，商务印书馆，1965，第188页。
③ 常凯：《劳动关系》，中国劳动社会保障出版社，2005，第404页。

二 强制性原因：从社会管理到社会治理已成为新的执政理念

"强制性"一词亦源于制度经济学中的"强制性制度变迁"一词。强制性制度变迁由政府命令、法律引入和实现。强制性制度变迁的主体是国家或政府。[①] 在此，借用"强制性"一词来表述劳资矛盾调处机制转型的自上而下的原因。从社会管理到社会治理已成为当今中国共产党的执政理念，在这样的执政理念下，促使劳资矛盾调处机制实现转型。

1. 社会管理基于社会是个系统性、开放性的社会

"社会"一词，虽然在日常生活中频频使用，但它的含义多种多样。马克思主义认为，社会的本质是相互交往的产物，是各种社会关系的总和。马克思指出："社会——不管其形式如何——是什么呢？是人们交互活动的产物。"[②] 且说"生产关系总和起来就构成所谓社会关系，构成所谓社会，并且是构成一个处于一定历史发展阶段上的社会，具有独特的特征的社会"。[③] 对社会的概念，有不同的理解和阐述，在此，主要将社会看作享有共同文化并以物质生产活动为基础而相互交往和相互作用的人们所组成的相对独立的生活共同体。[④] 社会是人类生活的共同体，其最基本的特征是系统性。社会这一系统首先是由一些要素构成，如人口、自然环境及文化等要素。社会作为一个系统，其性质既取决于组成它的各个部分的性质，更取决于各个组成部分相互之间的关系及相互作用的状况。社会作为一个系统，各要素之间不是彼此孤立、毫不相干的，而是相互联系、彼此作用的。正是各要素的相互联系和相互作用，构成了丰富多彩的社会活动，并由此

---

① 卢现祥：《新制度经济学》，武汉大学出版社，2004，第198页。
② 《马克思恩格斯选集》第4卷，人民出版社，1995，第532页。
③ 《马克思恩格斯选集》第1卷，人民出版社，1995，第345页。
④ 风笑天、张小山、周清平：《社会管理学概论》，华中科技大学出版社，1999，第1页。

形成了各个领域的社会结构,如经济结构、政治结构和社会结构等。现代社会又是一个开放的系统,而且是个高度开放的系统。

考察社会系统运行的状态,有两个重要的评价尺度,即稳定和发展。① 稳定是指社会系统抵抗扰动、保持平衡的能力;发展指社会系统由无序向有序、由低增长程度到高组织程度的演变能力。在稳定的前提下谋求尽快发展,是任何社会和朝代追求的理想目标。根据稳定和发展这两个尺度,可将社会系统的运行状态大体划分为良性、恶性和中性运行三种状态。所谓良性运行,是一种既稳定又发展的社会系统运行状态,如"太平盛世";恶性运行是一种既不稳定又非发展的社会系统运行状态,如"乱世";而中性运行是介于良性运行和恶性运行的中间状态,在这种状态下,可能出现稳定而非发展,或发展而非稳定的情况。

由于社会是具有系统性和开放性的社会,因而社会是个复杂的系统。要使社会避免陷入恶性运行、保持良性运行、改进中性运行,社会就需要管理,因此具有社会管理的范畴。

2. 社会管理是对社会事务的一种管理活动

人们对"社会"的理解有大有小,对社会管理的理解也有宽有窄。有学者认为,所谓社会管理,就是把社会看作一个有机整体,通过运用计划、沟通、协调、控制、指导等手段,使社会系统协调有序、良性运行的过程。② 在广义上,社会管理是由社会成员组成专门机构对社会的经济、政治和文化事务进行的统筹管理;在狭义上仅指在特定条件下,由权力部门授权对不能划归已有经济、政治和文化部门管理的公共事务进行的专门管理。在此,社会管理是相对于经济管理、政治管理、文化管理等管理而言的。狭义的社会管理指国家通过制定

---

① 风笑天、张小山、周清平:《社会管理学概论》,华中科技大学出版社,1999,第5页。
② 风笑天、张小山、周清平:《社会管理学概论》,华中科技大学出版社,1999,第6页。

一系列社会政策和法律规范，对社会组织和社会事务进行规范和引导，培育和健全社会结构，调整各类社会利益关系，回应社会诉求，化解社会矛盾，维护社会公正、社会秩序和社会稳定，维护和健全社会内外部环境，促进政治、经济、社会和环境协调发展的活动。社会管理通常指以政府为主导的包括其他社会力量在内的行为主体，在法律、法规、政策的框架内，通过各种方式对社会领域的各个环节进行组织、协调、服务、监督和控制的过程。① 综合来看，社会管理一般可理解为政府和社会组织等为促进社会系统协调运转，以法律、行政、道德等手段，对社会成员的行为进行规范，对社会系统的组成部分及社会发展的各个环节进行组织、协调、服务、监督和控制的过程。

社会管理不同于经济管理和行政管理。行政管理是运用国家权力对社会事务的一种管理活动，其主体是政府，带有明显的强制性。经济管理主要是对社会经济活动进行合理组织和合理调节，其主要手段是市场调节。而社会管理主体除了政府外，还有社会组织，既可以用正式制度的手段，也可以用非正式制度的手段对社会事务进行管理。社会管理的基本任务包括协调社会关系、规范社会行为、解决社会问题、化解社会矛盾、促进社会公正、应对社会风险、保持社会稳定等方面。社会管理最主要的特征就是综合性和系统性。

3. 从社会管理到社会治理，是执政理念的转变

改革开放 30 多年，中国是一个整体社会变迁过程，也是一个管理革命的过程。改革开放初期，管理体制改革的重点主要是经济管理和行政管理的改革。90 年代中期以后，开始重视社会管理体制的改革。2003 年中共十六届三中全会把"社会建设和管理"作为"五个统筹"之一；2004 年中共十六届四中全会对社会管理体制改革的总体布局作出了决定，提出要"加强社会建设和管理，推进社会管理体制创新"；

---

① 李培林：《我国新时期社会管理创新实例与启示》，研究出版社，2012，第 1 页。

2005年中国国家领导人第一次提出"社会管理"的概念和要求；①2005年中共十六届五中全会提出"党委领导、政府负责、社会协同、公众参与的社会管理格局"；2011年，被称为"社会管理创新年"，"加强和创新社会管理"成为国家发展战略的重要组成部分，并且第一次明确了加强和创新社会管理的八大重点任务；2012年，中共十八大确定了"党委领导、政府负责、社会协同、公众参与、法治保障"的社会管理体制框架；2013年，中共十八届三中全会提出社会治理的治国思路，提出"推进国家治理体系和治理能力现代化"。在我国的社会管理实践中，我国近10年来实现了从"统筹"到"社会建设"再到"社会管理"，进而从"社会管理"到"社会治理"的转变。为什么提出社会治理？从"管理"到"治理"有哪些不同？

提出社会治理是鉴于我国经济社会转型发生重大变化而作出的战略抉择。改革开放30多年来，伴随着经济的持续增长，中国社会的转型在进入发展的重要战略机遇期的同时，也进入了一个社会矛盾凸显期和集中爆发期，社会问题不断积累，社会秩序与和谐稳定面临严峻挑战。中国的社会转型已逐步进入一个"中等收入陷阱"或"发展陷阱"的新阶段。在这个新阶段，协调利益矛盾，化解社会冲突，维护社会秩序，促进社会和谐，成为摆在我们面前的严峻挑战，成为关系中国的社会转型能否跳出陷阱、实现远景战略目标的重大问题。产生这些问题和挑战，主要是基于中国市场化改革这一大背景。因为市场化改革一方面是资源配置机制的改革，另一方面也带来重大的社会变化，即"社会分化"。市场化改革导致不同社会群体之间在资源占有、机会分配、利益形成等方面的分化，导致不同利益群体之间的矛盾与冲突，而且，矛盾多发、冲突频繁。这种利益分化和矛盾冲突发生在各个领域和各种层次，呈现多元化的特征。要化解这些矛盾与问题，

---

① 李培林：《新时期社会管理总论》，研究出版社，2012，第2页。

第四章　社会治理背景下劳资矛盾调处机制的转型

就要在协调和化解利益矛盾的体制机制上进行创新，以适应变化的需要。可以说，从社会管理走向社会治理是中国社会变迁对社会管理实践提出的要求，也是中国治国理念的重要发展。

从"管理"到"治理"，虽然是一字之差，但这不是一个简单的概念转换，其反映的是治国理念的转变和提升。在学术概念中，与治理（Governance）相对应的概念是统治（Government），统治意味着单一的政府权力主体、自上而下的垂直权力体系以及通过威权来解决社会问题和公共产品的供给问题；治理意味着政府、市场、社会等多元的权力主体，互动沟通的横向权力网络以及通过政府与市场、社会的合作来解决地区问题和公共产品的供给问题。[1] 所谓社会治理，就是政府、社会组织、企事业单位、社区以及个人等诸行为者，依法对社会事务、社会组织和社会生活进行规范和管理，最终实现公共利益最大化的过程。社会管理和社会治理，都是为了维护和稳定社会秩序而对公民社会领域的社会组织、社会事务和社会活动进行规范和协调等的管理过程，是对政府领域的行政管理和市场领域的工商管理所"不管"和"管不到"的公民社会领域的管理。[2] 但作为一种理念，从"管理"到"治理"有重大的转变，主要体现在以下四个方面。

第一，主体的转变：由一元主体向多元主体转变，即由政府一元管理转变为多元管理，构建国家与社会的共同治理模式，由政府对社会单向度的管控转变为政府与社会对社会公共事务的多维度合作治理。

第二，过程的转变：由单向度向多向度转变，即由自上而下的单向度管控转向上下互动的多维度的合作。社会管理是单向度的，强调政府对社会单方面的自上而下的管控；而社会治理强调多元主体之间

---

[1] 蔡禾：《从统治到治理：中国城市化过程中的大城市社会管理》，《公共行政评论》2012年第6期。
[2] 周红云：《从社会管理走向社会治理：概念、逻辑、原则与路径》，《团结》2014年第1期。

多向度的协商与合作,从而达成对社会公共事务的有效治理。[①]

第三,方式的转变:由管控向服务、合作转变,由刚性向柔性转变,由被动向主动转变。在社会管理状态下,主体与客体之间是管理与被管理的关系;而社会治理则体现为柔性的、动态的、主动的治理,是多元平等主体之间的最佳状态。

第四,政府职能的转变:由全能政府向有限政府转变,由管制政府向服务政府转变,由权力政府向责任政府转变。

从社会管理到社会治理,是一种执政理念的转变,是治国理念的重大发展和提升。社会治理更符合现代民主国家的惯常做法。

从以上分析看,劳资矛盾调处机制转型既有诱致性原因,又有强制性原因。劳资矛盾的高发态势及其引发的严重后果倒逼劳资矛盾调处机制实现转型,而我国从社会管理到社会治理的转变使政府等劳资关系主体主动顺应新的趋势,通过劳资矛盾调处机制的转型,有效化解劳资冲突,使劳资关系进入良性发展的轨道。

第二节 劳资矛盾调处机制转型的路径选择

从社会管理到社会治理,对于劳资矛盾而言,它们之间有相同之处:它们都是政府面对复杂的社会问题的反应措施,都是维护社会秩序和实现社会稳定的措施。但从社会管理到社会治理的转变又推动劳资矛盾调处理念和方式的转型:一是理念的转变;二是手段、方法的转变。十八届三中全会提出构建社会治理体制。构建社会治理体制可以有理念和治术之分。所谓理念,是指创新社会治理体制被看成一种理念上的重要变化,是不同于传统社会管理的新思想、新理念。所谓

[①] 周红云:《从社会管理走向社会治理:概念、逻辑、原则与路径》,《团结》2014年第1期。

第四章 社会治理背景下劳资矛盾调处机制的转型

治术,就是把创新社会治理体制看作社会管理技术和手段的变化。①从理念上看,在社会管理的理念下,对待劳资矛盾,更多体现的是政府及相关权力部门的权力行使和维稳导向。政府的首要职能就是对这些事件进行强有力的控制和平息,以保障社会稳定。而在社会治理的基本理念下,则更多是维护劳资双方的权益,尤其是保障处于弱势的劳方的权益和维护社会秩序。从手段和方法上看,在社会管理的理念下,对待劳资矛盾,由于将维稳看作主要目标,因此,更多地采用强制性管控手段。在社会治理的理念下,对待劳资矛盾,虽然也强调管理,但更多地采用服务性管理手段。

实现劳资矛盾调处机制的转型,建立新型的劳资关系治理机制,从理念和手段、方法综合来看,侧重从以下几方面着手。

一 调处主体的转型:由政府包揽到多方参与的系统治理

由社会治理取代社会管理,首先是理念的改变。在社会治理理念下,维护社会秩序、调处劳资矛盾不再是政府单方面的事务,政府不再是单一的管理主体,不再包揽所有事务,而是由多方治理主体进行平等协商与合作。正如美国著名经济学者奥斯特罗姆夫妇的多中心治理理论提出,在公共管理中,政府充当中介者的角色,负责制定多中心制度中的宏观框架、各供给主体行为规则,同时采用包括经济、法律、政策手段在内的多种手段为公共服务的供给提供法律依据和政策支持。② 在社会治理理念下,政府的地位应由过去的"主体"向"主导"转型,政府与社会的关系也应由"政府本位"向"社会本位"转变,由政府包揽向多方参与转型。多方参与中,尤其要充分发挥社会

---

① 王思斌:《社会工作在创新社会治理体系中的地位和作用》,《社会工作》2014 年第 1 期。
② 李晓燕、岳经纶:《社会矛盾化解机制研究——基于多中心治理视角》,《社会工作》2014 年第 2 期。

组织在调处劳资矛盾中的作用。①

1. 社会组织已成为社会治理的主体之一

社会组织曾有诸多称谓，如"中介组织""非营利组织""民间组织""非政府组织"等。从社会学意义上看，狭义的社会组织是指为了实现特定的目标而有意识地组合起来的社会群体，如企业、政府、学校、医院、社会团体等。② 清华大学王名教授认为，社会组织是泛指那些在社会转型过程中由各个不同社会阶层的公民自发成立的，在一定程度上具有非营利性、非政府性和社会性特征的各种组织形式及其网络形态。③ 由此，一般认为，社会组织是指由公民自发组成，为实现组织成员的共同理想，并按照其内部章程开展活动，以便实现组织的宗旨和目标的非营利性社会团体。社会组织相对于公共行政组织而言，非政府性（即民间性）是其主要属性。此外，社会组织还具有非营利性、社会性、公共性、组织性、独立性和志愿性等多种属性。

在我国，党的十七大报告首次提出了"社会组织"的概念。自此，从国家层面来说，"社会组织"的概念取代了过去实践界和学术界所使用的"非政府组织""非营利性组织""第三部门""志愿者组织""民间组织"等不同称谓。④ 近年来，我国社会组织获得长足发展。民政部发布的公报显示，截至2011年年底，在民政部门登记的全国各类社会组织共有46.2万个，此外，还存在大量未登记但以社会组织名义活动的"草根组织"。目前，我国各类社会组织有200多万个。社会组织的快速发展，已成为近年来我国社会领域发生的最大变化之一。

---

① 此部分内容根据已经发表的论文整理而成，见曾秀兰、潘晶晶《社会组织在调处劳资矛盾中的角色与作用》，《探求》2013年第4期。
② 王思斌：《社会学教程》，北京大学出版社，2010，第117页。
③ 王名：《走向公民社会——我国社会组织发展的历史及趋势》，《吉林大学社会科学学报》2009年第3期。
④ 何增科：《中国社会管理体制改革路线图》，国家行政学院出版社，2009，第222页。

第四章 社会治理背景下劳资矛盾调处机制的转型

当前,中国社会的改革正在从经济领域逐步向社会领域深化和发展。伴随中国社会的转型,政府管理职能已由过去强调政治和经济领域的管理,逐步转向在继续开展好政治和经济领域内工作的同时开始重视社会管理,并将其视为新世纪构建社会主义和谐社会的重要内容和基本要求。[①] 伴随着中国的改革由经济领域向社会领域的深化和发展,社会组织在社会领域发挥着越来越重要的作用。社会组织在社会管理中,究竟是客体还是主体,或者二者兼之?长期以来,无论是研究者还是管理者大多把社会组织作为社会管理的客体和对象,主要研究如何对各种社会组织进行规范和管理。由于把社会组织看成社会管理的客体和对象,所以过于强调社会组织作为管理对象的消极一面,却忽视了社会组织同样可以作为社会管理的主体之一,忽视了社会组织积极的、主体性的一面。事实上,社会组织在社会管理中既是管理的客体,又可以作为管理的主体,社会组织"客体主体化"的特征不应被忽视。[②] 党的十八大报告提出,"要围绕构建中国特色社会主义社会管理体系,加快形成党委领导、政府负责、社会协同、公众参与、法治保障的社会管理体制"。"社会协同、公众参与"如何得到体现?一定意义上说,就是要扩大社会管理的主体。学者邓伟志认为:"社会管理包括两类:一是政府的社会管理;二是社会自我管理和社会自治管理。现代社会管理是以政府管理与协调、非政府组织为中介、基层自治为基础以及公众广泛参与的互动过程。"[③] 由此可看,经理论研究和实践探索,社会组织重新归位,成为当今社会治理的主体之一。

2. 社会组织在调处劳资矛盾中发挥着不可替代的作用

社会组织是社会治理的主体之一,也使预防和化解劳资矛盾的主

---

① 邓伟志:《创新社会管理体制》,上海社会科学院出版社,2008,第1页。
② 陈华:《比较视野中的中国社会管理研究:内涵与范围》,《南京政治学院学报》2011年第2期。
③ 邓伟志:《如何推动社会管理》,《学习时报》2006年6月26日。

体得以拓展。社会组织在预防和化解劳资矛盾中发挥怎样的作用？从理论和近几年的实践考察看，社会组织是"减压阀"、是"缓冲层"、是"润滑剂"、是"助推器"。

第一，社会组织是"减压阀"，帮助政府减轻面对劳资矛盾的压力。当今中国，正处在社会转型的加速期，利益多元化，利益关系不断复杂化，社会分化明显，各种矛盾凸显，而劳资矛盾成为诸多矛盾中的主要表现之一。社会矛盾日益凸显，如何有效解决？近几年的现实情况是：由于政府力量非常强大、市场力量次之、社会力量最弱，在这种格局下，一旦社会上出现矛盾和问题，只能找政府寻求解决。于是，政府要把什么问题都扛住但又力不从心，结果政府陷入被动并面临巨大的压力和负担，也加剧了政府和社会群体之间的紧张关系，导致一些劳资矛盾不断激化甚至上升到劳政矛盾，动摇社会的稳定。而社会组织介入调解劳资矛盾，可以把过去政府的一部分职能转由社会组织承担，这样，既可延伸政府的服务，弥补政府的不足，减轻政府的负担和压力，又有利于政府职能的转变和调整，真正建设效能政府。"社会组织应该分担社会矛盾，没必要将所有责任都一股脑揽在政府头上。政府应该做市场的监督者、引导者。"[1] 从一定意义上说，社会组织的发展是为了弥补政府和市场的缺陷，避免政府和市场的失灵，减轻政府的负担，并进一步完善社会管理，达到事半功倍的效果。

现代政治学认为，一个成熟的社会，是政府、企业和社会组织三种力量实现基本均衡的社会。政府主要负责社会公共管理，企业主要从事生产经营和市场流通，社会组织主要提供社会公共服务，三元主体合作互动，满足社会发展的需求。真正的和谐社会是一个国家权力与公共权利良性互动的社会，是国家的社会管理与公民的自主管理相统一的社会。在调处劳资矛盾中，政府的职能主要是"掌舵"而不是

---

[1] 沈锡权等：《警惕劳资矛盾向"劳政矛盾"演变》，《经济参考报》2011年7月4日。

"划桨",政府应将"划桨"的部分职能分离出来,交由社会来承担,应该回到社会中去寻求更多的矛盾解决途径和方案,许多社会问题还得依靠社会自身,特别是通过社会组织来解决。具有健全的社会组织体系是一个社会健康、均衡、稳定发展的重要因素之一。

第二,社会组织是"缓冲层",有助于缓解劳资关系,预防矛盾爆发。近几年发生的劳资矛盾有一些主要的特点,如:"燃点"低,矛盾易发;矛盾易受国际因素影响;矛盾化解难度增大;等等。发生在2010年5月的南海本田工人罢工事件和2010年年底深圳富士康员工跳楼事件被认为是中国劳动关系转型过程中的标志性事件。由此,不少专家学者认为,劳资矛盾已凸显为现阶段社会的主要矛盾。面对日益凸显的劳资矛盾,政府往往是事后被动介入,并使用"急救药"做应急处理。但从长期来看,政府事后被动介入的处理方式必然难以为继。社会组织作为连接政府和个人的社会枢纽,是沟通群众的中间环节。它通过平等对话、沟通、协商、协调等办法参与社会管理,缓解社会矛盾,增强社会弹性,是矛盾的"缓冲层",能较有效地缓解社会转型期发生的矛盾。美国的一部社会纪实作品《光荣与梦想》中提到,美国在1932年至1972年40年的社会转型期间也是乱象丛生、矛盾频发,但美国有逐步完善、健全、发达的社会组织,从而平稳度过了这个社会转型期。社会组织一般存在于弱势群体之中,它能更早地预知矛盾,能够在第一时间发出信号,早觉察、早处置,可以避免局部矛盾酿成全局性冲突。如浙江的义乌劳资纠纷曾经很突出,正是基于激烈的劳资纠纷,义乌在2010年10月成立了义乌市职工法律维权协会。截至2010年年底,义乌市职工法律维权协会共受理投诉案件4708起,调解成功率达93.6%;免费为职工出庭仲裁代理225起,出庭诉讼代理317起;已为当事人追讨工资及挽回经济损失2339万元。[①]

[①] 沈锡权等:《警惕劳资矛盾向"劳政矛盾"演变》,《经济参考报》2011年7月4日。

从调研中获悉，广东东莞为预防和缓解劳资矛盾，成立了"异地商会"及分支机构"在莞人员服务会"等，服务会的定位是联系政府和群众的"桥梁"。服务会为异地务工人员表达诉求提供了方便，让务工人员正当有效地表达自己的意愿和诉求，开创了异地务工人员自我管理新局面，有利于把矛盾化解在最基层，降低了矛盾爆发概率，也增加了外来务工人员的幸福感。这一举措改变了以往以被动防范为手段、以维护现状为目标的"消极社会管理"，转变为主动采用创新手段、以改善人类的生存状况为目的的"积极的社会管理"。社会组织为社会提供了一个有效消解矛盾的出口，充当化解矛盾的"安全阀"和"稳定器"，使一些矛盾能顺利地在基层得到较好的解决。

第三，社会组织是"润滑剂"，劳资矛盾发生后，避免矛盾进一步激化。社会组织的"润滑剂"作用主要体现在：当劳资矛盾发生后，由社会组织参与其中，进行心理疏导、中间调解并协调各种关系等，从而达到"稀释"矛盾，避免矛盾进一步激化的效果。近几年发生的劳资矛盾和劳资纠纷中，出现员工诉求多元化、合理性诉求与非理性诉求相互夹杂等问题，这给劳资矛盾调解工作带来较大的挑战。劳资矛盾发生后，如果由党政部门和领导直接出面，缺乏消弭矛盾、减少震动、沟通群众的中间环节——社会组织，则容易陷入被动。而社会组织不以公共权力为后盾，因此有更贴近民众的优势，更具有亲民性，有助于实现其和民众的良性互动。社会组织作为第三方居中协调，能起到了很好的"润滑剂"作用，避免矛盾的进一步激化。从调研中获悉，位于深圳市坪山新区的裕霸塑料五金制品厂有员工约200人，2013年3月初，该厂员工休假返厂后得知厂方宣布停业的消息，认为厂方需要支付经济补偿金。3月4日上午，约100名员工采取在新区管委会门口聚集的方式表达诉求，并陆续发生员工冲击新区管委会大门并在院内聚集、在新区深汕路堵路等严重影响地方社会秩序的不理性群体行为，引起了社会各界的广泛关注。面对这一劳资纠纷，

第四章 社会治理背景下劳资矛盾调处机制的转型

深圳市坪山新区改变了以往"压力型"维稳方式,大胆引入社会组织参与劳资矛盾调解,从社工机构、劳动仲裁庭、企业调解委员会等单位选派精通业务的骨干力量组成谈判小组,分批次、点对点与上访对象代表、企业管理层开展磋商协调,避免劳资双方加剧"正面冲突"。在此过程中,社工在倾听员工诉求、疏导员工情绪、提供心理咨询服务等方面发挥着重要作用,缓解了劳资双方紧张对立的关系。经谈判小组多次组织员工代表与公司高层协商,3月5日晚,双方达成协议:厂方同意补偿员工工龄工资的70%,工龄工资基数按2012年年度员工平均工资计算。双方并约定于3月21日支付50%的经济补偿金200万元,3月23日支付剩余经济补偿金的50%,该案件得到妥善处理。① 在劳资矛盾发生以后,社会组织可以充当化解矛盾的"润滑剂""稀释剂",起到降低冲突影响的作用。在现代社会管理工作中,既要在矛盾爆发后进行危机处理,更要采取预防措施防止矛盾的爆发或激化。神医扁鹊三兄弟的故事给我们以启发和思考:预防和调处劳资矛盾,事后控制不如事中控制,事中控制不如事前控制。

第四,社会组织是"助推器",有助于推动劳资矛盾走向制度化和法制化解决轨道。劳资矛盾和冲突就其实质而言,是一种劳方和资方经济利益的冲突。劳资矛盾的解决实际上主要是要平衡劳资双方的经济利益。和谐劳资关系的基础是要实现劳资双方利益的均衡。有学者认为,"和谐社会是一个有能力解决和化解利益冲突,并由此实现利益大体均衡的社会"。② 因此,使劳资双方的利益均衡并达到劳资关系的和谐,最终需要有效的制度安排和法律来容纳和规范劳资双方的利益表达。也就是说,预防和化解劳资矛盾,需要依赖于制度化和法

---

① 资料来源:深圳坪山新区社会建设局材料《由社会组织参与劳资调解引发对新时期劳资纠纷处理模式、社会管理机制的思考》。
② 孙立平:《博弈:断裂社会的利益冲突与和谐》,社会科学文献出版社,2006,第3页。

制化。

社会组织作为公益性的或代表一定社会成员利益的民间团体，其基本功能之一是参与功能。社会组织通过参与劳资矛盾的调处，一方面提升了社会组织的政治效能感，另一方面也通过听取其意见并形成压力，推动劳资关系相关法律、政策的制定和完善。如果没有公众和社会组织的真正而广泛的参与和积极推动，政府及官员就很难获得制定政策所需要的准确而全面的信息，也难以促进劳资矛盾走向规范化、制度化和法制化的解决轨道。由此可见，社会组织是"助推器"，它有助于推动劳资矛盾走向制度化和法制化解决轨道。

古人云："不谋万世者，不足谋一时；不谋全局者，不足谋一域。"维护和促进法治就是我们在化解劳资矛盾时必须坚持的"万世"和"全局"之谋。任何化解劳资矛盾的具体方式方法都不能违背法治精神，否则必将诱导和激发更多的矛盾、冲突和纠纷。预防和化解劳资矛盾需要公众参与、社会协同，需要创新社会管理方式，而社会管理创新的目标则是从源头上预防和减少社会矛盾。在当今社会主义市场经济及社会利益多元的背景下，重视矛盾解决的制度化和法制化，是现代国家社会管理的共同特点和规律。

3. 发挥社会组织作用的几点建议

第一，拓宽政府购买社会组织服务的范围，推行政府购买协调劳资关系的专业服务。政府购买社会组织服务是指政府将自身可以直接提供的服务事项交给有资质的社会组织来完成，并为此支付相应费用的公共服务运作模式。政府向社会组织购买服务是当前中国各地创新社会管理的重要方式之一，近年来已经逐渐形成一种趋势。但目前政府购买服务的领域主要在养老、社区、就业、社会工作、残障、医疗卫生等方面。在调研中发现，政府职能转移和购买服务进展缓慢，大多数社会组织未享受到政府购买服务的政策。为了更好地发挥社会组织参与劳资关系协调的作用，可拓宽政府购买服务的范围，适当推行

第四章　社会治理背景下劳资矛盾调处机制的转型

政府购买协调劳资关系的专业服务。没有专业的服务业，很难建立正常的市场秩序和法律秩序，专业的政策服务业是"市场经济的润滑剂"和"社会公平的助推器"。[①]

第二，在劳资领域构建枢纽型社会组织，提高工作的组织效率。枢纽型社会组织是同性质或同类别社会组织（简称"纽扣型社会组织"）的联合性组织。枢纽型社会组织的最大优势在于，作为服务型导向的联合性平台，它补齐了"社会协调、公众参与不足"的社会管理短板，并且为政府服务外包、合同外包等现代社会管理方式的运用和拓展提供组织基础，从而能够提高社会管理的组织效率。[②] 一个枢纽型社会组织如同针线，能把分散的"珍珠"串起来，带动一大批社会组织共同发展。在劳资领域构建枢纽型社会组织，有利于形成社会组织的组织体系，提高工作效率。在调研中了解到，深圳宝安区总工会逐步形成区—街道—社区—企业四级工会组织体系。工会组织积极充当"四个第一人"角色，即"第一知情人、第一报告人、第一协调人、第一帮扶人"，更加主动地站在协调劳资关系第一线，努力将各种矛盾化解在萌芽状态、处理在基层，积极发挥社会管理"调节阀"和"稳定器"的作用。

第三，进一步完善劳资矛盾调解组织，加强劳资矛盾调解队伍建设。为切实维护职工和企业双方权益，一些地方已建立劳资矛盾调解组织，也积累了一些经验，但还需进一步加强，尤其是要加强劳资矛盾调解队伍建设。比如，要专门组建劳资矛盾调解队伍，选聘优秀公务人员担任劳动人事争议调解员，建立调解员档案；通过举办调解员培训讲座，提高基层调解工作人员的调解技能、法律水平以及公信力；推行调解员持证上岗制度，评选优秀调解组织和调解员，交流和推广先进经

[①] 朱征夫：《政府应放手发展专业服务——乌坎事件启示三》，《同舟共进》2012年第9期。
[②] 张开云、张兴杰：《科学构建枢纽型社会组织》，《人民日报》2013年3月27日。

验，打造一支"懂调解、会调解、能调解"的劳资矛盾调解队伍。

二 调处方式的转型：由经验型、人治型管理到法治型治理

由社会管理到社会治理，不仅体现在治理主体的转变上，也体现在治理方式的转变上。社会治理背景下劳资矛盾的调处，要实现由经验型、人治型管理到法治型治理。经验型管理往往带有较严重的随意性、人治化、非规则等行为，所采取的手段主要是管控。在处理劳资关系中，经验型、人治型管理往往突出的是"权力本位"而非"权利本位"，经验型管理由于其随意性和非规范化，容易激化矛盾，增加劳资矛盾处理的不确定性，也增大了社会管理成本。在法治型治理模式下，法律法规的规范性和强制性能更有效地保证劳动关系主体地位的平等，有利于实现公平公正。法治型治理也使劳资双方发生矛盾纠纷时有章可循、有据可依，使劳资关系能够得到及时有效的规范和调整。近年来，一些地方出现"信访不信法""信闹不信法""信权不信法""媒治"（即寻求法律无法得到公正的结果，然后选择媒体）等诸多不良现象，这些正是人治型管理模式下出现的怪现象。由经验型、人治型管理到法治型治理的转型，是顺应时代发展的要求。中共十八大提出，把法治作为治国理政的基本方式。[1] 十八届三中全会提出治理能力的现代化，提出创新与改进社会治理方式，坚持依法治理，加强法治保障，运用法治思维和法治方式化解社会矛盾。[2]

综观历史和现实，法律的权威和地位是衡量一个国家、一个社会文明进步的重要标准。法治，是创新社会治理的重要途径和根本出路。虽然法治不是社会治理的唯一模式，也并非十全十美，但与经验型、

---

[1] 《坚定不移沿着中国特色社会主义道路前进，为全面建成小康社会而奋斗——在中国共产党第十八次全国代表大会上的报告》，人民出版社，2007。

[2] 中共十八届三中全会通过的《中共中央关于全面深化改革若干重大问题的决定》。

第四章 社会治理背景下劳资矛盾调处机制的转型

人治型等其他管理方式相比,法治是透明度最高、社会成本最低、最容易让人接受的方式。它以法治理念和法律制度为基础,是目前大多数发达国家采用的社会管理模式。现阶段,劳资矛盾高发,而劳动者的民主法治意识、权利意识、公平公正意识又普遍增强,对法治的期待也越来越强烈。

如何实现法治型治理?

首先,完善劳动关系法律体系。以"良法"为基础建立起来的法律体系是社会稳定有序运行的可靠保障。[①] 劳资关系的和谐发展有赖于政府所提供的规则体系。预防和解决劳资纠纷,离不开完善的法律制度。正如车辆通行需要一个好的交通规则,否则城市交通就会陷入瘫痪。制定和完善劳动关系法律体系,做到"有法可依""有章可循",是实现"有法必依""违法必究"的前提。理顺劳资关系,实现劳资和谐,要求完善相关法律制度,不能留有法律调整的"空白地带"、"漏洞"和"盲点",也要求法律法规能够根据现实情况的发展变化而及时修改完善。政府通过有针对性的立法,平衡劳资双方权益,使双方能互相制约、抗衡,以免出现因无法可依导致执法混乱、司法不公等现象,也防止劳方因找不到合法有效的诉求途径,在面对和处理劳资矛盾时采取过激和极端行为。

其次,健全劳动关系法治化的运行机制。由社会管理到社会治理的转变,意味着由过去的政府一元管理转变为多元共治。多元共治的社会治理体系通过政府、社会组织、公众等各主体之间积极合作,相互借鉴、优势互补,实现从共治到共赢再到共享的发展。这种通过多元共治实现良性发展的社会治理体系能否高效顺畅运行,取决于有没有建立起符合法治化要求的运行机制。因此,要达到法治型治理,就

[①] 胡一峰:《困境与对策:关于提高社会治理法治化水平的思考》,《领导科学论坛》2014年第4期。

必须将多元治理主体纳入法治化的运行轨道，健全其运行机制。要明确界定各主体的权限，规范不同主体参与社会治理的方式和途径，使不同的治理主体各司其职、各负其责，不越权、不错位，依法有序运行，形成良性互动。例如，在劳资关系多元治理主体中，需明确政府、工会、雇主组织、社会组织、公众等各自的职责、权限和运行方式。同时，要对不同主体的合法权益给予法律法规上的充分保护，还必须健全惩戒机制，对各主体违法违规的行为进行制裁，使之承担相应的法律责任。通过司法权威，使政府、工会、雇主组织、社会组织、公众等对社会事务的参与都处于依法办事的状态，建立司法信任。

最后，强化劳动关系各治理主体的法治思维，培养法律信仰，提高各主体运用法治方式处理矛盾的自觉性。中共十八届三中全会要求，坚持依法治理，加强法治保障，运用法治思维和法治方式化解社会矛盾。实现法治型治理的主体是人，因此，要强化各治理主体的法治思维，培养其法律信仰。在劳资关系多元治理模式下，政府、工会、雇主组织、社会组织、公众等都是治理主体，这些治理主体的法治思维和执法的自觉性直接影响着法治型治理的实现程度。为此，要通过多举措、多形式、多渠道开展法治宣传教育，提高治理主体对法律知识的掌握程度，强化其法治观念和法律意识，进而形成良好的法治思维。一个人、一个社会只有信仰法律，才能达到真正的自由。正如哈耶克所说，一个人不需要服从任何人，只服从法律，那么他就是自由的。政府各部门要率先垂范，依法办事。对于政府来说，法无授权，即为禁止。在调处劳资矛盾和纠纷中，做到依法律、讲程序，让劳动者能感受到"看得见的正义"，[1] 通过"看得见的正义"向社会展示良好的法治形象。通过严格执法实践，培养法律信仰，提高他们运用法治方式处理矛盾的自觉性。

---

[1] 陈瑞华：《看得见的正义》，北京大学出版社，2000。

三 调处手段的转型：由单一手段到多种手段的综合治理

在传统的社会管理理念和模式下，劳资矛盾和冲突发生后，常常是政府包揽，参与主体缺乏，而且应对手段较单一，通常是使用"大喇叭＋警棍"的粗放手段，并将"维稳"作为处理矛盾和冲突的最高目标。由政府主导的基层维稳运行机制，以"一票否决"作为其维稳精神指南，以"将矛盾消灭在萌芽状态"作为其维稳行动逻辑，以"稳控"作为其维稳应对手段，强烈凸显出维稳运行中基层政府排斥公众与社会组织对社会治理的参与权，对权宜性维稳应对手段的路径依赖，以及在维稳评价机制中唯上不唯下的体制化维稳导向。缺乏民众与社会组织有效参与、监督和协同的维稳机制是一种静态的并且缺乏有效的自我修复功能的治理机制。[1] 由社会管理到社会治理，重要的是实现治理手段的转变，即由单一手段的管控到多种手段的综合治理。近几年，珠三角地区在实践中不断总结出一些行之有效的做法，较好的做法如下。

1. 网格化管理方式

网格本是计算机术语，指利用互联网把地理上广泛分布的各种资源连成一个逻辑整体，为用户提供一体化信息和应用服务，以最充分地实现信息共享。[2] 网格有着资源共享、协同工作、开放、动态等优点。网格化管理是指依托统一的城市管理数字化信息平台，将城市管理辖区按照一定的标准划分成单元网格（一般把1个社区划分为1个或若干个网格），把人、地、物、事、组织等内容全部纳入其中，实施精细化、信息化、动态化社会服务管理。网格化管理以数字化城市

---

[1] 陈发桂：《多元共治：基层维稳机制理性化构建之制度逻辑》，《天津行政学院学报》2012年第5期。
[2] 赵语慧：《网格化管理与政府职能定位》，《人民论坛》2013年第2期。

技术平台为支撑,以"网格"为最小管理单元,以"指挥平台"为管理中心,以监督、处置"网格"部件和事件为主要内容,网格化管理中网格组织以非公务人员为主要力量。① 网格化管理是城市治理方式的一种革命和创新,基本特征是以社区为载体,管理与服务相结合,致力于构建无缝隙的服务型政府。② 网格化管理作为一种多中心的治理结构,主张政府部门与非政府部门(第三部门、私营部门、公民个人)等众多行动主体的协调与合作,多元主体可以参与劳资冲突的治理,构建了劳资冲突化解的合作互动模式,对当前的劳资冲突治理提供了有益的借鉴。如深圳市福田区实施了防欠薪网格化管理,对责任网格内企业工资发放情况进行实时监控,对欠薪企业及时进行排查,变"年终关怀"为"终年监控",变"消防队"为"预防队",建立了欠薪预警机制,将19800家企业纳入网络监控范围,2009年在受金融危机影响严重的情况下,重大劳资纠纷件数与往年同期相比不增反降,欠薪预警体系初具规模并见成效。③ 广东省中山市东凤镇为解决日趋严峻的建筑工地劳资纠纷问题,东凤司法所联合东凤镇综治、公安、人社和住建等部门,以大型建筑工地为试点,推行"三级网格化"(镇、职能部门、村或社区)监管模式,及时介入处理工地劳资纠纷。自"三级网格化"模式运行以来,该镇建筑工地劳资纠纷监管效能明显提升,共查处各类工地劳资纠纷隐患13起,督促整改13起;受理劳资纠纷案件4宗,成功成功4宗,调处成功率达100%;帮助414名建筑工人追讨欠薪1382万元,有效预防群众重复上访和越级上访。④

---

① 赵斌:《网格化管理中行政法律问题的思考》,《云南行政学院学报》2014年第4期。
② 周连根:《网格化管理:我国基层维稳的新探索》,《中州学刊》2013年第6期。
③ 《福田推行防欠薪网格化管理减少劳资纠纷》,《深圳晚报》2010年3月19日。
④ 《东凤司法所推行"三级网格化"模式 建筑工地劳资纠纷有效化解》,《中山日报》2013年8月2日。

2. 多方（部门）联动治理模式

在社会治理理念下，对待劳资矛盾，治理主体应探索和实践多方（部门）联动工作机制。多方（部门）联动工作机制通过整合资源，发挥劳动关系各相关部门，如公安、司法、劳动、工会、妇联、宗教团体、民间团体等部门的优势，相互配合，形成工作合力，共同发挥在劳资冲突治理中的作用。有些时候，还可联合私人部门，以提高矛盾和纠纷的处理效率。

3. 利用经济杠杆化解劳资矛盾的治理模式

有时候，经济杠杆能够在社会矛盾化解上起到积极、有效的作用。在处理社会矛盾时，一般的规律是，越是在市场经济不发达的地方，政府的社会矛盾管理成本越高，管理压力和管理难度越大；越是在市场经济发达的地方，政府的管理成本越低，管理压力和管理难度越小。其中的一个主要原因就是在市场经济发达地区，经济杠杆能够在社会矛盾化解上起到更加积极、有效的作用。[1] 近年来，保险行业通过开展责任保险业务，大大提高了公民的风险意识和风险防控能力，在化解社会矛盾方面进行了有益的尝试和探索。比如，在建筑、高空作业、高温作业、接触有毒有害物质等高危企业中，保险公司通过推行安全生产险种，一方面强化了企业的安全生产责任意识，另一方面也提高了对生产安全事故受害人的补偿能力和补偿效率。因此，今后可进一步探索和尝试利用保险杠杆等经济杠杆化解劳资矛盾，缓和劳资关系，实现劳资和谐。

四 调处重心的转型：由事后处置到源头治理

社会治理需要标本兼治，重在治本，从源头上解决影响社会和谐

---

[1] 李晓燕、岳经纶：《社会矛盾化解机制研究——基于多中心治理视角》，《社会工作》2014年第2期。

稳定的深层次问题。由社会管理到社会治理，要实现劳资矛盾调处重心的前移，即由事后处置到源头治理。劳资矛盾的源头治理，重点可从如下几方面着手。

1. 构建劳资矛盾预警机制

预警一词是相对于事后补救而言，一般指预先警戒。[①] 劳资矛盾预警通常是指政府、工会组织通过接受举报、主动排查等方式，及时发现有可能引发群体性劳资纠纷突发事件的企业内部问题（如企业经营陷入困境、大量解雇、恶意拖欠工薪等情况），对可能或者已经出现的劳资纠纷进行风险警告并及时解决，以避免劳资矛盾恶化为群体性劳资纠纷突发事件。长期以来，劳资矛盾更多是事后解决，只有当劳资矛盾演化成大规模的冲突时，才会受到政府、工会组织和企业的重视。近年来，因受世界金融危机的爆发、国内产业结构的调整及新《劳动合同法》出台等因素的影响，劳资矛盾呈高发态势，原有偏重事后解决、忽略事前预防的传统劳资矛盾解决模式已显得被动，并增加了矛盾解决的成本和难度。于是，政府和相关部门开始重视建立劳资矛盾预警机制。劳资矛盾预警机制具有"事前发现、预防"的功能，即政府采取接受举报、主动排查等措施，及时发现企业内部可能造成群体性劳资纠纷突发事件的劳资矛盾隐患。在劳资矛盾预警机制中，主要涉及的是预警主体、预警对象及指标体系等。预警主体，一般是由政府授权的专门机构，当然，各地方做法也不完全一致。预警对象，是劳资双方在劳动生产经营过程中呈现的关系状态，如资方生产经营状况、劳动者薪酬福利待遇等，这需要具体罗列并细化能反映劳资关系状态的指标。指标体系，是预警机制得以建立的基础，也是预警机制启动的关键，预警机制要以具体的指标体系作为依托，以使

[①] 吴亮、陈大可：《劳资矛盾预警机制中的政府职能研究》，《华东理工大学学报》（社会科学版）2012年第1期。

第四章 社会治理背景下劳资矛盾调处机制的转型

预警机制得以切实运行。

近年来,珠三角部分地区通过建立劳资矛盾预警机制,在把握劳资关系动态,预防和及时解决劳资纠纷方面收到了较明显的效果。笔者围绕本课题曾到东莞石龙镇调研,该镇"借助信息系统,加强企业欠薪逃匿风险预警和防范"的做法收到较好的效果。石龙镇以国家信息化试点镇为依托,借助信息化优势,从2009年开始,开发运用了劳动关系风险预警系统。该系统对全镇近9000家企业及个体户进行预警、监控和防范。预警系统协同人力资源、经贸、外经、公安、劳动、水电等10多个部门对企业的工资、租金、水电费、社保费、税费等多项指标进行采集,并将这些采集的信息汇总后对企业状况进行智能分级,将企业分为"正常、问题、风险、危险、高危"等级,对"危险、高危"企业发出警报,并在此基础上进行监控和综合应对。[1] 该镇建立劳动关系风险预警系统两年来,因劳资纠纷引起的突发事件减少了80%,劳动关系矛盾调处方式由"救火型"向"防火型"转变。[2] 建立劳资矛盾预警机制,通过制定切实有效的指标体系,对劳资关系状况进行监控和积极处理,将劳资矛盾解决于萌芽状态,这已经被珠三角不少地方广泛接受并予以实践,这也是实现劳资矛盾由事后处置向源头治理转型的有益尝试。

2. 完善调解制度和运行机制

近几年,一些地方对劳资矛盾和纠纷实行人民调解、行政调解、司法调解"三调联动"的大调解机制。[3] 围绕本课题研究,课题组成员曾到广东省东莞市调研。东莞作为全国著名的加工制造业基地,工厂、企业多,外来就业和流动人口多,员工与企业老板之间的劳资纠

---

[1] 根据石龙镇2013年2月提供的调研材料《借助信息系统,加强企业欠薪逃匿风险预警和防范》整理而成。
[2] 《一张电子地图 化解劳资矛盾》,《南方日报》2012年9月13日。
[3] 李德恩:《社会管理创新视野下的"三调联动"》,《社会科学家》2014年第1期。

117

纷、工伤纠纷等矛盾纷繁复杂。东莞劳资纠纷事件具有数量不断增长、诱因复杂、行为方式激烈、事件反复性强等特点。针对这种情况，东莞市尝试和实施"大调解"模式，即以人民调解为基础，人民调解、行政调解、司法调解、仲裁调解等相互配合、协调联动，收到了较好的效果。"大调解"机制从源头上快速化解纠纷，这是新时期社会治理创新的一项举措，其创新之处首先表现在对以自治方式解决纠纷的强调。从人类社会的实践看，托克维尔根据对美国社会的观察，提出了社会自治是善治的必要条件。① 在"大调解"机制中，人民调解起到基础性的作用。人民调解是化解社会矛盾纠纷、维护社会稳定的"第一道防线"，被国际社会誉为"东方经验""东方一枝花"。② 为此，完善调解制度和运行机制，首先考虑的是如何有效发挥人民调解在预防和化解劳资纠纷群体性事件中的功能，力求最大限度地把矛盾纠纷化解在基层，以达到"小事不出村、大事不出镇，矛盾不上交，就地化解"为主要特征的"枫桥经验"③ 的效果。当然，在构建多元调解机制的过程中，如何从立法上协调多种纠纷解决方式之间的关系，使不同的调解机制有机融合为制度性、专业性的调解体系是目前面临的重要课题。同时，要规范多元调解机制，推动多元调解职业化发展。④ 还要加强调解员队伍建设，建立村、社区专职人民调解员制度；要加强对企业调解组织的业务指导，努力提高人民调解工作质量。通过完善调解制度和运行机制，推动劳资纠纷的源头治理。

3. 健全劳动者利益保障机制

市场机制促进经济增长，把"蛋糕"做大，为社会公平正义的分

---

① 〔法〕托克维尔：《论美国的民主》，董果良译，商务印书馆，1988，第100页。
② 安丽丽：《人民调解在预防和化解群体性事件中面临的问题与对策研究——以东莞为例》，重庆大学硕士学位论文，2013。
③ 梁星心：《"枫桥经验"50年历久弥新的奥秘》，《中国社会组织》2014年第2期。
④ 赫然、张荣艳：《中国社会纠纷多元调解机制的新探索》，《当代法学》2014年第2期。

配提供了丰富的物质条件，但仅仅做大"蛋糕"并不够，如何切好"蛋糕"，即如何实现利益的合理分配才是当今社会所面临的焦点问题。和谐社会建设的重要方面就是要建立公平、公正的利益诉求和利益保障机制，以保障劳工等弱势群体的利益。

在"十二五"期间，珠三角地区随着产业结构的转型升级、"腾笼换鸟"政策的持续深入，因企业搬迁、兼并破产等原因，工人利益受损的情况较多，出现的劳资纠纷也许会越来越多。面对类似的情况，处理的核心问题是通过制度设计，建立和健全公平正义的劳动者利益保障机制，保障劳动者的利益。罗尔斯指出："社会正义原则的主要问题是社会的基本结构，是一种合作体系中的主要社会制度安排。我们知道，这些原则要在这些制度中掌管权利与义务的分配，决定社会生活中利益和负担的恰当分配。"[①] 公正首先指的是制度公正。利益保障机制是调整人与人之间利益关系的制度，其核心是公正合理地对利益进行分配并以制度保障。公平正义的劳动者利益保障机制可以提高社会公平水平，促进社会稳定、和谐和可持续发展。

如何健全劳动者利益保障机制？要制度先导，多部门配合，创新组织，加强保护。工会在维护劳动者利益方面充当重要的角色，企业、用人单位可以根据新生代农民工自身特点创立新生代农民工工会，将进城务工的新生代农民工最大限度地吸收到这一新的组织中来。通过自由选举，选出主席、副主席；通过制度化运作推进企业民主管理，将农民工有效组织起来，挺直腰板为农民工的合法权益呼吁呐喊，从源头上化解劳资纠纷，维护和谐劳动关系。

---

① 〔美〕约翰·罗尔斯：《正义论》，何怀宏等译，中国社会科学出版社，1988，第54页。

第五章
珠三角非公企业劳资矛盾调处的宏观视角

第一节 政府：应由"主体"向"主导"转变

党的十八大提出，"要围绕构建中国特色社会主义管理体系，加快形成党委领导、政府负责、社会协同、公众参与、法治保障的社会管理体制"。① 十八届三中全会提出，"推进国家治理体系和治理能力现代化"，"必须切实转变政府职能"，"创新劳动关系协调机制"② 等，这就更加明确了政府的职能及政府在调处劳资关系中的角色定位。

一 政府职能及政府职能转变的历史演进

1. 政府职能及政府职能的动态性

政府的含义，一般有广义和狭义两种理解。在此，政府更多是从广义上理解的，通指行使公共权力的机构，是实行政治统治和管理社会公共事务、国家事务的组织机构。其对应的范畴是公民。在政府与劳动关系的基本理论中，狭义的政府是指劳动行政部门的行政职能，而广义的政府则包括立法和司法机关。在中国还应包括党的系统，包

---

① 《坚定不移沿着中国特色社会主义道路前进，为全面建成小康社会而奋斗——在中国共产党第十八次全国代表大会上的报告》，人民出版社，2007。
② 中国共产党十八届三中全会通过的《中共中央关于全面深化改革若干重大问题的决定》。

第五章 珠三角非公企业劳资矛盾调处的宏观视角

括官方的意识形态和文化教育系统。① 关于政府职能的内涵,有不同角度的解释,学术界主要有四种观点:作用说、任务和职责说、职能和功能作用说、职责和功能说。② 当然,不同角度的解释也就形成不同的内涵和概念。在此,政府职能主要是指政府作为社会中最大的公共组织在维持社会稳定、保护社会公平、促进社会发展诸方面所应该担负的职责和能够发挥的功能。对政府职能的分类,大致有以下五种:二职能说、三职能说、四职能说、五职能说、六职能说。③ 二职能说把政府职能分为两类,即政府的职能包含统治职能和社会管理职能。在不同的历史阶段,统治职能和社会职能所处的地位不同。在阶级社会里,政治上的统治职能占据了政府职能的大部分;在现代社会,政府的社会管理职能变得越来越重要。马克思、恩格斯认为统治职能以社会管理职能为基础,"政治统治到处都是以执行某种社会职能为基础,而且政治统治只有在它执行了它的这种社会职能时才能持续下去"。④ 政府职能是政府治理体系中的核心部分,它关乎一个国家的政府在经济、政治、社会等领域角色扮演的合法性与合理性。良好的政府职能履行是一个国家长治久安、蓬勃发展的必需品,而非奢侈品。⑤ 政府职能的合理定位是实现当今时代国家治理体系现代化的重要方面。

政府职能是一个历史的范畴,不同的历史时期政府职能不一,呈现一种动态性。政府职能是动态演进的,随着社会关系的发展及社会关系的矛盾变化,政府职能会做出调整,政府也需增加新的职能。在传统的阶级社会,政府职能的核心在于统治;在商品经济社会,政府职能的核心在于社会管理和社会服务;在当代,政府职能的核心则在

---

① 常凯:《劳动关系学》,中国劳动社会保障出版社,2005,第234页。
② 刘光军:《政府职能界定与政府职能转变》,《河南社会科学》2007年第5期。
③ 刘光军:《政府职能界定与政府职能转变》,《河南社会科学》2007年第5期。
④ 《马克思恩格斯选集》第3卷,人民出版社,1995,第523页。
⑤ 张成福、马子博:《宏观视域下的政府职能转变:界域、路径与工具》,《行政管理改革》2013年第12期。

于合作治理公共事务。① 在我国现阶段，经济社会正处于转轨时期，各种社会矛盾高发，政府职能的界定必须结合我国的国情和社会转型的实际需要。

2. 政府职能转变的历史演进

政府职能转变，是指国家行政机关在一定时期内，根据国家和社会发展的需要，对其应担负的职责和所发挥的功能、作用的范围、内容、方式的转移与改变。

政府职能转变包含两层意思：一是政府职能内容的变化、转换和发展；二是政府职能运行方式的变化、转换和发展。不断推进政府职能转变，优化政府治理工具，是适应社会关系发展变化的现实需要。政府职能的转变一方面来自社会关系发展及社会环境的外在动力，另一方面源自政府自身的内在原因。因为，政府只有适应社会环境的需求变化，并把职能调整内化为政府的自觉行动，政府才能为社会提供更多、更好的服务。外在压力和内在动力的共同作用，促使政府职能的真正转变。

自新中国成立至今，我国围绕政府职能转变进行了不断的改革和探索，使政府职能不断适应社会发展变化的需要。新中国成立初期初步建立了全能型政府。改革开放后，不断推进政府职能转变。1988年以来，我国的历次改革都强调转变政府职能。1988年前后，中国经济体制改革的重心已经由农村转向城市，要求相应地转变政府机构的职能和管理方式，调整机构设置的总体格局及其职责权限。当时提出转变职能包括五个方面的内容，即由微观管理转向宏观管理、由直接管理转向间接管理、由部门管理转向全行业管理、由"管"字当头转向服务监督、由机关办社会转向机关后勤服务工作社会化。1998年提出政企分开。改革的目的是解决机构庞大、人员过多、政企不分、官僚

---

① 刘光军：《政府职能界定与政府职能转变》，《河南社会科学》2007年第5期。

第五章 珠三角非公企业劳资矛盾调处的宏观视角

主义严重等弊端。2003年中共十六届三中全会提出，在市场经济条件下，政府职能应更侧重于经济调节、市场监管、社会管理、公共服务。2008年提出建设服务型政府，把政府定位于服务者的角色，通过法定程序，按照公民意志组建以"为人民服务"为宗旨、以公正执法为标志并承担着相应责任的政府。2013年中共十八届三中全会通过的《中共中央关于全面深化改革若干重大问题的决定》提出"全面正确履行政府职能"，清晰界定了政府职能和作用，可以概括为五项职能，即宏观调控、市场监管、公共服务、社会管理、保护环境。转变政府职能的目标是由全能政府向有限政府转变，由人治政府向法治政府转变，由封闭政府向透明政府转变，由管制政府向服务政府转变。

转变政府职能是全面深化改革的核心议题之一。在社会主义市场经济条件下，转变政府职能的过程就是一个重新定位政府与市场、政府与社会的关系和合理边界的过程。可以说，什么时候政府职能真正转变了，准入问题就好解决了，改革也就基本到位了。① 当今社会主义市场经济体制下，政府核心职能是：建立市场运行的基础制度框架、提供公共物品和服务、解决外部性问题、维护社会秩序、利益分配与协调、建立和完善社会保障体系、价值文化形态的形塑。② 应该说，面对高位运行的劳资矛盾，治理劳资纠纷、调处劳资矛盾也是当今政府的重要职能。

二 政府在劳资关系中的角色偏差

1. 劳动关系中的政府角色理论

政府角色，是指在一定范围内充当社会公共权力主体的政府所具有的功能和作用的人格化。通俗地讲，是指政府在整个社会中起什么

---

① 厉以宁：《政府职能真转变了 改革就到位了》，http://news.cnr.cn/special/gov/view/201310/t20131031_513988562.shtml。
② 张成福、马子博：《宏观视域下的政府职能转变：界域、路径与工具》，《行政管理改革》2013年第12期。

作用，也就是政府在什么范围内并以什么方式行使权力。① 政府角色，从其在国家的政治、经济、社会生活中的作用来讲，有所谓"统治者"与"治理者"之分；从其作用的大小来看，有所谓"全能政府"与"守夜人政府"或"小政府大社会"之分；从作用方式来看，有所谓"划桨者"与"掌舵者"之分，或"运动员"与"裁判员"之别；从政府在改革中的地位来讲，政府既是制度的供给者，又是社会发展、经济增长的推动者。②

一般来说，在劳动关系中，政府与管理方（雇主）、工会（雇员）共同构成劳动关系的三方主体，政府是劳动关系第三方。劳资关系的主体可从广义和狭义来看，狭义上讲，劳动关系的主体包括两方：一方是员工及以工会为主要形式的员工团体；另一方是管理方以及雇主协会组织。两者构成了劳动关系的主体、主要研究对象。从广义上讲，劳动关系的主体还包括政府。在劳动关系的发展过程中，政府通过立法介入、宏观调控及秩序维护等手段，对劳动关系的运行创造一定的社会环境；同时政府又是公共利益维护者，通过监督、干预等手段促进劳动关系的协调；政府还可以成为公共部门的雇主，直接参与劳动关系。因而政府也是劳动关系主体。由于政府的介入，劳动关系不仅在层面上扩大至整个社会，而且在性质上也具有了社会政治关系的意味。③

政府作为劳动关系中的第三方，在劳动关系中发挥重要而特殊的作用。在现代社会，政府的行为已经渗透到经济、社会和政治生活的各方面。普尔曾经说过，劳动关系中管理方、雇主和工会、雇员的定义比较模糊，而政府作为第三方，在劳动关系中发挥着重要而特殊的

---

① 张锐：《我国转型期构建和谐劳动关系中的政府角色研究》，河南大学硕士学位论文，2008。
② 彭澎：《政府角色论》，中国科学社会出版社，2003，第6页。
③ 常凯：《劳权论》，中国劳动社会保障出版社，2004，第73页。

第五章 珠三角非公企业劳资矛盾调处的宏观视角

作用,则是大家共同认可的。① 在我国目前市场经济体制发育不成熟的情况下,优化非公企业的劳资关系,政府作为劳动关系的第三方主体,其所扮演的角色更是不容忽视。

政府作为劳动关系的三方主体之一,亦扮演着重要角色。英国利物浦大学教授罗恩·比恩(Ron Bean)在《比较产业关系》一书中指出,政府在劳动关系中主要扮演五种角色:①政府扮演第三方管理者角色,为劳资双方提供互动架构与一般性规范;②政府扮演法律制定者的角色,通过立法规定工资、工时、安全和卫生的最低标准;③如果出现劳动争议,政府提供调解和仲裁服务;④政府是公共部门的雇主;⑤政府还是收入调节者。②

1994年,国际上第一本运用西方劳动关系理论框架来系统分析和研究中国劳动关系的英文学术专著 Industrial Relations in China,结合中国劳动关系的社会背景和社会环境,以及国社会转型中劳动关系的状况和特点,提出了政府在劳动关系中扮演着四种最主要的角色:①规制者(Regulator);②监督者(Inspector);③损害控制者(Damage Control);④调解与仲裁者(Mediator and Arbitrator)。③

国内有学者对海内外专家的研究成果做了系统的梳理和归纳,将政府在劳动关系中扮演的角色归纳为五项(即"5P"角色):①劳工基本权利的保护者(Protector);②集体谈判与雇员参与的促进者(Promoter);③劳动争议的调停者(Peace-maker);④就业保障与人力资源的规划者(Planner);⑤公共部门的雇佣者(Public Sector Employer)。政府在扮演上述五种角色时,作为保护者和规划者,应积极主动地完成任务;作为促进者和调停者,应该采取中立和不多干预的

---

① 程延园:《劳动关系》,中国人民大学出版社,2011,第119页。
② 程延园:《劳动关系》,中国人民大学出版社,2011,第119页。
③ 常凯:《劳动关系学》,中国劳动社会保障出版社,2005,第220页。

态度；作为雇佣者，必须真正成为私营企业的表率，合法化、企业化和民主化是基本要求。① 台湾学者林大钧认为，美国联邦政府是促进劳资合作的催化剂和鞭策者，是劳动争议的调解人、仲裁者或受害方的支持者，是劳动法律的制定者和执行者，在劳动关系中扮演一个不可或缺的角色。②

以上各种观点表明，对政府在劳动关系中的角色问题，存在一定的差异。但不可否认的是，政府在劳动关系中扮演重要的角色。

2. 政府在劳资关系中的角色偏差

在非公企业中，劳动关系具体体现为劳资关系。在劳资关系中，同样涉及三方主体，即劳方、资方和政府。

政府参与劳资关系的治理一方面是政府自身的职能所在，另一方面也是由于市场失灵的原因。亚当·斯密指出，市场机制是一只"看不见的手"，可以实现资源的最优配置。但在实践中，市场机制并不总是万能的，它也存在自身无法或暂时难以克服的缺陷，这就要求政府在市场失灵的情况下适时干预，但政府的干预又是有度的。在现阶段和谐劳资关系构建中，政府角色出现了越位、错位和缺位的现象，存在角色偏差，主要表现在以下方面。

一是政府角色的越位。政府角色的越位是指政府在行政过程中超越了其本来的职能与权限，即超职责地行政，对企业管得太多，过于积极，造成越俎代庖。

在计划经济时代，政府在劳动关系中所起的作用主要体现在安排企业劳动就业关系，决定劳动标准，如工资、工时等。在体制转型的今天，新的体制尚未完全建立，因此，依然保留着计划经济时代的色

---

① 程延园：《劳动关系》，中国人民大学出版社，2011，第 120~121 页。
② 林大钧：《美国联邦政府在劳资关系中扮演的角色》，（台湾）《劳资关系月刊》2001 年第 6 期。

彩。政府政企不分、干涉企业经营、对企业单位人员工资进行干预等直接干预微观经济活动的现象依然存在。此外，不少地方政府在职责和行政上仍然表现为经济建设型政府，政府作为"经济人"假设的理论在不同程度地实现着。在"效率优先，兼顾公平"的思想指导下，为了发展经济，保证GDP增长，行为短期化，经常充当着经济建设主体和投资主体的角色，存在职责不明、角色越位现象。

二是政府角色的错位。政府角色的错位，是指在计划经济体制向市场经济体制转轨中出现的与市场经济体制不相适应的政府角色偏离自身职责任务、活动范围、运行轨道的现象。比如，政府仍然以"全能者"的身份出现，涉足企业、市场、社会的职责范围，管了许多不该管、管不了也管不好的事情。再如，政府角色主次不分，按照市场经济发展的要求，政府应当侧重于抓大事、要事，侧重于宏观调控，而实际工作中，政府的规划、调控、监督功能往往过弱，一些企业为了赚取更多的利润，通常会最大限度地压低劳动力成本，使劳动者的劳动报酬过低，劳动条件也较为恶劣，而政府为了地方经济发展又对这种状态疏于监管，造成劳资关系的紧张状态。而对一些本应鼓励社会参与的事务却花掉大量的时间和精力。

三是政府角色的缺位。政府角色的缺位，是指政府未能扮演好自己应有的管理者角色，未能履行好自己应尽的职责，即不管不问，没有为企业提供良好的发展环境。政府缺位往往是由于政府错位而引发的问题，是从另一个角度反映了政府的角色偏差。在劳资关系中，政府的缺位表现在：劳动法律法规政策的供给不足；劳动监察不到位；对企业保障制度的监督不够；劳动者作为劳资关系的弱势一方，政府对劳动者的权益保护乏力；等等。政府缺位对劳资关系直接带来不良影响。例如，珠三角近几年出现"用工荒"问题。"用工荒"现象，并不意味着中国的劳动力短缺阶段已经到来，而是制度性因素导致较高的迁移成本，由于不能获得城市户口，外来工受到与城市居民不平等的待遇。主要表现在：就业行业和工种的进入歧视和工资歧视；在养老保险、医疗保险和失业保险等各种福利上的差别待遇；外来工子女就学收费高、入学难等。这种较高的迁移成本的存在，一定程度上限制了农民工的迁移。"用工荒"现象导致劳资关系的不稳定。再如，一些政府官员为了GDP增长过分依赖于雇主而忽视劳动者利益。一些地方政府只注意外商利益，为企业考虑投资环境，却忽视了保护劳动者的合法权益，有的甚至以牺牲工人的合法权益来迎合、满足企业主的利益，出现政府在劳资关系监管方面不作为或作为不力的倾向。这种政府角色的缺位容易导致劳资关系紧张，甚至激化劳资矛盾。

在社会主义市场经济的条件下，在处理劳资关系过程中，政府原来越位的要复位、错位的要正位、缺位的要补位，做到"到位而不越位，正位而不缺位"，才能推进劳资关系走向和谐。

三 政府在劳资关系中的应然角色："主体"向"主导"转变

和谐的劳资关系是和谐社会的基础和重要方面。如何构建和谐的劳资关系？构建和谐的劳资关系，必须具备一定的条件。①完善的劳动法律体系。劳动法律体系应该包括《劳动法》《劳动合同法》等法律法规和具体实施办法，通过法律体系规范劳资关系中劳资双方主体的权利与义务、纠纷解决办法以及政府在劳资关系中的具体职能等内容。②发达的劳动力市场。完善的市场机制和规范的市场行为保证劳资双方自主与平等，劳资双方拥有同等的进出劳动市场的条件。③健全的工会组织。工会应该是劳动者的联合体，能够真正代表劳动者与资方进行谈判，维护劳动者的合法利益。④规范的政府职能。政府在劳资关系中应职能明晰、运转规范。从这些条件出发，构建和谐劳资关系确定的总体思路是充分发挥政府的主导作用，强化劳方与资方的

第五章 珠三角非公企业劳资矛盾调处的宏观视角

主体作用，重视工会的调解作用。[①] 而且，从国内外实践来看，和谐的劳资关系很难在劳资双方之间自动达成，外力的介入被证明是极其有效的。当然，行使这个外力的第三方角色并不都是固定的，就我国社会主义市场经济条件下的劳资关系而言，由政府作为第三方行使外力最为合适。从发达国家的实践看，政府的有效介入也是解决劳资问题的关键所在。

为什么需要政府介入劳资关系的治理？理由何在？"市场失灵"及政府的干预优势是政府介入劳动关系的主要理由。一方面，市场机制并不总是万能的，它也存在自身无法或暂时难以克服的缺陷，这就要求政府在市场失灵的情况下适时干预，以弥补市场这只"看不见的手"的不足。此外，目前我国市场体制还不完善，完全的市场调节不可能实现。为此，必须强调政府在劳资关系调节中的作用，从而建立在政府监督下的劳资关系调节模式。比如常凯提出，"劳资不成熟，公权需介入"，强调行政干预，通过公权力的介入，适度限制雇主的权利以保障劳动者的权利和利益，使个别劳动关系实现相对的平衡和平等，认为中国应建立起一种"政府主导下个别劳动关系调整机制"。[②] 另一方面，政府介入劳资关系又有其独特的优势。第一，政府可以提供劳动政策等宏观规则，弥补单纯依靠市场演化形成的规则不足。由政府来颁布覆盖范围广、影响面大的宏观规则，可以获得规模经济效益；规则也更容易被人们认识，节约人们的信息成本。第二，政府是劳资关系中的第三方，第三方的存在有助于增强劳资双方通过市场自发形成的契约承诺的可信性，使这种合作具有可靠的后盾。稳定的政府本身就为市场交易提供了一种信用和保障，从而为劳资关系

[①] 李洁芳、姜裕富：《构建和谐劳资关系中的政府角色定位——以治理企业欠薪的"开化模式"为例》，《中共浙江省委党校学报》2009年第3期。
[②] 常凯：《劳权保障与劳资双赢——〈劳动合同法〉论》，中国劳动社会保障出版社，2009，第247页。

和谐秩序的形成提供了保障。第三，政府具有强制力，具有处罚权，能对违反劳动政策等宏观规则的行为进行处罚，监督规则的实施。第四，政府具有交易费用优势，有助于解决搭便车、不完善信息市场、逆向选择等问题。第五，政府具有征税权，借助这一权力的行使，政府可以纠正外部效应，调节收入分配，纠正市场失灵。[1]但政府不是万能的，要走出"政府万能"的误区。正如市场会失灵一样，政府也会失灵。以市场机制为基础，辅以有限且有效的政府作用。一方面，要合理确定政府干预劳资关系的边界，以避免政府失灵对劳动关系的扭曲；另一方面，要推动政府职能转变，使政府对劳资关系干预从"划桨"走向"掌舵"，从直接干预走向搭建劳资自治平台的间接干预，以便从根本上保障劳资和谐。

政府劳资关系治理中的应然角色是什么？发挥什么作用？在调处劳资关系中，政府应由过去的"主体"向"主导"转变。在"主体"角色下，政府是唯一的"运动员""划桨者"；在"主导"角色下，政府不是唯一的"运动员"，更多是履行"裁判员"和"掌舵者"的角色。由"主体"向"主导"转变，主要体现两方面的变化。一是参与主体数量的转变。政府不再是劳资关系治理的唯一主体，劳资关系的治理应由过去政府作为唯一的主体向政府、社会组织、公众等多元主体转变。二是政府职能和作用的转变。政府由过去的亲自参与向规范、引导、监管等方向转变。在政府的"主导"角色下，其作用主要体现在如下方面。

1. 政府是劳动法律、制度、政策的"供给者"

法律是社会关系的调整器，法律的主要功能是解决纠纷。预防和调处劳资矛盾需要多方共治，而重要的一点是要通过立法来增强劳动者的力量。增强劳动者的力量，形成相对平衡的劳资关系力量对比态

---

[1] 李杏果：《论政府介入劳资关系的内在逻辑与界限》，《现代经济探讨》2010年第10期。

第五章 珠三角非公企业劳资矛盾调处的宏观视角

势和机制,是预防和消解劳资矛盾的重要对策。劳动者力量的增长不外乎两种方式,即自发式增长与立法保护增长。[①] 在我国的现实情况下,通过国家立法和国家强力来保护劳动者、增强劳动者的力量更为现实。国家和政府通过制定和完善劳动法律,来培育劳动者集体力量的成长,期望实现劳资力量的相对平衡,从而实现"劳资自治,政府调解"的劳资关系法治模式。

增强劳动者力量的法律、制度和政策由谁来供给?可以说,政府,包括中央政府和地方政府是法律、制度和政策供给的唯一主体。因此说,政府是法律、制度、政策的"供给者"。政府作为"供给者"的角色,主要体现在以下几方面。

第一,制定和完善劳动法律法规。依据法律制度对劳资关系进行协调与规范是西方国家处理劳资关系的基本措施。在社会主义市场经济条件下的中国,政府制定和完善劳动法律法规对规范劳资关系、促进劳资和谐显得更为重要。现阶段,对劳资关系进行调整和规范的法律主要是《劳动法》。《劳动法》是一个独立的法律部门,是调整特定劳动关系及其与劳动关系密切联系的社会关系的法律规范的总称。《劳动法》通过平衡雇员和雇主双方之间的权利义务关系达到调整劳动关系的目的,通过规定雇员和雇主双方的权利义务关系,维持双方力量的均衡,并将其纳入法制的轨道。在我国,与劳动关系有关的法律类型主要有:①《宪法》;②《劳动法》《工会法》《劳动合同法》《就业促进法》等法律;③劳动行政法;④地方性法规;⑤行政规章;⑥法律解释;⑦国际劳工公约和建议书等。我国自1995年《劳动法》颁布后,特别是近几年,随着社会的转型及劳资关系特点的变化,我国加快了制定和完善劳动关系法律法规的步伐,逐渐完善了市场经济条件下的劳动关系协调的法律体系,但仍然滞后于现实变化的需要。

---

① 常凯:《劳动关系学》,中国劳动社会保障出版社,2005,第410页。

例如，现阶段，中国的劳动关系正由个别劳动关系调整向集体劳动关系调整转型。个别劳动关系是指个别劳动者与雇主所结成的关系。劳动者和雇主是个别劳动关系的主体，个别劳动关系一般通过书面或口头的劳动合同来确定和规范双方的权利与义务。集体劳动关系又称团体劳动关系，通常指劳动者集体或团体一方与雇主或雇主组织就劳动条件、劳动标准以及有关劳资事务进行协商交涉而形成的社会关系。①但我国的《劳动法》《劳动合同法》等法律所规范和确认的劳动关系还是一种个别劳动关系。政府为保证劳动关系集体化转型的规范进行，要着手制定《工会组织法》《集体合同法》《集体争议法》等集体劳动关系法。再如，2008年的《劳动合同法》实施后出现了一些新问题，于是，有人提出要"修法"放松管制。但实际上，根本的问题不是"修法"，而是需要坚持实施《劳动合同法》，并在此基础上推行更加完善的《劳动基准法》《集体合同法》《集体争议法》等配套法律。但《劳动合同法》出台和实施后的配套法律跟不上，导致劳资矛盾呈现"井喷"状态。

依据调查，劳资矛盾呈高发态势，其中一个重要原因就是现行劳动法律法规体系及相关政策不够完善。表现在：立法缺位，法规与政策不配套，法律法规过于原则而缺乏可操作性，内容庞杂，规章、复函乃至政策与法规冲突，等等。这使得用人单位与劳动者，乃至行政主管部门、法院等各方主体在处理劳动关系中出现问题，引发劳资矛盾。例如，近几年，珠三角地区企业主欠薪逃匿现象时有发生，各级政府也高度重视，但工作中也遇到了不少困难和问题。由于现行《刑法》没有直接适用欠薪逃匿行为的条款，预防和威慑企业主欠薪逃匿的法律武器缺失，致使目前政法机关只能通过合同诈骗、逃避应缴税

---

① 常凯：《劳动关系的集体化转型与政府劳工政策的完善》，《中国社会科学》2013年第6期。

第五章 珠三角非公企业劳资矛盾调处的宏观视角

款、虚报注册资本、隐匿财务会计凭证等罪名进行调查取证，不仅耗时费力，而且缺乏足够的震慑力。为此，针对企业主欠薪逃匿的问题，相关部门、人员和学者呼吁政府要完善相关立法。一是建议在《刑法》中增设恶意欠薪罪，借鉴韩国和我国香港地区的做法，明确恶意欠薪逃匿是犯罪行为，必须承担刑事法律责任，增强法律的威慑力。二是建立个人破产制度。参照国外的做法，制定个人破产的相关法律，将个人破产纳入法律调整的范围。同时，修改《企业破产法》，减少破产程序，降低受理门槛。三是建议最高人民法院对恶意欠薪逃匿行为如何适用《刑法》定罪处罚做出司法解释。

构建和谐劳资关系，必须制定出相对完备的、符合本国国情的、具有可操作性的劳动法律体系，并采取相应有效的手段保障劳动法律制度的实施，这是构建和谐劳资关系的前提。一个国家的劳资关系是否和谐发展，首先要看政府的法律是否能够保障劳动者个人的合法权益。在我国，这几年劳动者开胸验肺、跳楼讨薪等极端事件的发生，反映了我国劳动者个人合法权益保护的严重不足。政府必须尽快完善相应的法律法规保障劳动者的个人合法权益，并进行制度规范。政府是唯一能通过立法改变劳资关系制度规则的实体。政府要依据新时期劳资关系的新特点，修改、补充和完善劳资关系法律规范，使处理劳资关系有法可依、有策可循，从源头上减少劳资矛盾。

第二，完善和规范劳资关系相关制度。政府主要从宏观和微观两个方面提供完善的劳资关系法律制度。宏观层面的制度主要是通过国家法律的形式表现出来的行政法规和规章，可以作为调整劳资关系的基本依据以及劳动纠纷仲裁和诉讼的判断依据。前文所论述的属于宏观层面的法律法规。除此之外，政府还可以从微观层面完善和规范劳资关系相关制度，即在国家法律、法规和规章的范围内，为和谐劳资关系的构建提供各种制度安排。微观层面的制度可以是政府提供，也可以是劳资关系实践中的经验提升，还可以是各地政府制度创新的成果。完善和规范劳资关系相关制度，主要是针对现阶段劳资关系处理制度的低效性或滞后性而提出的。在珠三角地区调研期间，现有的"自愿调解，一裁两审"劳动争议处置制度遭到诟病。有人认为，现有的劳动争议处置制度程序繁杂、期限冗长，极不利于争议的及时解决，而且增加了劳动者的负担。此外，仲裁前置作为必经程序，由于人少案多而使仲裁机构不堪重负。而且，由于仲裁机构没有封查、扣押和先予执行财产的权力，对于拖欠工资、拖欠社保费的企业，劳动保障部门即使及时作出行政处理，但如果企业逾期执行的，劳动保障部门也只能在3个月的诉讼期满后才能申请强制执行，这就给一些用人单位提供了转移财产的时间，延长了争议处理周期，由此造成争议长时间未能解决，不利于及时保护劳动者合法权益。为此，呼吁政府要创新仲裁审判模式，应对现行劳动争议处置体制进行改革，可以考虑建立"或裁或审，各自终局"的新模式，在尊重当事人意思自治的基础上由当事人自主选择劳动仲裁或法院诉讼，这不仅可以分流案件，还有利于高效率、高质量地审结劳动争议案件。对于此类滞后或不完善的处理劳动关系的制度，政府有责任及时修改并完善。亨廷顿认为，"道德和谐与互惠互利分别是政治共同体的两个方面。……在一个复杂的社会里，维系共同体所需要的第三个因素就是建立起能包容并能反映道德和谐性和互惠互利性原则的政治机构"。[①] 因此，在社会转型的过程中，创设一个能够承载并反映道德和谐、互利互惠性价值原则的政治制度至关重要。[②]

第三，制定和完善劳工政策。所谓劳工政策（Labor Policy），是指以工资劳动者（劳工）为政策对象、以解决劳工问题为主要内容的

---

① 〔美〕塞缪尔·亨廷顿：《变化社会中的政治秩序》，王冠华等译，上海人民出版社，2008，第9页。
② 齐凌云：《工会：政党协调劳资矛盾的重要平台》，《兰州学刊》2006年第8期。

第五章 珠三角非公企业劳资矛盾调处的宏观视角

社会政策。劳工政策在我国以往被称为劳动政策。这两个概念既有联系又有区别：劳工政策的对象是劳动者，政策目标是对劳动者权利的保护；劳动政策的对象是劳动过程，政策目标是对劳动过程的管理和规制。劳动政策也涉及劳工权益，但不局限于此，其概念外延较之劳工政策更加宽泛。① 具体而言，劳工政策一般是指由国家向劳动者提供制度化的权益保障和服务，如订立个人劳动合同、工资支付和最低工资保障、组建工会、集体谈判与集体合同制度、劳动执法监察及劳动争议处理制度等，后者包括就业促进、社会保险、个人的社会服务、教育和住房等。政府制定劳工政策的直接目的是保障劳工权益。一个国家为了减少劳资争议，缓和劳资矛盾，必须要有完善的劳工政策。劳工政策本该是市场经济下政府一项基本的社会政策，但改革开放以来我国的劳工政策在政府的政策体系中没有独立的体系和结构，一直是作为经济改革的"配套政策"定位的。现阶段，在当前我国加快经济转型步伐的背景下，劳动关系也发生着由个别劳动关系向集体劳动关系的深刻变化，为适应劳动关系的集体化转型，劳工政策应是我国当下一项重要的制度安排。而政府作为劳工政策的制定者，承担着劳动关系规范者的重要角色。

长期以来，我国的劳工政策存在缺陷，如政策理念不到位、集体劳动法制框架缺乏、劳动者制度化的利益表达渠道不畅通、劳工三权（即劳动者的团结权、集体谈判权和集体争议权）尚不明确等。中国劳工政策面临的最大问题是怎样形成工人利益的代表，使劳资双方在平等的地位上，通过规范化与法制化的手段与途径进行博弈。② 政府制定劳工政策要把握的原则是什么？在劳资关系处理中，政府劳工政

---

① 常凯：《劳动关系的集体化转型与政府劳工政策的完善》，《中国社会科学》2013年第6期。
② 雷晓天、王若晶：《从个别到集体：制度变迁视角下的中国劳工政策转型》，《湖北社会科学》2013年第3期。

策的原则和出发点应该是追求公平而不是追求效率。当然，所谓公平，并不是在劳资之间不偏不倚，而是必须要以保障处于弱势地位的劳动者的利益作为其工作的重心。①

在现阶段，首先，政府制定劳工政策的理念必须转变。要将劳资关系作为最重要的社会经济关系之一来看待。妥善处理好经济发展、社会稳定与劳资关系和谐三者之间的关系。劳工政策的制定与执行要将劳动者的合法权益放在首位。积极搭建利益诉求表达平台，实现劳资之间利益沟通机制的畅通。其次，要认识到，和谐劳动关系是一个动态的多层次的劳动关系系统结构，它包括个别劳动关系、集体劳动关系及社会劳动关系三个层面。要对三个层面的劳动关系进行全面规制，其中，个别劳动关系规制是以劳动合同为中心，以劳工标准执行为重点；集体劳动关系规制是以集体合同为中心，以工会作用发挥为重点；社会劳动关系规制是以三方协商机制为中心，以劳资争议预防为重点。② 现阶段，政府要在原有劳工政策的基础上创新和完善劳工政策，以维护劳动关系的和谐与社会的稳定。

2. 政府是劳动保障的"监察者"

"监察者"是指政府的劳动监察职能。劳动监察是指由劳动行政主管部门对单位和劳动者遵守劳动纪律、法律、规章的情况进行检查并对违法行为给予处罚。③ 劳动监察部门的工作内容包括两方面：一是对所有的用人单位以及劳动者遵守劳动法律、法规和规章的情况进行普遍性的督促和检查；二是对检查中发现的问题进行纠正和处罚。劳动监察的方式主要有常规手段、劳动年审、监察预警和分类控制四大类。针对我国现阶段的劳资关系的实际情况，劳动监察主要是对劳

---

① 常凯：《劳动关系学》，中国劳动社会保障出版社，2005，第409页。
② 雷晓天、王若晶：《从个别到集体：制度变迁视角下的中国劳工政策转型》，《湖北社会科学》2013年第3期。
③ 常凯：《劳动关系学》，中国劳动社会保障出版社，2005，第232页。

第五章　珠三角非公企业劳资矛盾调处的宏观视角

动保障的监察。劳动监察能够维护劳动力市场的正常秩序，规范劳资关系，并能够迅速有效地救济或制裁劳动关系当事人。

　　劳资关系的和谐既依赖于劳动法律体系的完善，更与劳动监察的执行力及效果息息相关。劳动监察工作是防范和处置劳资纠纷的第一防线，直接面对大量劳资纠纷及苗头，是保障劳权实现、减少劳动争议发生的重要环节，对于预防和调处劳资矛盾尤为重要。然而，"徒法不足以自行"。劳动法律的有效执行离不开劳动监察。正如国际劳工局前局长勃朗夏所说："没有监察，劳动立法只是一种道德运用，而不是有约束力的社会纪律。"① 实践证明，强势常态的政府劳资监察不但能够保障弱势劳动者群体的应当权益，也能够促成社会劳资关系趋向稳定。政府必须在完善劳动法律体系及监察制度的同时，强化制度的实际执行力度，促使劳动者个人合法权益保障制度真正地为劳工谋利。从世界各国的实践看，政府历来都是劳动监察的主体，西方近200年的工业化历史中，劳动监察工作都是由政府完成的。其特点是独立于劳资关系之外，以第三者的立场落实国家的劳动政策并监察法律的执行。西方各发达国家在劳动监察实践中相继形成了一套自己的监察体系，一些共性的政府劳动监察权力也被国际劳工组织所承认。相对于西方发达市场经济国家，中国尚缺乏一个相对完善的劳动法制环境及一个真正能够代表工人的工会组织，在这种环境下，政府更不能放松劳动监察工作，而是需要采取有力措施，借鉴西方国家有益的监察模式，加强对企业劳动关系的介入，更好地发挥政府在劳动行政监督方面的作用。

　　劳动监察是政府的一项重要职能。劳动监察的主要内容包括建立健全劳动执法监察的机构队伍；推动劳动合同制度的落实与完善，通

---

① 岳经纶、庄文嘉：《转型中的当代中国劳动监察体制：基于治理视角的一项整体性研究》，《公共行政评论》2009年第5期。

过监督指导工作，保证集体谈判和集体合同制度的实施，为此必须要培育劳资双方主体、工会组织。劳动监察的主要内容就是要保证国家关于工时、工资、劳动安全、劳动保障的强制性规定在劳动中得到资方的普遍遵守。目前的劳动监察工作存在不少问题与缺失。在调研中了解到，存在如下主要问题。第一，部门监管机制不完善。按职能看，工商、税务、劳动和社会保障、海关、金融、公安等部门都有企业监管的职能，但各职能部门对企业监管工作普遍不够重视，没有建立长效、规范的工作机制，各项监管措施不到位，企业劳动监管形同虚设。第二，部门联动机制缺位。监管职能分散，部门之间没有形成有效的联动，工作措施、工作环节没有形成闭环效应，信息情报未能及时共享，较难做到及时预警和事前防范，工作合力无法形成。第三，监管力量不足，人员缺乏。当前，我国劳动争议案件正以年均超过20%的比例猛增，而我国劳动监察员和劳动者的比例是1:20000，但这一比例在发达国家为1:8000。人员缺乏情况在珠三角地区的广东省更为严重。目前，广东省共有企业从业人员5600万名，专职劳动保障监察员不到1700名，专职劳动保障监察员与从业人员比例为1:33000。广东省以全国1/13的监察员人数处理约占全国1/7的监察案件，监察执法长期处于应付处理突发事件"救火队"状态，无法实施有效的预防监控。同时，也存在因地方劳动保障监察部门的物力、人力投入不足而导致的职能弱化和无法作为现象。

为此，就政府作为劳动关系"监察者"的角色提几点建议。第一，政府要高度重视劳动监察工作，将劳动监察工作放在社会治理转型和社会治理走向现代化的高度去认识。第二，充实劳动监察队伍，提高其业务素质。按照国家要求的专职劳动保障监察员与从业人员1:8000的比例配齐监察员队伍。另外，政府要加强对劳动监督人员的培训、教育，提高其业务素质，以适应新形势下的新要求。第三，明确各监察行政部门的职责，完善联动机制，推进劳动保障监察的"两网化"（网络化、网格化）建设，形成工作合力。我国涉及劳动监察的政府部门众多，劳动安全归国家安全生产管理部门监察，劳动者卫生健康保护归卫生部门管理，而劳动合同争议则归人力资源和社会保障部门管理。由于部门众多，需要借鉴联邦制监察模式，明确中央和地方、部门与部门的权责。① 第四，在监察内容上，加强对拖欠工资、企业主欠薪逃匿等突出问题的监察，将可能导致劳资纠纷的潜在危机化解在萌芽状态；同时，适时地开展专项检查和监督，如某一法律法规出台和实施之后的执行情况。第五，在监察对象上，重点加强对中小型企业、劳动密集型企业、经营5年以下的企业、建筑施工企业、制造业等类企业的监管。

3. 政府是集体谈判和三方协商机制的"协调者"

最近几年，跳楼、自焚、报复性杀人等非常态劳资事件时有发生。这些极端性事件的爆发，表明民众利益表达、利益博弈的制度供给匮乏或无效。在当前劳工从个体抗议走向集体抗议，集体意识和集体行动正在形成的背景下，社会如果不能提供有效的制度化渠道，集体抗议就有可能转化为集体暴力，这将给社会带来巨大的风险。集体谈判与三方协商可谓规避这种风险的一种重要的制度安排。

集体谈判是指工人通过自己的组织或代表与相应的雇主或雇主组织为签订集体合同进行谈判的行为。② 更具体地说，集体谈判是企业雇员以集体方式，就企业薪酬、待遇、劳保等关系职工切身利益的事宜，与企业雇主展开有组织谈判的行为和制度，它是劳动力市场机制有效运行的重要保障，是维护雇员利益、协调劳资关系（避免矛盾发展到不可收拾、两败俱伤的地步）的重要机制。③ 集体谈判是市场经

---

① 张波：《劳资关系中政府定位的应然选择与国际借鉴》，《甘肃社会科学》2010年第5期。
② 常凯：《劳动关系学》，中国劳动社会保障出版社，2005，第274页。
③ 燕继荣：《集体谈判：正常协商与博弈的平台》，《同舟共进》2011年第4期。

济国家劳动关系制度的核心。从发达国家实践看，集体谈判为劳资问题的解决提供了路径。一般来说，集体谈判是围绕着劳动条件的改善和劳动关系处理原则展开的，其内容包括与劳动者权益密切相关的劳动条件、劳动标准等问题。集体谈判的主体一般由雇主、雇员构成。但当集体谈判出现争议陷入僵局，最后谈判破裂时，我国规定，在集体协商过程中发生争议，双方当事人不能协商解决的，可以向劳动保障部门申请协调，由劳动保障行政部门组织工会和企业组织等三方面人员共同协调处理。

三方协调机制是指政府（通常以劳动部门为代表）、雇主和工人之间，就制定和实施经济与社会政策而进行的所有交往和活动，即由政府、雇主组织和工会通过一定的组织机构和运作机制共同处理所有涉及劳动关系的问题，如劳动立法、经济与社会政策的制定、就业与劳动条件、工资水平、劳动标准、职业培训、社会保障、职业安全与卫生、劳动争议处理以及对产业行为的规范与防范等。[①]我国劳动关系三方协调机制，是指政府劳动保障部门、工会和企业代表组织，按照一定的制度、规则和程序，主要就劳动法规、政策的制定与实施等劳动关系领域的重大问题进行协商，共同处理劳动关系而形成的组织体制和运行机制。中国的三方协商机制形成于 20 世纪 90 年代早期。三方协商机制产生的根源是劳资关系的激化和社会民主进程的加快。在中国社会转型期，建立由政府、工会组织和雇主组织组成的三方协商机制，有利于促进劳资之间通过协商、对话解决矛盾和冲突，实现劳资关系协调发展。

政府在集体谈判和三方协商机制中扮演什么角色？发挥什么作用？当然，不同国家的不同时期，角色会以不同的形式表现出来。Bellace 分析了工业化不同阶段政府在劳资关系中的角色。他认为，工业化早

[①] 程延园：《劳动关系》，中国人民大学出版社，2011，第 282 页。

第五章 珠三角非公企业劳资矛盾调处的宏观视角

期,政府敌视劳工运动,其角色表现为劳工运动的合法镇压者;工业化中期,政府对劳工逐渐温和;工业化后期,政府采取新自由主义的政策,主张让市场做主导,政府进行"协调辅助"。[①] 政府作为劳资关系集体谈判的协调者,是发达国家政府在劳动关系中的应然角色。一般来说,政府在三方协调机制中的作用主要表现在两方面。一是平衡协调作用。政府是雇主组织和劳工组织两个群体利益矛盾的调解者。在三方协商过程中,一般是由雇主组织和劳工组织对有关劳动关系问题进行协商,政府起着协调和平衡作用,如果双方在涉及根本利益的重大问题上意见不一致,政府则应采取多种方式,进行协调和平衡,促使双方合作,达成协议。二是服务作用,即政府要为劳动关系的协调创造条件和提供服务。包括通过立法,建立完整的劳资关系法律体系,为劳资关系的法律调整提供依据,制定标准;为劳资关系双方进行义务培训,组织国际合作和交流等。但目前政府在集体谈判及三方协商机制中存在一些问题。主要表现在如下方面。一是三方协商机制中的政府越位。"中国三方机制存在的最主要或者最本质的问题是,政府的越位与专权、雇主组织的缺位与嬗变、工会的脱位与畸弱。"[②] 在三方协商机制中,雇主和雇员是矛盾的双方,政府作为"中间人",本应具有独立的身份,但在具体实践中,政府不是充当雇主的角色,就是主导工会的行为,常常"越位",无法在效率与公平的二维空间里找到自己的坐标和平衡点。二是把"维稳"作为争议处理的高调标准。当集体谈判出现争议陷入僵局时,政府往往采用过激手段或对一些抗议行动进行简单定性,把抗议行动消灭在萌芽状态以维护社会稳定。

[①] 张波:《劳资关系中政府定位的应然选择与国际借鉴》,《甘肃社会科学》2010年第5期。
[②] 常凯:《劳动关系学》,中国劳动社会保障出版社,2005,第342页。

政府在集体谈判和三方协商机制中要扮演好"协调者"的角色。第一，政府处理争议的目标需要调整，应将目标从维持"无抗议"的稳定调整为"有组织的抗议"。就目标来说，有三种状态供政府选择："无抗议"、"有组织的抗议"和"无组织的抗议"。在利益结构分化的情况下追求第一种状态极不现实，所以，世界上大多数文明政府都在第二和第三种状态之间选择了"有组织的抗议"作为社会管理目标的逻辑起点。[1] 政府选择"有组织的抗议"目标，就应当为劳动者提供利益诉求表达的制度性平台，健全规范的劳资协商和对话机制，引导劳资双方以理性、合法的形式表达自己的利益诉求。第二，政府的角色和职能需要重新设定，应从"当事人"转到"仲裁人"角色。在计划经济时代，政府直接管理经济，政府从一开始就扮演了既是社会"当事人"又是社会"仲裁人"的双重角色。随着民营和外资企业的发展，劳资矛盾的加剧，政府应退回到"仲裁人""第三方"的角色，在集体谈判和三方机制中真正起协调辅助的作用。一个明智的政府不应该动辄以当事人的身份卷入矛盾之中，而是要以"第三方"的身份来协调矛盾。在劳资关系发展的不同阶段，政府的角色应随之转换。面对"底线型"利益纠纷，政府扮演的是监督者和执法者的角色，面对"增长型"利益纠纷，政府扮演的是协调者的角色。[2] 在此，协调不是行政命令，政府作为劳资集体谈判协调人，其干预协调的地位是有限的。政府的这种协调还要以劳资双方的自由集体谈判为前提，对集体谈判的协调，政府也主要是采用间接性的宏观引导，如规定最低工资、提高工人的福利待遇等。只有当劳资双方不能达成一致协议时，政府才介入集体谈判，但政府的介入也并不是无限制的，行政权力的

---

[1] 燕继荣：《集体谈判：正常协商与博弈的平台》，《同舟共进》2011 年第 4 期。
[2] 蔡禾：《从"底线型"利益到"增长型"利益——农民工利益诉求的转变与劳资关系秩序》，《开放时代》2010 年第 9 期。

原则在于在遵循市场规律的前提下,最大限度地保护劳资双方的合法权益。

4. 政府是劳动争议的"调解者"

劳动争议,也叫劳资争议,是指劳资关系当事人之间因为对薪酬、工作时间、福利、解雇及其他待遇等工作条件的主张不一致而产生的纠纷。在我国,具体指劳动者与用人单位之间,在劳动法调整范围内,因适用国家法律、法规,订立、履行、变更、终止和解除劳动合同以及其他与劳动关系直接相联系的问题而引起的纠纷。[①] 根据劳动争议性质的不同,劳动争议可分为权利争议和利益争议;根据劳动争议的当事人分类,可以分为个别争议和集体争议。所谓权利争议,是指基于法律、集体合同或劳动合同之规定,当事人主张权利存在与否或有无受到侵害或有无履行债务等发生的争议。所谓利益争议,是指当事人对于将来构成彼此间权利义务之劳动条件,主张继续保持现存条件或应予变更调整而发生的争议。权利争议的形式可以是个别争议,也可以是集体争议,利益争议的形式通常都是集体争议。[②] 劳动争议处理方法分为一般调整方法和紧急调整方法。一般调整方法又可以具体分为协商、斡旋、调解、仲裁和审判。[③]

劳动争议调解制度是劳动争议调解机构或组织依照法律程序,通过与劳动争议当事人进行协调,以促使当事人自愿达成互相礼让的协议,从而解决劳资纠纷的一种法律制度。建立和完善劳动争议处理制度,对公正及时处理劳动争议,建立和谐稳定的劳动关系,保护劳动者合法权益有重要意义。在发达国家,劳动争议调解机构或组织可以是独立机构,也可以是政府行政部门、政府劳动部门或法院。但不管

[①] 程延园:《劳动关系》,中国人民大学出版社,2011,第303页。
[②] 常凯:《劳动关系的集体化转型与政府劳工政策的完善》,《中国社会科学》2013年第6期。
[③] 程延园:《劳动关系》,中国人民大学出版社,2011,第308页。

是何种组织的劳动争议调解,政府的调解作用都是不可或缺的。

政府在劳动争议调解中,如何更好地扮演"调解者"的角色?第一,政府要转变观念,对待劳动争议,不是压制,而是提供疏导平台。正如《国语·周语上》中所言,"为川者决之使导,为民者宣之使言"。政府要通过设立调解机构,建构劳资对话渠道,让劳工的诉求通过正常的渠道提出,充分发挥政府在调解工作中的作用。可发挥近几年初步建立的包括企业劳动争议调解委员会、基层人民调解以及乡镇、街道设立的具有调解职能的组织在内的多层次的劳动争议调解网络的作用,[①] 预防和疏导不满情绪,以和平解决劳动争议,避免劳资冲突升级。第二,要发挥劳动争议"裁判者"的作用,在调解和裁决中恪守中立的立场。当劳资双方的自我协调不能实现时,要及时进行干预,支持合理诉求。面对劳动争议或劳资纠纷,政府应"秉公、中立、居间协调",既不寻求采用"施压"或"收买"的手段来恢复秩序,也不派警力前去压制参与者或拘捕组织者,不让自己成为工人的"对立面"。我国的劳动关系专家常凯以自身的经历和经验得出结论:"对于政府而言,劳资集体争议发生后,政府不要急于强制工人复工,也不要去压制企业提薪,而是作为第三方协调人的身份为劳资的协商谈判创造条件。其中南海本田事件即是一个成功处理的典范。在南海本田事件中,笔者作为罢工工人的法律顾问,参与了集体谈判的全过程。在南海区劳动部门的主持下,该谈判持续了6个多小时,最终达成企业提薪34%的协议,结束了持续17天的集体行动。南海本田事件的处理模式,成为当时广东各地处理集体争议事件的典范样本。"[②] 第三,要不断探索劳资争议处理制度的创新之路。如鉴于集体劳动争

[①] 罗燕、高贝:《我国群体性劳动争议的诉求与处理路径》,《华南农业大学学报》(社会科学版)2013年第1期。

[②] 常凯:《劳动关系的集体化转型与政府劳工政策的完善》,《中国社会科学》2013年第6期。

议处理机制的缺乏，政府要加快建立健全有别于个别劳动争议的处理机制，为集体劳动争议的处理提供解决之道。可建立由某个政府部门牵头、多部门联动的处理机制，或建立跨地区集体争议联动处理机制，实行外来工劳动争议案件快立、快调、快审、快决制度，增强外来工对社会公平正义的感受，为构建和谐劳资关系打下基础。

第二节 工会：应突出"维护"职能

劳资关系的协调、劳资矛盾的解决是一项复杂的社会工程，涉及多个方面，需要各方协调和相互支持。工会是劳动关系制度的基本要素之一，在协调劳动关系、化解劳资矛盾、稳定员工队伍、规范劳动关系、推进劳动关系走向制度化过程中扮演着重要的参与者和监督者的角色。

一 工会是劳资关系中的三方主体之一

工会这个词从字面上看，是指具有共同技艺或技术的劳工的结合。工会的含义从不同的角度有不同的理解。例如，著名的工联主义者韦伯夫妇将工会定义为："工会者，乃工人一种继续存在之团体，为维持或改善其劳动生活状况而设者也。"[1] 劳动经济学将工会定义为："工会是一种集体组织，其基本目标是改善会员货币和非货币的就业条件。"[2] 马克思主义者则更多从工会的社会政治作用方面给工会下定义。恩格斯指出："通过工会使工人阶级作为阶级组织起来。而这是非常重要的一点，因为工会是无产阶级的真正的阶级组织。"[3] 而国际

---

[1] 〔英〕韦伯夫妇：《英国工会运动史》，陈建民译，商务印书馆，1959。
[2] 〔美〕罗纳德·伊兰伯格、罗伯特·史密斯：《现代劳动经济学》，潘功胜等译，中国劳动出版社，1991，第422页。
[3] 《马克思恩格斯选集》第3卷，人民出版社，1995，第323页。

劳工组织对工会组织的界定更强调组织工会的目的性，把雇员组织工会的权利与集体谈判权及罢工权作为一个整体来看待。英国新马克思主义学者海曼认为，工会是一个代理机构和权力中介，它的主要目的是允许工人对他们的雇佣条件施加集体控制，迫使雇主在制定政策和做出决策时对工人的利益和优先权加以考虑，而这种集体控制是个体工人所不能拥有的。[1]

工会是市场经济体制下劳动关系矛盾运行的产物。虽对工会的概念有不同的理解和阐述，但一般来说，工会组织的一般要义在于：工会因劳动关系冲突而产生；工会以维护会员利益为首要职能；工会以集体谈判为基本手段；工会由雇员自愿结合而成并代表会员意志。综合以上几点，可以一般性地认为，工会是市场经济条件下，雇员为改善劳动和生活条件而在特定工作场所自主设立的组织。[2] 由此来看，工会，顾名思义，是工人阶级自己的组织，是劳动者利益的代表，核心是维护工会会员的利益。工会的类型形形色色，若按工会的组织模式划分，可分为企业工会、职业工会、产业工会、区域工会等。

工会最早产生于18世纪末19世纪初英、法、德、美等工业革命启动较早的国家。工会是随着工人运动的发展，工人阶级为了维护自身利益，与资本家进行斗争的产物。在中国，工会萌芽于辛亥革命时期。中国共产党成立后工会组织初步发育，此时，工会发挥着支持革命，推翻反动政权的功能。新中国成立后，特别是社会主义改造基本完成后至改革开放前，为适应计划经济的社会和政治要求，中国工会组织的发育成长受到抑制和规制，工会组织与单位行政系统形成了嵌入式的结合，并实际上成了政府的延伸。改革开放后，工会组织伴随着经济的腾飞得到了长足发展。中华全国总工会发布的《2012年工会

---

[1] 刘泰洪：《劳资冲突与工会转型》，《天津社会科学》2011年第2期。
[2] 常凯：《劳动关系学》，中国劳动社会保障出版社，2005，第180页。

组织和工会工作发展状况统计公报》显示，截至2012年9月底，全国基层工会数量达到266.3万个，比上年增加34.4万个，增长14.8%。其中，企业工会达203.6万个，占76.4%，比上年增加33万个；全国工会会员达2.8亿人，全国职工入会率为80.1%。① 可以说，中华全国总工会毫无争议地成为目前世界上最大的工会组织。在全国2.8亿名会员中，农民工会员为1.09亿人。② 工会组织在数量上得到长足发展的同时，计划经济时代遗留下来的工会组织的问题也逐渐暴露出来。有些学者早已开始讨论工会组织问题，如20世纪90年代初期之后，关于工会是社会功能组织的讨论热烈起来。英国学者Jeanne L. Wilson和澳大利亚学者Anita Chan以社会法团主义为视角，对处在变革中的中国工会进行了研究。在他们看来，与其说中国工会是利益代表组织，不如说是社会功能组织。③

那么，在企业劳资关系中，工会的角色和作用是什么？

第一，工会是集体劳权的主体，是劳动者利益的代表者，代表和保护劳动者的利益。市场经济是一种社会关系，构成这类社会关系的基础是雇佣劳动关系。正如马克思和恩格斯指出的，"资本和劳动的关系，是我们全部现代社会体系所围绕旋转的轴心"。④ 在雇佣劳动关系中，劳动者作为个体，无法与雇主建立一种力量平衡的劳动关系，也无法凭借个人的力量来实现和保障自己的权利。正是由于"强资本、弱劳动"的客观存在，工会将单个分散的劳动者联合起来，组成利益团体，运用组织的力量维护劳工自身利益，这也就是我们所讲的

---

① 中华全国总工会研究室：《2012年工会组织和工会工作发展状况统计公报》，《中国工运》2013年第7期。
② 樊曦、齐中熙：《中国工会会员总数达到2.8亿》，《中华工商时报》2013年10月12日。
③ 冯同庆：《中国工人的命运——改革以来工人的社会行动》，社会科学文献出版社，2002，第131页。
④ 《马克思恩格斯选集》第2卷，人民出版社，2012，第70页。

集体劳权。①工会是集体劳权的主体,对劳动者有代表性和代表权,代表和保护劳动者的利益。马克思指出,争取和保护工人阶级的利益,是工会产生和一切活动的宗旨。列宁指出,工会的主要任务是维护劳动者最直接、最切身的利益。毛泽东指出,工会是保护工人利益的堡垒。邓小平指出,工会是工人自己的组织,是工人信得过的、能替工人说话和办事的组织。工会作为为会员群众谋取利益的权益维护团体,主要职责是维护工人利益。工会的存在大大提高了劳动者的组织化程度,也增强了劳资博弈过程中的劳方力量。

第二,工会是企业相关行为的监督者,推动企业行为走向规范化。监督主要表现在如下方面。一是对企业用工行为的监督。企业的用工行为是否规范、是否符合法律要求,是预防劳资纠纷、调处劳资冲突要解决的首要问题。如果企业用工行为不规范,便易引发群体性劳资冲突。工会是企业用工行为的监督者,应主动监督企业用工行为的规范性,找出可能引发劳资冲突的隐患,并通知和跟踪企业予以改正。工会对企业用工行为的监督包括工资支付是否及时足额、是否与劳动者订立劳动合同、劳动合同的订立是否规范、是否为劳动者依法办理各类保险、劳动合同变更是否与劳动者协商一致、加班是否经过工会和劳动者同意、裁员是否履行法定程序等。二是对企业劳动条件和劳动安全的监督。《工会法》第二十三条规定:"工会依照国家规定对新建、扩建企业和技术改造工程中的劳动条件和安全卫生设施与主体工程同时设计、同时施工、同时投产使用进行监督。对工会提出的意见,企业或者主管部门应当认真处理,并将处理结果书面通知工会。"② 对企业违反规定,不提供符合国家要求的安全卫生条件的,工会应代表

---

① 集体劳权,即通常所说的"劳工三权",具体包括劳动者的团结权、集体谈判权和集体争议权。
② 2001年《工会法》。

第五章　珠三角非公企业劳资矛盾调处的宏观视角

职工与企业交涉；对于拒不改正的企业，工会可以请求当地人民政府运用政府强制力依法作出处理。由此，工会作为职工利益的维护者，应监督企业的相关行为，在监督中推动企业行为走向规范化。

第三，工会是劳资双方的桥梁和纽带，起到缓解劳资矛盾的作用。中国工会第十六次全国代表大会修改后的《中国工会章程》指出，"中国工会是中国共产党领导的职工自愿结合的工人阶级群众组织，是党联系职工群众的桥梁和纽带"。这种桥梁和纽带作用正如列宁概括的"传动装置"作用。列宁认为，工会是政党与阶级之间的"传动装置"，发挥着"传送带"的重要作用，工会这一"传动装置"的作用发挥得好坏，直接影响到社会主义建设事业。"正像一家拥有优良发动机和头等机器的最好工厂，如果发动机和机器之间的联动装置坏了，那就不能开工，同样，如果共产党和群众之间的联动装置——工会建立得不好或工作犯错误，那我们的社会主义建设就必然要发生事故。"① 也正因如此，列宁强调必须同工会保持联系，强调工会必须广泛地联系群众，通过发挥工会的功能保持政党与工人之间的联系。中国的工会自成立以来，发挥了较好的桥梁和纽带作用。在企业劳资关系中，工会可谓沟通资方与劳方的桥梁和纽带。工会通过下班组、访职工、开座谈会了解职工的真实情况，倾听职工的呼声和意见与建议，及时发现和解决存在的问题，为资方和劳方之间搭起沟通的桥梁，一定程度上发挥了"缓冲器"的作用，缓解和分担来自基层职工的压力，缓解劳资之间的紧张关系。

二　工会在劳资关系中的尴尬及困境

1. 工会已有的适应与变化

"工会是职工自愿结合的工人阶级的群众组织。""维护职工合法

---

① 《列宁选集》第33卷，人民出版社，1957，第162页。

权益是工会的基本职责。"① 自改革开放以来，特别是近年来，工会在主体地位、维权职能等方面都在逐渐改变。表现在：主体地位由准行政机关向群众组织转变；角色由国家、企业利益代表者向职工利益代表者转变；基本任务由发放福利物品向劳动维权转变。② 改变的总体方向是朝维护职工合法权益方面不断迈进。工会的改变集中体现在如下几个方面。

第一，工会职能趋于明确。职能是一事物或组织因其本质特性所发挥的功能或所起的作用。③ 围绕工会的职能问题，经历了一个探索过程。对工会职能的定位由建立初期的以生产为主、生活教育为辅向当今维护职工的合法权益转变。1950年的《工会法》规定了中国工会的性质是工人阶级自愿结合的群众组织，1953年中国工会七大制定了"以生产为中心，生产、生活、教育三位一体"的工会工作方针。④ 这种工会体制在组织群众性生产运动中曾经发生过积极作用，但它忽视工会在劳动关系体制中的特殊地位和特殊作用，难以解决工人群众迫切需要解决的问题。改革开放后的1988年中国工会十一大通过了《工会改革的基本设想》，提出了"维护、建设、参与、教育"的新时期工会的四项社会职能。第一次将"维护"明确规定为工会的职能。但这一维护职能在实际中没有得到真正体现。2001年修改后的《工会法》第六条明确，"维护职工合法权益是工会的基本职责"。2013年10月中国工会第十六次全国代表大会部分修改后的《中国工会章程》也明确，"中国工会的基本职责是维护职工合法权益"。从这一过程看，关于工会的职能问题经历了一个探索的过程，经过探索和总结，工会职能越来越趋于明确。

---

① 2001年《工会法》第二条、第六条。
② 杨正喜、唐鸣：《工会：我国农民工维权之组织选择》，《农村经济》2007年第6期。
③ 常凯：《劳动关系学》，中国劳动社会保障出版社，2005，第180页。
④ 常凯：《劳动关系学》，中国劳动社会保障出版社，2005，第185页。

第五章 珠三角非公企业劳资矛盾调处的宏观视角

第二，企业工会组织率提升。从新中国成立初期一直到改革开放后的一段时间，由于受计划体制下工会制度的影响，工会的"利益代表"和维权职能基本没有得到体现，工会在社会中更多地担当了丰富职工业余生活，为他们解决生活困难的任务。改革开放后的较长时间里，在企业中，特别是在非公有制企业中出现"三低"现象，即工会组织的信任率低，工会组建率低，会员入会率低。进入20世纪90年代，尤其是近几年，随着市场化改革不断深入，工人与资本的关系日趋紧张，由此引发的劳资矛盾日渐增多。工会组织作为协调劳资矛盾冲突的重要机构，应在维护劳动者权益、协调企业内部关系方面发挥重要作用。此外，政府也需要工会在解决劳动争议方面发挥更多的作用。2010年的中华全国总工会第十五届四次执委会议上，王兆国主席提出了推动企业依法普遍建立工会组织、依法普遍开展工资集体协商（简称"两个普遍"）的要求。[①] 在这些内外因素的综合作用下，近年来的企业工会组织率在提升。在"您的企业有工会吗？"这项调查中，74.1%的人回答"有"、14.4%的人回答"无"，还有11.5%的人回答"不知道"。可看出，大多数企业已经组建工会，组织率大幅提升。

第三，工会发挥的作用有所增强。长期以来，工会的作用被广大民众看成"无所不能"而又"无所能"。"无所不能"是说工会什么都能管，"上管天文地理，下管鸡毛蒜皮"；"无所能"是说工会在维护职工的权益方面很难真正发挥作用。因此，工会组织的职能和作用一直备受诟病。20世纪90年代末以来，工会在维护职工权益、协调劳动关系和工会自身建设等方面不断有所作为，工会先后推动和参与制定有关维护职工和工会权益的法律、法规和各项政策规定，工会直接参与了《工会法》、《安全生产法》、《职业病防治法》、《工伤保险条例》和《劳动合同法（草案）》等法律法规的起草和制定工作。尤

[①] 参见王兆国在中华全国总工会第十五届四次执委会议上的讲话。

其是以2010年的南海本田事件为重要标志，企业工会在职能定位、运行机制、工作方式等方面都比此前有较大的变革与创新，工会在履行职责、发挥作用方面有所改善，民众对工会的信任度也在提高。在"员工与企业的纠纷，找企业工会能解决问题吗？"这项问卷调查中，22.9%的人回答"能"、30.8%的人回答"有些能"、12.3%的人回答"不能"、34.0%的人回答"不清楚"。由此来看，工会发挥的作用有所增强，工人对工会的认同度正在提升。

2. 工会组织的尴尬及困境

第一，工会组织的行政化。工会组织就其本来的性质而言，是工人自愿组织而形成的工人阶级的群众组织，属于社会团体。而现有的工会组织更像是一个行政化组织。工会组织的行政化主要是指工会在其组织、运行、活动等方面很大程度上受到政府或企业行政的控制和制约。学者赵军认为，企业工会行政化是指企业工会在其组成人员、运行程序、活动内容等方面受到行政化力量（包括政府和企业）控制，不能独立行使自己的职能，达到既定目的，而成为行政力量附属品的现象。① 工会组织的行政化体现在两方面。一是工会组织的行政建制。《工会法》第十四条规定："中华全国总工会、地方总工会、产业工会具有社会团体法人资格。基层工会组织具备民法通则规定的法人条件的，依法取得社会团体法人资格。"工会组织属于社会团体，但中国自实行计划经济以来就将工会组织纳入国家的政治体制，其在政府组织序列中享有相应的行政级别，这就使工会组织实际上成为一个官僚政治团体。工会干部也由政府任命，并赋予不同的行政级别，工会自身没有人事权。工会的这种行政建制一直延续至今。将工会组织纳入国家属性的建制格局中，工会更多地成为国家的一个工具，它

---

① 赵军：《浅析我国企业工会的行政化现象》，《湖北经济学院学报》（人文社会科学版）2013年第10期。

首先要服从国家的目标，而不是工人的利益。当然，在计划经济时代，当国家目标与工人利益基本一致的时候，这种冲突并不明显。但随着市场化改革的推进，工会这一角色的内在张力会将工会置于一种尴尬的境地，致使工会维护工人利益功能失衡而在劳资纠纷协调中难见成效。二是组建工会的法律主体错位。按照法律规定，工会是劳动者为了维护自身的合法权益而自发成立的组织，因此，组建工会的法律主体应是劳动者。但从现阶段大多数实际情况看，我国企业工会组建过程中，组建工会的主体大都是政府、上级工会及企业主，工会的各级负责人是由政府或企业主任命。虽然《工会法》第九条规定"企业主要负责人的近亲属不得作为本企业基层工会委员会成员的人选"，但现实中，地方工会对此并无真正的要求，企业主任命自己的亲信或亲属为工会主席才更放心。这就是常说的"老板工会"。2012年深圳对72家企业工会的一项调查发现，企业负责人，包括厂长（总经理）、副厂长（副总经理）、人力资源部门负责人任工会主席的占48.4%，兼任其他厂级正副职务的占16.7%。这种"老板工会"与工会的基本性质是不相符的，它们的地位、立场与普通职工的利益存在冲突，不能充分履行工会的职责。[①] 工会大多数还不是由企业劳动者直接选举产生，劳动者没有自由组建工会的权利。显然，组建工会的法律主体存在错位现象。这种错位使工会要么为政府控制，要么沦为资方的附属物，难以代表和维护劳动者的利益，工会组织不可避免地成为"摆设"。在问卷调查中，当问及"您认为，您所在企业的工会是代表哪方利益的？"时，有44.19%的工人认为"代表企业利益"或"代表老板利益"。常凯在《工会何为》一文中指出，目前的中国工会仍然是一种官方性质的行政化组织，工会干部的产生主要还是"任命制"和

---

① 中国工人杂志社：《把权力交给工人——深圳市总工会副主席王同信专访》，《中国工人》2013年第5期。

"委派制",而不是由工人选举,这种状况决定了工会在劳动关系中难以真正向会员负责,而只能向委派或任命他们的上级负责。[1] 三是工会缺乏经济独立性。工会之所以能够缓和劳资矛盾、平衡劳资双方关系、维护劳动者合法权益,一个重要基础是工会经费的独立性。根据《工会法》第四十二条规定,工会经费的来源包括"工会会员缴纳的会费;建立工会组织的企业、事业单位、机关按每月全部职工工资总额的百分之二向工会拨缴的经费;工会所属的企业、事业单位上缴的收入;人民政府的补助;其他收入"。而实际上,企业工会经费来源渠道较少,资金到位不多。在课题调研中,通过对部分工会主席或委员的访谈了解到,企业工会经费的来源一般来说主要包含两个渠道。其一,工会会员缴纳的会费。加入工会的会员,会费按照国家规定的每月工资的0.5%的标准上缴。其二,企业给工会拨缴的经费。国家规定的标准是要按照该企业每月全部职工工资总额的2%拨缴,但对企业是否按照标准拨缴工会经费缺乏有效的监督机制。现实情况是工会经费常常紧缺,甚至有的企业工会瘫痪,几乎成了无人员、无办公地方、无经费、无活动的"四无工会"。工会经费要通过企业支付,而且工会干部的报酬、福利也是由企业老板支付,他们从企业中领取工资,并享受一定的行政待遇。工会在经济上缺乏独立性,这就导致了企业工会对企业领导和行政主管的高度依赖,形成了中国企业工会的"制度性弱势"。[2] 俗语说"端谁的碗,服谁管",工会组织及工会工作人员在"饭碗"与权利之间往往先考虑"饭碗",导致当劳资双方出现矛盾时,工会在维护职工合法权益问题上往往表现出左右为难、无所适从,不能真正代表工人与资方进行平等协商,以致在处理劳资关系中步履艰难。

---

[1] 常凯:《工会何为》,《南风窗》2005年第23期。
[2] 冯钢:《企业工会的"制度性弱势"及其形成背景》,《社会》2006年第3期。

第五章　珠三角非公企业劳资矛盾调处的宏观视角

第二，工会职能的空壳化。工会职能的空壳化主要是指工会中存在的有形式而没内容或职能缺位、错位、有名无实等不规范现象。近年来，在上级"两个普遍"（即推动企业依法普遍建立工会组织、依法普遍开展工资集体协商）的要求下，企业工会的组建率提高较快，但工会数量的增长并不意味着工会作用的增强，在企业工会中存在大量的数字工会、形式工会、影子工会，工会职能弱化，有名无实、形同虚设，出现工会职能的空壳化。主要体现在以下几个方面。

一是工会职能过于泛化。《工会法》和《中国工会章程》赋予工会组织四项基本职能，即参与职能、维护职能、建设职能、教育职能。具体来说，包括维护职工合法权益；动员和组织职工积极参加建设和改革，努力促进经济、政治、文化和社会建设；代表和组织职工参与国家和社会事务管理，参与企业、事业单位和机关的民主管理；教育职工不断提高思想道德素质和科学文化素质，建设有理想、有道德、有文化、有纪律的职工队伍。《工会法》第六条规定："维护职工合法权益是工会的基本职责。工会在维护全国人民总体利益的同时，代表和维护职工的合法权益。"这表明，中国的工会组织具有"双重维护"的功能。无论是"四项基本职能"还是"双重维护"功能都体现出工会职能过于泛化。组织行为学理论告诉我们，一个组织具有多重角色，容易发生角色冲突。工会职能的定位过于泛化，就难以集中精力履行工会的维权职能，容易导致工会维权职能的虚化和弱化。工会应以为会员谋求工资、就业、安全保障等经济利益为其首要职能。工会在世界各国的产生和发展，都是基于保护劳动者的直接需要。"一个工会主要争取的是较高的工资、较好的工作条件以及有利于工人的法案等这类东西。"[1]

---

[1] 〔美〕曼瑟尔·奥尔森：《集体行动的逻辑》，陈郁等译，上海三联书店、上海人民出版社，1995，第88页。

二是工会工作的错位。工会工作的错位通俗来说是该管的没管，不该管的却浪费大量的时间和精力。在中国企业中，很多工人认为，工会是一个行政部门，而不是群众组织，在企业中工会的作用主要是帮助企业宣传政府的政策，或把工会工作的内容界定为"吹拉弹唱、打球照相"等集体娱乐或搞慰问、发福利、组织旅游、评比颁奖等，对于工会要担当维护职工权益的重大职责知之较少。所以，准确来说，中国的工会是福利型工会，而不是维权型工会。在福利型工会的状态下，主要工作就是发放福利和组织活动，并没有或较少真正起到维护职工权益的作用。在一项"如果您发现企业侵犯您的合法权益，您的选择是"的问卷调查中，只有18.95%的工人选择"向本企业工会投诉"，有40.40%的工人选择"向劳动部门投诉"。工人对工会了解之少由此可见一斑！在访谈中，90%以上的职工认为工会所组织的活动主要是娱乐、健身，因此，可以说工会的维权职能已经错位为发放福利和组织娱乐活动。由于长期以来工会职能的空壳化，一旦发生劳资纠纷，工会难免束手无策。长期的工会工作模式使工会在关键时候"不敢为，不能为"，出现工会工作的"习得性无助感"。[1] 近20年来一直在做全球劳工领域研究的澳大利亚国立大学当代中国研究中心研究员陈佩华指出，总体上说，中国的工会不太知道怎样处理资本主导下的劳动关系，因为老板是不愿意你成立工会的，所以要斗争，可中国工会没有跟资本斗争的经验。[2]

第三，工会地位、作用的弱化。"中国有工会，却又没有工会"，这句话反映了民众对中国工会的评价和工会在民众心目中的地位。一

---

[1] "习得性无助感"是一个心理学概念，指因为重复的失败或惩罚而造成的听任摆布的行为。在此用于描述工会的行为表现，主要是指面对劳资纠纷，工会组织或工会人员表现出来的无可奈何和不知所措的行为，而这种行为又是长期以来工会的组织制度和活动方式等因素综合作用的结果。

[2] 齐林：《"中国式"工会的转型之路》，《中国新时代》2012年第10期。

第五章 珠三角非公企业劳资矛盾调处的宏观视角

些地方政府和企业领导仍把工会当作配合政府、企业各项工作的工具，而忽视其维权职能。广东省工会副主席孔祥鸿曾谈过自己的看法，认为中国工会是执政党主导下的模式，这个模式有法律、体制、经费、人员方面的优势，但也有劣势，就是过度依赖政府和企业，被工人群体边缘化。① 由于工会内部活力不足，维权职能常常缺失，职工对工会组织的认同度普遍偏低。在问卷调查中问及"当权益受到侵害时，您首先求助于"时，回答中首先求助的是"上级主管部门"，占36.63%，选择"企业工会"的占29.04%，选择"相关政府部门"的占28.71%。可看出，在工人心目中，工会发挥的作用不是很大。由于企业工会在职工维权中的不作为，一些地方还出现要求重组工会和建立其他组织维权的倾向。例如，2010年的南海本田工人罢工事件中，"……薪酬标准尚在反复谈判中，5月31日却曝出工会殴打工人的事件，让稍有缓和的劳资矛盾骤然紧张。工人们的集体诉求也从单一的提高工资，转向重组工会、重新选举工会干部"。② 一些工会在维护职工利益方面缺位，为第二工会的出现提供了客观条件，珠三角地区还催生了从事劳动维权的"黑律师"。③

推动工资集体协商，签订集体合同是市场经济环境下工会的一项重要工作，但由于客观条件和工会自身的原因，目前大多数非公企业尚未进行集体协商，工会在集体协商制度中远没有发挥出应有的维权作用，而且工会也没有足够的权力来推行和实施集体协商制度，也较少签订集体合同。即使签有集体合同，也往往流于形式，在集体合同的内容上双方都不重视，只是在职代会上履行一个签字仪式，实际上许多时候不依照集体合同处理劳动关系。"在建立工会组织的单位是

---

① 罗文胜：《〈广东省企业民主管理条例〉台前幕后》，http://www.jttp.cn/plus/view.php?aid=722。
② 《工会的新机会》，《中国新闻周刊》2010年第23期。
③ 刘茜：《珠三角劳动维权催生"黑律师"》，《南方日报》2008年10月27日。

否签订集体合同的问题上,在这 72 家企业工会的调查当中,职工选择已签订集体合同的比例为 36.9%,选择没有签订的比例为 25.7%,对单位是否签订了集体合同不知道的占 37.4%。这个选项与工会主席的回答不一致。工会主席认为单位单独签订集体合同的比例是 59.3%,远远高于职工选择的比例。在职工是否了解最近一次工资集体协商情况的调查中,选择了解情况的占 42.9%,知道一部分情况的占 37.2%,不了解情况的占 19.2%。说明虽然有的用人单位开展了集体协商,签订了集体合同,但员工并不清楚,集体协商形式意义大于实质意义,有的是为了应付上级的检查,对员工的利益影响不大。即使集体协商对职工比较有利,但有的基层工会组织脱离职工,事先没有充分征求工人的意见,事后宣传也往往不足。"[①]"有为者才有位",由于复杂的因素,工会在职工维权中缺位甚至不作为,致使工会地位与作用的弱化成为必然。

三 工会转型与本位回归:突出工会的"维护"职能

1. 工会转型的必然性

所谓工会的转型是指由计划经济体制向社会主义市场经济体制转型过程中,中国工会的运行模式由行政化向市场化转变。[②]

第一,工会转型是适应市场经济和经济全球化的需要。现阶段,我国社会主义市场经济体制基本建立,市场经济给劳动关系带来深刻的影响:劳动关系的本质向雇佣性回归;劳动关系的内容以物质利益为核心;劳动关系中各主体的地位在市场运行中凸显;劳动关系的调节也必须在法律轨道上展开。而且中国现有的劳动关系是处在经济全

[①] 中国工人杂志社:《把权力交给工人——深圳市总工会副主席王同信专访》,《中国工人》2013 年第 5 期。

[②] 常凯:《劳动关系学》,中国劳动社会保障出版社,2005,第 188 页。

球化背景下,这就要求劳动关系的运行要与国际经济的总体格局和运行规则保持一致。原有计划经济时代行政化的工会在利益一体化时期总体能处于安全状态,但在社会主义市场经济下的当今面临严峻的挑战。最大的挑战是,工会对它应当保护的对象没有尽到保护的职责。工会如果失去职工群体的信任,其生存基础将受到动摇。由此,工会的转型是适应市场经济和经济全球化的需要。

第二,现阶段劳动关系形态的转型迫切要求工会转型。现阶段,我国劳动关系的市场化建构正处于一个关键的历史时期,即劳动关系由个别向集体的转变时期。[1]

从个别劳动关系规范调整逐步转向集体劳动关系规范调整,是市场经济国家劳动关系调整发展的一般轨迹。常凯认为,2010 年的南海本田工人罢工事件是我国劳动关系由个别劳动关系向集体劳动关系转变的重要标志。"中国的劳资关系正在由个别劳动关系向集体劳动关系转化,以广东省佛山市南海区本田公司员工罢工为标志的系列事件将这一趋势非常清晰地凸显出来。"南海工人罢工活动的一个重要标志就是:工人的市场经济观念增强,集体意识增强,将个人命运与其所属社会阶层的集体命运联系起来,这一变化说明当下中国市场化的产业工人已经形成并正在走向成熟,也表明了中国劳资关系向集体劳动关系转型的趋势。[2] 劳动关系形态的转变,会带来劳动关系调整模式的变化,将逐渐形成国家主导与劳资自主协调相结合的劳动关系调整模式。与个别劳动关系的从属性相比,集体劳动关系最基本的特征是"对等性",即劳动关系双方以对等的身份和地位来处理劳资事务。既然如此,这种"对等性"从何而来?这就要求劳动者要形成集体力

---

[1] 常凯:《劳动关系的集体化转型与政府劳工政策的完善》,《中国社会科学》2013 年第 6 期。
[2] 常凯:《完善工会应对劳动关系集体化》,财经网,http://www.caijing.com.cn/2010-08-04/110491464.html。

量与资方谈判。而唯一能代表劳动者集体力量的组织就是工会。所以，选出能真正代表工人利益的工会组织就显得尤为重要。因此，工会转型是劳动关系形态从个别劳动关系逐步转向集体劳动关系的迫切要求。

第三，劳资冲突的现实及工会的困境倒逼工会转型。近10年来，劳资纠纷剧增、劳资冲突加剧是不争的事实。在劳资冲突中，工会常常被边缘化，无法代表工人利益与资方谈判，发挥调解劳资冲突的应有功能。不少工人认为，工会该发挥作用的时候却"不见踪影"，法律赋予工会的职能严重缺失。甚至有些工会组织或工会委员还站在资方立场上，走在工人的对立面。2010年的南海本田工人罢工事件中，工人要求重新组建工会，是因为"5月31日却曝出工会殴打工人的事件，让稍有缓和的劳资矛盾骤然紧张。工人们的集体诉求也从单一的提高工资，转向重组工会、重新选举工会干部"。[①] 常凯谈道："2010年发生的300余起停工事件中，没有一起是工会组织的。不仅如此，有的停工事件还把'改组工会'作为直接目标。这说明目前有的工会不能有效地代表和维护劳动者权益。这样的工会必须调整策略，克服行政化和老板化。"[②] 面对劳资冲突时，工会的尴尬处境使工会组织备受诟病，工会存在的现实状况促使工会转型。

2. 工会转型与回归的路径

工会由行政化向市场化转型的关键在于工会身份和工作机制的转变。中国工会转型需涉及工会的身份、工会的职能、工会的组织机构和工会的活动方式等多方面。结合工会自身及劳资关系状况，笔者认为，我国工会转型和归位重点围绕以下几方面。

第一，身份角色：回归社会组织的建制本源，增强工会的自主性

---

① 《工会的新机会》，《中国新闻周刊》2010年第23期。
② 《中国劳动关系从个别向集体化转型　专家称政府应调整完善劳动用工政策》，http://www.legaldaily.com.cn/bm/content/2011-10/20/content_3051678.htm?node=20734。

第五章　珠三角非公企业劳资矛盾调处的宏观视角

和独立性。劳动关系本质上是一种经济关系。在市场经济条件下，劳资双方是两个具有各自目标函数和利益偏好的独立个体。工会正是在劳方与资方的利益对抗中产生的。那么，工会的身份是什么？工会是一种职工群众组织，一种代表集体劳权的社会组织，《工会法》和《中国工会章程》也都作了明确的界定。《工会法》第二条明确规定，"工会是职工自愿结合的工人阶级的群众组织"。《中国工会章程》总则规定，"中国工会是中国共产党领导的职工自愿结合的工人阶级群众组织"。但长期以来，在实践操作层面，工会这种社会组织的建制本源被淡化，更多地演变为国家建制中的行政组织。工会回归社会组织的建制本源就是要使工会由一个行政性组织向社会组织转变，使工会回归至维护劳动者利益的社会组织这一建制本源，体现工会是"职工权益代表者"这一本质。如果工会割裂了和工人的天然关系，远离工人，工会就背离了其建制本源，劳动关系领域谈判和协调机制也必然出现断裂，严重的甚至会导致劳资冲突频发。[①]

工会如何回归社会组织的建制本源？关键是减少政府对工会的行政约束和干预，增强工会的自主性和独立性，增强工会的自治程度和工人参与程度。增强工会的自主性，主要是为了防止老板控制工会的问题。目前，在已建立工会的私企或外企等非公企业中，多数是由雇主或企业方控制或操纵工会，更有甚者，有的工会就是由雇主亲自或指派亲信建立的。同时，工会要增强自身的独立性。国际劳工组织将工会的独立性视为劳资平等协商的先决条件，只有工会成为一个独立主体，具备与企业相当的谈判能力时，劳资平等协商才能真正实现并发挥其效能。由于行政建制以及企业过度介入等因素，我国工会自主性和独立性缺失，在劳动关系协调领域成效不大。

要增强工会的自主性和独立性，有几点必须改进和强化。一是在

---

① 李鸿：《非公企业工会的社会化是劳资关系协调的关键》，《理论探讨》2011年第4期。

工会人事制度上，杜绝行政任命或资方委派，工会领导成员要通过直接选举产生，从而在制度上保护工会领导人的权利和利益。二是在工会的经费上，要实现工会经费来源的多元化，减少对企业的依赖。解决工会的经费问题是实现工会地位转型的核心。① 目前的《工会法》规定了工会经费的多种来源渠道，但工会的大部分经费来源于企业的拨付，即按职工工资总额的 2% 拨付经费，会员的会费很少，并且是由各个分会自留使用。这样，在工会的经费上就构成了其对企业的严重依赖。当工会的"生存命脉"控制在企业手中时，要让工会独立于企业而维护工人利益，是相当困难的。为此，建议可以尝试设立财政专项工会资金渠道，摆脱工会对企业的资金依赖，② 这有助于解决工会在维护工人利益时的尴尬。也有学者提出，工会经费由目前的拨缴制改为会员直接交纳制是一种可行的选择。③ 此外，工会自身也要积极探索，拓宽经费来源渠道，如社会捐助、政府补贴等收入，这也是摆脱用人单位的束缚，强化独立性的重要举措。三是在工会干部的工资薪酬上，也要摆脱工会干部工资薪酬由企业支付，造成不敢放手维护劳动者权益的被动局面。长期以来，非公企业工会的各项经费来源及工会主席的工资都是由所在企业负担，导致非公企业工会和企业之间形成难以切断的依附关系，也因此出现"非公企业工会老板化"的尴尬状态。工会干部工资由企业支付的制度难免让工会干部产生顾虑，担心为职工维权会遭受企业的威胁、恶意开除、借故辞退等报复。由此，要确保工会成为劳动者合法权益的忠实代表，避免工会主席维权时遭遇"身份尴尬"，就必须改变工会主席的工资由企业负担的局面，

---

① 李力东：《工资集体协商制度的完善路径——工会转型的视角》，《中共浙江省委党校学报》2012 年第 2 期。
② 翁公羽：《企业工会组织功能演变研究》，沈阳师范大学硕士学位论文，2008。
③ 孙德强：《工会经费应从拨缴制改为由会员直接交纳制》，《工会理论与实践》2003 年第 6 期。

第五章 珠三角非公企业劳资矛盾调处的宏观视角

改由上级工会负担或创新其他的支付方式。有些地方已有一些尝试，如北京有望诞生"身份独立"的基层工会主席，工资由上级工会负担，这有利于提升基层工会独立履行职责的能力。[①] 其他地方也不断探索和尝试新形式。江苏南京市总工会将在南京区域性、行业性基层工会试点聘用专职工作人员，"专职化"后的工会主席将不端老板给的"饭碗"，工资和福利待遇由上级工会解决。与此同时，抚顺市总工会探索向非公企业派驻工会主席，工资和待遇由市、县（区）工会承担，"不用看老板脸色，理直气壮替职工说话"。[②] 四是尝试非公企业工会的社会化做法。有些地方尝试非公企业工会的社会化做法，这是增强工会的自主性和独立性的重要举措。非公企业工会的社会化是指非公企业工会建设非政府性、非企业性的社会性团体的过程，这种社会性工会是以民间组织为载体，双向衔接上级政府性工会与非公企业，由非公企业工人群体自愿组织和自主管理的准社会团体。[③]

这种社会化的工会组织形式，既区别于计划经济时代国企的政府性工会组织形式，也区别于目前非公企业控制下的老板式工会组织形式，是真正的非公企业劳动者自愿结合的群众性工会组织。这种非公企业工会组织形式要运行，需要一些制度安排，比如：工会主席要实现社会化和职业化；政府要对企业工会放权；工会干部的工资主要由工会会费支付，政府给予适当补贴；等等。这种工会组织可以以一个企业为单位，也可以由几个企业共同组成联合式工会。非公企业工会的社会化，有助于真正摆脱工会形同虚设的局面。当然，这一过程的实现或许并不轻松，因为它不仅取决于社会的共识、工会自身的努力，更需要国家制度层面的支持。

[①] 杜军玲：《"经济独立"：让工会主席腰板挺得更直》，《人民政协报》2010年9月8日。
[②] 《工会的新机会》，《中国新闻周刊》2010年第23期。
[③] 李鸿：《非公企业工会的社会化是劳资关系协调的关键》，《理论探讨》2011年第4期。

第二，职能定位：重新定位工会职能，突出工会维护职能。自从1978年10月中国工会九大提出新时期工会工作的基本方针以来，30多年的体制改革中，从基层工会的组建到工会法律的形成都迈进了快车道。工会数量和规模的发展足以证明，中华全国总工会是全世界最大的工会组织。之所以能获得呈燎原之势的迅猛发展，主要缘于近年来政府和上级工会的有力推动。然而，反思目前中国工会状况，突出的问题不是追求"大"与"全"，而是如何强化其维护工人合法权益的功能。换言之，现在的问题是，如何让工会回归工人代言人的角色，如何让工人在这一层面上重新信赖工会。根据现行《工会法》的规定，工会具有维护、建设、参与、教育"四项基本职能"。《工会法》第六条也规定，"维护职工合法权益是工会的基本职责。工会在维护全国人民总体利益的同时，代表和维护职工的合法权益"。可见，《工会法》明确了工会的"双重维护"职能。由此看来，一方面，《工会法》在一定程度上强调了工会维护工人权益的职能；另一方面，工会的这种"双重维护"职能或者工会职能的多重性在实践中却造成了工会组织的角色冲突，进而导致了各种矛盾。[1] 工会要维护全国人民的总体利益，在某种意义上意味着工会也要维护资方的利益。如果工人与资方发生分歧或冲突，工会就陷入了两者不能兼顾的尴尬境地。当然，工会"四项基本职能"和"双重维护"职能有其特定时代的合理性。由于当时的体制原因，计划经济时代的工会不可能在劳动争议问题上有所作为。但随着时代的发展和社会转型带来的一系列变化，党和政府及上级工会应重新定位工会的职能，应将工会的维权职能放置在最重要的位置。"要保证工会更好地维护劳工权益，工会的职能就必须转变，即从当前的福利型工会、管理型工会向真正的维权型工会

---

[1] 颜江伟：《行政化与回归社会：中国工会体制的弊病与改革》，《中共浙江省委党校学报》2007年第3期。

转变。"① 新时期，对于工会的职能如何定位问题，也有专家提出，在当前情况下，工会只能尽可能地维护工人的利益，变"双重维护"职能为"维护与协调"职能，既作为劳动关系主体劳动者的集体代表者、维护者，又作为劳动关系的协调者、调解者，即"协调劳动关系、维护职工权益"。②

企业工会突出维权职能是顺应我国社会结构转型、时代发展的需要，也是工会自身生存和发展的需要。如果工会在劳资纠纷中不作为，不反映工人的诉求，不维护工人群体的利益，必然会导致工人的不信任。以2010年发生的南海本田与南沙电装工人罢工事件为例，这两起罢工事件都不是工会组织的，而是工人自发的。这两起事件都是工人出于增加工资这一要求而采取的集体性行为。前者开始于当年的5月17日，发生在广东省佛山市南海区狮山镇本田汽车零部件制造有限公司（简称"南海本田"），为期15天，有数百名员工参与，行动的结果是工资增长了500元；后者是开始于当年的6月21日，发生在广东省广州市南沙区黄阁镇南沙国际汽配园电装有限公司（简称"南沙电装"），历时3天，参与人数达到1100人，行动的结果是工资增长了800元。这两家企业工会对事件的参与和应对方式不同。南海本田工会在工人不愿意离开时，常在地方政府和工人之间进行斡旋，甚至出现因摩擦而致工人受伤的事件，结果是导致工人不信任工会，要求改组工会。而南沙电装工会的处理方式是，在工人采取集体行动时工会及时主动地介入，积极地做工作，突出自身的维权职能，敢于维权，获得工人们的信任，作为他们的代言人与资方管理层进行协商、谈判，为工人争取到合法合理的权利，有效地化解了劳资冲突。两家企业工

---

① 李力东：《工资集体协商制度的完善路径——工会转型的视角》，《中共浙江省委党校学报》2012年第2期。
② 徐小洪：《中国工会的双重角色定位》，《人文杂志》2010年第6期。

会对待集体行动的态度和方式带来了不同的结果。因此,工会要取得工人的信任就要明确自己的立场,还应当争取到上级工会与政府的支持,使其成为自己背后的强大力量,才能更好地为工人维权、为社会维稳,在法团主义的模式下,找到自身正确的位置。[1] 工会突出维权职能,才能完成其作为工人阶级群众组织的使命,保持其合法性及长期存在的不竭动力。美国政治学家塞缪尔·亨廷顿在谈到组织适应性时曾经指出:"通常某一组织是为了履行某一特定职能而创立的,当这一职能不再需要时,该组织就面临重大危机,它要么去发现新的职能,要么就坐以待毙。"[2] 工会有效发挥维权职能才能在职工中树立威信、对职工产生凝聚力,并在维权过程中发展和壮大。同时,工会突出维权职能,也有利于社会稳定及和谐劳动关系的构建。

第三,组织机构:完善企业工会民主选举制度,推行工会直选。企业工会民主选举是企业民主管理的基本形式和一项重要内容。民主选举基层工会领导人是增强基层工会活力的组织保证。虽然《工会法》和《中国工会章程》都规定了工会的各级领导机关都要由民主选举产生,但现阶段,企业工会主席大多数还是"委派制",这造成的直接后果就是工人对工会的认同度普遍很低,工会组织缺乏吸引力和凝聚力。因此,在当今时代下,要提高工会的吸引力和凝聚力,更好地发挥工会在协调劳资矛盾方面的功能,就要推行工会直选,即工会干部尤其是工会主席由工人直接选举产生,真正实现工会组织的群众化、民主化,赢得职工群众的信任。

工会直选至少有以下几方面好处。

首先,工会直选使工会具有更大的合法性,使工会能摆脱原有

---

[1] 柴静等:《工会在集体行动中的法团转型——以南海本田与南沙电装为例》,《工会博览》2011年第11期。
[2] 〔美〕塞缪尔·亨廷顿:《变化社会中的政治秩序》,王冠华等译,上海人民出版社,2008,第12页。

第五章 珠三角非公企业劳资矛盾调处的宏观视角

"政治团体"与"职业团体"共存于同一躯体而无法突出"维权"职能的困境。[①] 工会主席直选制的推行,意味着将选择的权利重新回归职工个体,选出来的工会领导人更能为职工谋求利益,提高工会的影响力和凝聚力,提高工会组织的合法性。学者罗燕、梁思敏根据2013年广东南海微观企业调查数据对企业工会主席身份差异对员工福利的影响这一议题进行实证研究。研究结果表明,由一线普通员工担任工会主席较由企业中高层管理者或企业主近亲属担任工会主席能显著提高员工的工资、休息天数,能促使企业依法定标准发放加班工资以及劳保用品。进一步的研究发现,这一结果是由普通员工担任工会主席,通过参与集体谈判,推动集体合同的签订来实现的。[②] 深圳市总工会副主席王同信谈到民主建会带来的影响时说,"盐田国际有98%职工加入了工会。这么高的入会率说明这个工会得到了职工的认可。作为群众组织,民主建会决定了工会的公信力"。[③]

工会直选推进了工会组织内部的民主治理,使非公企业的工会组织真正成了广大工人阶层表达和实现本阶层的利益诉求的民间自治组织,从而建构和疏通了工人利益表达和实现的通道,使劳资之间的谈判、协商或经济领域的民主治理成为可能,使劳动者与政府之间、劳动者与社会之间的沟通与协商成为可能。

其次,工会直选强化了工会组织的代表性,有助于劳资争议的化解。原有"委派制"工会或"老板工会"产生的方式往往是自上而下的,较少有普通工人参与,缺乏代表性。2010年南海本田工人罢工事件发生时,有这样一段描述:"2010年6月1日,高礼紧紧攥着自己

[①] 陈剩勇、张明:《中国地方工会改革与基层工会直选》,《学术界》(双月刊) 2004年第6期。
[②] 罗燕、梁思敏:《我国企业工会主席身份差异是否影响员工福利》,《学术研究》2014年第5期。
[③] 王同信:《规则的力量》,《中国职工教育》2011年第9期。

打印的《工会法》，站在南海本田的工会办公室里，表情坚毅得像农妇'秋菊'。他难以接受，在这座拥有1800余名工人的日资工厂，工会组织架构图中的7名工会委员，竟然没有一个月薪千元的一线工人。"[①] 从这段描述中可以看出当时南海本田工会的组成状况。在工会改选前，7名工会委员中，没有一个是一线工人。工会组织的代表性从何而来？工会直选，从职工中选举产生自己所期望的工会领导人，成为工人阶层利益的代表，这些代表成为协调劳资矛盾和纠纷的中介，这就提升了工会在劳资博弈中的地位。工会主席也可以更有效地代表员工与雇主开展集体谈判。因为直选，集体谈判变得更加有效和规范，因为集体谈判，劳资双方的争议也将会减少。

最后，工会直选增强了工会领导人的责任感，也有利于选出较优秀的工会干部，促进劳资关系的和谐。工会直选产生的工会主席有一定的任期，摆脱了"终身制"。这就会使工会主席产生无形的压力和紧迫感。如果工会主席在其任期内没有尽职，没有很好地为工人说话、维权，或维权不得力，就有可能遭到罢免而下台。2012年5月欧姆电子（深圳）有限公司（简称"欧姆公司"）直选工会主席，得到社会的广泛关注。通过直选，产生了欧姆公司的工会主席赵绍波。[②] 而9个月后，公司门口的工会牌匾下突然贴出了一封关于罢免欧姆工会主席的联名信。被直选出来的工会主席赵绍波，并没有想到自己会在不长的时间里就遭遇信任危机。虽然最终没有被罢免，但被直选出来的工会主席赵绍波事后总结："这件事对工会以后处理类似问题是一个教训，也是一个经验，应拿出更好的方案，避免事情扩大化。"[③] 由此也可看出，被直选出来的工会主席会更有危机感，也更有一种如履薄

---

① 《工会的新机会》，《中国新闻周刊》2010年第23期。
② 《今年首家企业工会直选，原工会主席落选》，《南方日报》2012年5月28日。
③ 《企业直选工会的成长烦恼》，《南方日报》2013年3月18日。

冰的责任感。这种责任感是做好工作的重要条件。

工会直选，也有利于选出较优秀的工会干部。工会干部的素质和能力直接影响到工作成效和与工人群体的关系。工会干部，尤其是工会主席需要有人格魅力，这个人格魅力用政治学的术语来说就是"卡里斯玛"。[①] 在非公企业中，虽然工会职能不可避免受制于企业行政干预，但是在开展工作的时候，"卡里斯玛"型人物容易为大家所认同和接受，有助于在企业和工人之间寻求最佳平衡点，充分发挥工会的维权功能，尽可能维护工人的合法权益。在调研中，也曾遇到类似"卡里斯玛"型的工会主席。金城潮州酒家是一家饮食企业，是较早实行工资集体协商的企业，曾获得过很多荣誉。工会主席坦言，能够促成工资集体协商，跟他本人为雇主和工人所接纳有较大的关系。工会工作能否顺利开展，劳资关系如何，这与工会主席的能力和人格魅力分不开。所以，直选工会，也有利于选出较优秀的工会干部，更好地推进工会工作，实现劳资双方的共赢。

目前，珠三角不少地方已经在工会直选方面迈出了步伐。如深圳理光、盐田国际、海量存储、百事可乐、欧姆等企业已经启动这一形式。当地工会负责人提出，深圳将"拉开民主建会的序幕。深圳千人以上的重点企业有745家，覆盖职工230万，占全市职工总人数的三分之一。2012年，深圳有163家企业工会换届，尝试由会员直接提名和决定工会主席人选"。[②] 有些专家认为，"在一个城市较大面积推行工会直选尚属首次，其意义与乌坎村民选举可以媲美"。当然，针对工会直选和民主建会问题，现在时机是否成熟？是否到了大规模发展的时候？对此，仍然存在不同的看法。王江松认为，工会直选不能搞

[①] "卡里斯玛"是指一个人非凡的品质和特殊的魅力，也叫个人魅力型统治，它具有非经济性，可以在缺乏理性的组织结构中存在。

[②] 《直选工会主席，还原工会功能》，http://www.jttp.cn/a/soceity/2012/0525/2973.html。

"一刀切",要在条件成熟的企业进行,在劳资矛盾较激烈的地方优先进行,同时,建议广东应出台《企业工会直选实施细则》。① 冯同庆认为,目前存在"完成上级任务"抑制"会员自觉自愿"的取向,要走出形式大于内容的宿命。②

诚然,工会直选是工会转型的切入点,但工会直选不要为了"完成上级任务"而进行,要以"会员自觉自愿"为取向。这样,工会直选才能收到好的效果。

第四,工作机制:推行真正的集体谈判,推进罢工权立法。集体谈判是指工人通过自己的组织或代表与相应的雇主或雇主组织为签订集体合同进行谈判的行为。集体合同是集体谈判双方代表之间签订的,关于劳动条件、劳动标准及劳动关系问题的书面协议。③ 集体谈判和集体合同制度是调整劳动关系的重要劳动法律制度。从法理意义层面看,法律对于劳动关系的调整主要通过两种途径来实现:一是直接制定劳动法规定雇主的义务,保障劳动者的权益,并通过国家监督予以实施;二是工人成立工会与雇主进行集体谈判,确定彼此的权利与义务,实行国家指导下的劳资自治。前者为"公力救济"的手段,后者则是"自力救济"的手段。公力救济主要是个别劳动关系调整的手段,自力救济则主要是集体劳动关系调整的手段。④ 在西方国家,集

---

① 王江松:《落实工人结社自由防止企业工会直选成为新的政治花瓶?》,http://www.jttp.cn/a/report/review/2012/0626/3064.html。
② 《工会需要走出形式大于内容的宿命》,http://www.jttp.cn/a/report/review/2013/1108/4979.html。
③ 常凯:《劳动关系学》,中国劳动社会保障出版社,2005,第274页。
④ 公力救济是以国家的名誉,由既定的国家机关(现在通常是法院、行政机关)依一定程序对权利被侵害者的权利进行恢复和补救应遵循的原则、方式和方法并规定相应法律后果的救济制度(见常凯《劳动关系的集体化转型与政府劳工政策的完善》,《中国社会科学》2013年第6期);自(私)力救济是权利受侵害者(或亲属、亲族、村社等)凭借自己的力量对被侵害的权利进行恢复和补救应遵循的原则、方式和方法并产生相应法律后果的救济制度(见陈焱光《公民权利救济论》,中国社会科学出版社,2008,第85~86页)。

第五章 珠三角非公企业劳资矛盾调处的宏观视角

体谈判和集体合同制度已有上百年的历史,在当今发达国家,集体谈判制度也是非常成熟的调节劳动关系的制度,是市场化进程中调节劳动关系必需的手段,已成为市场经济的基础性制度之一。在集体谈判制度中,工会是两大主体之一。在我国,由于体制的原因,集体谈判和集体合同制度起步较晚,虽然2001年的《工会法》第六条规定"工会通过平等协商和集体合同制度,协调劳动关系,维护企业职工劳动权益",但真正地开展集体协商,还是近几年来的事。在上级工会"两个普遍"的要求下,各级工会在推进集体协商工作,但由于缺乏经验等原因,在推行的过程中,一些工会并未能摆正自己在谈判中的法律地位,颠倒了主体与代表的关系,致使谈判或难以推进,或徒有虚名。一些企业为了完成上级的指标和任务,进行了所谓的集体协商,也签订了集体合同,但形式大于实质内容。

要发挥工会在劳资纠纷治理中的作用,工会就要转变工作机制,必须推行真正的集体谈判,不要让集体谈判和集体合同流于形式。通过真正的集体谈判,签订具有法律效力的集体合同,从整体上维护职工的合法权益,协调劳资关系,预防和减少劳动争议的发生。

工会工作机制的转变,须尽力推进罢工权立法。罢工是劳动者为了改善工作条件、签订或变更集体协议,在以工会为主体的集体谈判中,为使在谈判中给对方施加一定压力而实施的有计划、有组织的集体暂时停止工作的行为。[①] 罢工作为由工会发起的最明确、最典型的产业行动,在解决劳资冲突方面,具有矛盾的作用:罢工既是冲突的形式,又是可以迫使双方妥协让步的压力。市场经济条件下,劳资矛盾激化到一定程度演变为罢工是正常现象。罢工权作为劳动者迫使雇主谈判的最主要手段,能为劳资双方的博弈提供平台,有效平衡双方利益,避免劳资矛盾进一步恶化。而且,罢工权作为劳动者劳动权的

---

① 程延园:《劳动关系》,中国人民大学出版社,2011,第244页。

自然延伸，也应当是一项法定权利。但在我国，立法对罢工权的保护经历了一个反复的过程。在宪法层面，1949年的《中国人民政治协商会议共同纲领》以及1954年《宪法》都没有规定罢工权。最早有关罢工的规定是在1975年《宪法》中，其第二十八条规定："公民有言论、通信、出版、集会、结社、游行、示威、罢工的自由。"1978年《宪法》也沿用了上述规定，其第四十五条规定："公民有言论、通信、出版、集会、结社、游行、示威、罢工的自由，有运用'大鸣、大放、大辩论、大字报'的权利。"1980年修改1978年《宪法》第四十五条取消了原有的"有运用'大鸣、大放、大辩论、大字报'的权利"规定，关于罢工自由的规定没有取消。1982年《宪法》中，基于对"文化大革命"中社会动乱的纠正，删除了"罢工自由"的规定。后来1982年《宪法》历经4次修改，至今仍未把罢工自由写进《宪法》，由于我国现行《宪法》未规定"罢工自由"，所以一般性法律虽然也涉及罢工及其类似的规定，但是法律中没有关于罢工权的直接规定。1992年4月3日颁布的《工会法》第二十五条规定："企业发生停工、怠工事件，工会应当会同企业行政方面或者有关方面，协商解决职工提出的可以解决的合理的要求，尽快恢复生产秩序。"这似乎暗示罢工在我国仍然是合法的。但《工会法》仍然没有明确职工享有罢工权。2001年修改了《工会法》，但仍然沿用了"停工、怠工"的称谓。至今，工人的罢工权在法律上没有任何明确规定。[①] 工会是维护工人利益的组织，为了更好地实现劳资矛盾的制度化解决，要推进罢工权立法，而国家和政府，在提倡社会治理创新的今天，也需将罢工权立法提上议事日程。

---

① 杨晶：《论罢工权再入宪》，《陇东学院学报》2013年第2期。

第五章 珠三角非公企业劳资矛盾调处的宏观视角

第三节 雇主组织：应在"三方机制"中更有作为

一 雇主组织是雇主的"娘家"

1. 雇主及雇主组织

雇主，是劳动关系中相对于劳动者的劳动力使用者的称谓。在市场经济的劳动法律中，雇主是指在具体劳动关系中与劳动者相对应的另一方。在不同的国家和不同的时期，其概念使用也不相同，诸如"资本家""企业主""雇主""企业家""经营者""使用者"等。雇主有如下几方面的法律特征：①雇主是雇员或工人或劳工的对称，其基本特征为"雇佣他人为其劳动"。②雇主可以是自然人，也可以是法人。但在具体劳动关系事务中，雇主必须由自然人来充任或代表。③凡是在劳资关系中代表资方或管理方处理有关劳资事务的人，均可称为雇主。[①] 在我国，劳动法对劳动力使用者用"用人单位"这一概念表述。这在法律和实践中会带来一些问题。近年来，随着我国劳动关系市场化程度的不断提高，在劳动关系和劳动法律文件中，"雇主"的使用频率也越来越高。在中国，具有典型的市场经济法律特征的雇主，是非公有制企业的劳动力使用者。他们主要由私营企业和外商投资企业的业主和经营者构成。在中小型私营企业，企业主是生产资料所有者和经营管理者；而在外商投资企业和一些大型民营企业中，基本上都是产权和经营权分离，这种情况下，经营者在经营管理和用工行为中就代表资产所有者的利益。因此，私营企业的业主和外商投资企业及一些大型民营企业的高级管理人员基本构成了中国的雇主阶层。此外，还有一些是公有制企业改制后的高级管理人员。如果将这几部

---

① 常凯:《劳动关系学》，中国劳动社会保障出版社，2005，第 194~195 页。

分叠加起来,中国雇主阶层在人数上将是一个庞大的数字,在社会影响上更是不可低估。①

雇主组织是由雇主依法组成的组织,其目的是通过一定的组织形式,使单个雇主形成一种群体力量,在产业和社会层面通过这种群体优势同工会组织抗衡,最终促进并维护每个雇主成员的具体利益。②雇主组织是雇主的"娘家",正如工会是工人的"娘家"一样。

在西方,雇主组织是随着工会组织的不断发展壮大而建立和发展起来的。一些资本主义国家的雇主为了抗衡工会而逐步自发建立起代表雇主利益、维护雇主权益的机构,这些机构的进一步发展就形成了雇主协会。早期的雇主组织,就其职能而言,主要是为了平衡与工会之间的力量对比,对抗工会对资方的冲击。最初的雇主组织都是由资本家组成,代表资本家利益。③雇主组织的出现晚于工会组织的成长。相对于工会组织而言,雇主组织往往是防御性的组织。

雇主组织的形式多种多样,但总体来说,主要有三种类型。

第一种是行业协会,是由某一行业企业组成的单一的全国性行业协会。

第二种是地区协会,是由某一地区的多种企业组成的地区性协会,代表该地区雇主的共同利益。

第三种是国家级雇主联合会,由全国行业和地区雇主协会组成。这是国家级雇主组织。

与市场经济国家相比,中国雇主组织的职能定位和运作方式还有很大的距离。目前,我国的雇主组织主要有以下几种类型:一是综合性的全国企业团体,如中国企联(中国企业联合会、中国企业家协会

---

① 常凯:《劳权论——当代中国劳动关系的法律调整研究》,中国劳动社会保障出版社,2004,第142页。
② 常凯:《劳动关系学》,中国劳动社会保障出版社,2005,第201~202页。
③ 《雇主组织的起源和发展(一)》,《中国企业报》2007年5月16日。

合称）；二是不分所有制的企业团体，如总商会；三是各类行业协会；四是各类非公有制企业的雇主组织，如中华全国工商业联合会；五是各地由雇主自发成立的非正式雇主组织。总体来说，中国的雇主组织还没有进入很规范的阶段。

在诸多类型的雇主组织中，企业联合会作为雇主组织的地位得到最权威的认同。2001年8月，我国政府借鉴国际劳工组织三方协商机制的原则，建立了符合中国国情的协调劳动关系三方机制，在三方机制中，明确了由国家劳动和社会保障部、中国企业联合会、中华全国总工会分别代表政府、企业、工人参与国家协调劳动关系三方会议。随后，各省也相应建立协调劳动关系三方机制。例如，2002年4月1日，广东省人民政府按照党中央、国务院部署，批准建立由省劳动和社会保障厅、省企业联合会、省总工会分别代表政府、企业、工人的省级协调劳动关系三方会议制度。在此后的近10年时间里，企业联合会是参与协调劳动关系三方机制的雇主组织代表。随着市场经济改革，非公有制经济蓬勃发展，主要代表国有企业的企业家协会无法全面地代表雇主组织，中央2010年16号文件中明确规定"工商联参与协调劳动关系三方会议"。2011年年底，广东省参照国家"三方机制"的做法，吸纳省工商联加入到协调劳动关系三方会议，加强了非公有制企业的代表性，形成"三方四家"的工作格局。[①] 由此可知，在我国目前的现实中，企业联合会和工商联是主要的雇主组织。

2. 雇主组织是劳动关系的三方主体之一，参与"三方机制"

在劳动关系中，雇主组织与政府、工会共同构成了劳动关系的三方主体。雇主组织最主要的作用是在劳动关系中代表和维护雇主的利益，但这种代表作用的内容和方式会随着经济和社会的发展而变化。

[①] 石晓天：《三方协商机制及其对劳动政策过程的影响——以广东省为例》，《中国劳动关系学院学报》2014年第2期。

雇主组织的作用主要体现在几种活动中：参与谈判、解决纠纷、提供帮助和建议、代表和维护。

雇主组织作为劳动关系的三方主体之一，直接参与"三方机制"。"三方机制"的全称是协调劳动关系三方机制，是指由政府劳动行政部门、雇主（企业）组织和工人组织三方代表，按照一定的制度、规则和程序，在协调劳动关系方面所形成的组织体系和运行制度。[①]

"三方机制"是个"舶来品"，起源于19世纪末20世纪初的西方市场经济国家，后被世界上绝大多数国家认可并实行，是至今已运作成熟、较为有效的协调劳动关系各方利益的基本制度，也是一项国际劳工标准。它的产生和发展经历了一个较长的发展阶段。它的产生既是社会生产力发展水平的标志，也是经济民主化的产物，同时也与工人运动的日益发展密切相关。[②] 我国于1990年批准了国际劳工组织通过的《三方协商促进贯彻国际劳工标准公约》。2001年10月27日新修正的《工会法》第三十四条对"三方机制"作了规定，即："各级人民政府劳动行政部门应当会同同级工会和企业方面代表，建立劳动关系三方协商机制，共同研究解决劳动关系方面的重大问题。"这是目前我国推行三方协商制度的主要法律依据。2001年8月，劳动和社会保障部、中华全国总工会、中国企业联合会联合宣布，国家将全面启动劳动关系三方（国家、企业、职工）协商机制，以协商的形式解决劳动关系中存在的各种问题。"三方机制"是中西方国家的通称，在不同国家，或同一国家的不同阶段，"三方机制"的具体组织形式各不相同。在我国现阶段，"三方机制"的主要形式是协调劳动关系三方会议。目前，各地省一级的劳动关系三方会议由省人力资源和社会保障厅、省总工会、省企业联合会/企业家协会作为三方参与劳动关

---

① 常凯：《劳动关系学》，中国劳动社会保障出版社，2005，第283页。
② 《三方机制是经济民主化产物》，《中国企业报》2007年7月4日。

系三方会议,有些地方省工商业联合会也以雇主组织的身份参与劳动关系三方会议。如广东省于2012年吸纳了省工商联加入协调劳动关系三方会议,构成了"三方四家"的劳动关系三方会议格局。

二 雇主组织在"三方机制"中的职责偏失

在我国现阶段,最能代表雇主组织的是企业联合会和工商联。因为,国家已经明确将其纳入三方协商机制,作为雇主组织的代表。但这些雇主组织在法律地位、职能等方面存在功能缺失,没有发挥出应有的作用。

1. 雇主组织在"三方机制"中的职责偏失

目前,在国家层面,中国企业联合会、企业家协会作为中国雇主组织的唯一代表,参加国家协调劳动关系三方会议。地方省一级的劳动关系三方协调会议制度,大多基本上与国家的这一安排一致,即省企业联合会、企业家协会是三方会议的雇主组织代表。也有一些省(市)把省工商联作为三方会议的雇主代表。也就是说,有些地方是"三方三家"参与三方协商机制,有些地方是"三方四家"参与三方协商机制。根据这一安排,协调劳动关系、参与"三方机制"应该是企业联合会和工商联的重要职责。特别是在当今劳资矛盾呈高发态势的情况下,作为雇主组织的主要代表其更应明确自身的使命和责任。但是,目前的雇主组织在"三方机制"中存在职责偏失现象。

一是从省级企业联合会和省级工商联章程看。以《广东省企业联合会章程》为例,经2012年9月25日第九次会员代表大会表决通过,2013年3月11日省民政厅核准的《广东省企业联合会章程》总则第二条规定,"经省人民政府批准,本会作为广东省雇主组织代表,同广东省人力资源和社会保障厅、广东省总工会组成广东省协调劳动关系三方会议,促进企业、企业经营者与劳动者之间的和谐关系"。"业务范围"共有10条,其中一条是涉及三方机制的内容,即"代表企业和企业经营者参加广东省协调劳动关系三方会议,构建和谐劳动关系,协调处理企业劳动争议;推动和指导地市企业联合会参与三方机制工作"。① 从章程看,在我国,现有的企业家协会虽说是"非营利性的社团组织",实际更像是一种联谊性质的官办机构。章程对"三方机制"的内容涉及较少,难以尽其所能实现"三方机制"的重要职责。

二是从企业联合会和工商联的实际工作重心看。本来,开展协调劳动关系三方机制及相关企业调查研究,是企业联合会和工商联的重要工作内容,但一些雇主组织把主要精力放在搞联谊和评比、向企业颁证收费、提供咨询培训和商贸等服务上,很少研究协调劳动关系问题。一些省级的工商联网站没有开设"协调劳动关系三方机制"专题,也很少报道"三方机制"的相关内容,足见其对"三方机制"的重视不够。

由于职责的偏失,资方的真实意愿和诉求均未充分体现,在一些地方,政府的意志和主张成为协调劳动关系协调劳动关系三方机制的依据,建制率较高的三方机制效率低下或流于形式,民主协商异化为"官主协商",其协调劳动关系的功能和作用远未充分发挥出来。②

2. "三方机制"中雇主组织的代表性不足,积极性不高

雇主组织的目标,是在社会和劳动领域代表、维护雇主利益,促进企业的自主发展,同时,通过"三方机制"调节劳动关系,实现劳资和谐。但目前劳动关系三方协商机制中仍然没有解决的最大问题是雇主组织的代表性不足。主要表现在:一是大多数地方仍以企业联合会作为雇主组织的唯一代表,而企业联合会的成员大多是国有企业,

---

① 《广东省企业联合会章程》,广东省雇主组织官方网站,http://www.c-gec.com/frontStage/index.jsp。
② 胡磊:《论我国劳动关系协调机制的完善与创新》,《理论导刊》2014年第5期。

难以代表大量的非公有制企业。工商联才是以非公有制企业和非公有制经济人士为主体的团体组织。在我国现阶段非公有制企业已经占企业总数的一半以上，没有将工商联纳入"三方机制"，难以整合和代表多数企业。二是一些基层企业联合会组织机构不健全，一些地方企业联合会的组织体系并没有延伸到所有县区，以致在一些地方"三方机制"中企业联合会缺位，开展协商找不到协商对象，出现由国资委、经贸委、工商联、个体私营协会作为雇主组织代表的情况。在主体缺失、代表性不足的情况下，"三方机制"难以正常发挥作用。

此外，在"三方机制"中，雇主组织也存在积极性不高的现象。协调劳动关系三方会议一般是工会或政府劳动保障部门牵头组织，企业组织也配合参加。但由于劳方在政策法规和人数上占据主动优势，而企业组织在这方面则略显被动，加之企业雇主组织的主体缺失，某些企业雇主组织在参与过程中存在积极性不高的现象，致使劳资双方无法形成良性互动，从而制约劳动关系和谐发展。

3. 雇主组织的能力不足，公信力有待提高

雇主组织作为"三方机制"的主体之一，相对于工会来说，显得人员少，能力不足。这一方面是由于我国工会组织实行的是一元化，而我国雇主组织实行的是多元化。[1] 雇主组织的多元化导致雇主组织力量的分散化，从而使雇主组织在与工会对话时表现出力量和声音上的不对称。而且，雇主群体缺乏需要特定组织在劳资关系层面代表自己的意识和传统，具有低组织化的特点。一部分进城的农民出身的雇主，保持了农村雇主分散化的独立行为习惯。另外一部分改制企业的雇主，也存在这种问题。[2] 这也是致使雇主和雇主组织分散化的一个因素。另一方面，工商联在很多地方作为雇主组织的新主体成员参与

---

[1] 常凯:《劳动关系学》，中国劳动社会保障出版社，2005，第211页。
[2] 夏小林:《私营部门：劳资关系及协调机制》，《管理世界》2004年第6期。

协调劳动关系三方机制,在认识上还不是很到位,需要在理论和实践上做更多的探索和准备。此外,在"三方机制"建立伊始及较长的一段时间内,协商机制基本上都呈现三足鼎立的结构形态,这种结构形态呈现为"金字塔形":政府位于金字塔顶端,工会及雇主代表组织处于金字塔底部两端,各方具有相对独立性但又服从于政府的权威。[①]这些因素都致使雇主组织在"三方机制"中显得能力不足,使其在充分发挥积极作用上受到一定的限制。

雇主组织职能定位不很清晰、组织松散,既没有发挥"对内自律,对外代表"的作用,又不恰当地试图以"二政府"的面目出现,导致其公信力较低,有待提高。

三 雇主组织在"三方机制"中应更有作为

雇主组织作为劳动关系的三方主体之一,应该发挥应有的更大作用。但是,目前的雇主组织协调劳资矛盾的作用发挥不充分,限制了劳资双方自治机制的有效性。为更好地发挥雇主组织的作用,提出如下建议。

1. 将工商联纳入协调劳动关系三方机制,发挥其在劳资关系治理中的作用

工商联是工商业联合会的简称,是以非公有制企业和非公有制经济人士为主体的人民团体和商会组织。《中华全国工商业联合会章程》明确界定,"中国工商业联合会(简称工商联)是中国共产党领导的面向工商界、以非公有制企业和非公有制经济人士为主体的人民团体和商会组织,是党和政府联系非公有制经济人士的桥梁纽带,是政府

---

① 石晓天:《三方协商机制及其对劳动政策过程的影响——以广东省为例》,《中国劳动关系学院学报》2014年第2期。

第五章 珠三角非公企业劳资矛盾调处的宏观视角

管理和服务非公有制经济的助手"。① 在2001年我国协调劳动关系三方机制正式启动时,并没有把工商联作为雇主组织的一员纳入机制,一直至2010年,中央文件才明确规定"工商联参与协调劳动关系三方会议"。2012年12月通过的《中华全国工商业联合会章程》第五条明确把"参与协调劳动关系,协同社会管理,促进社会和谐稳定"作为其职能与任务,并提出工商联"参与协调劳动关系三方会议,同政府部门、工会组织和其他有关企业方代表一道,共同推动劳动关系立法、健全劳动标准体系和劳动关系协调机制,共同研究解决劳动关系中的重大问题,参与劳动争议调解、仲裁"。至此,在国家层面将工商联纳入协调劳动关系三方机制。工商联参与协调劳动关系三方机制,也是转变政府职能的需要与社会治理创新的要求和具体体现。要构建多元化的社会治理格局,就要更好地发挥工商联等社会的协同作用。

其实,工商联以雇主组织的地位参与"三方机制",可更有效地推动集体协商活动的开展,发挥工商联在非公企业劳资关系治理中的作用。一是工商联具有较强的代表性。工商联会员的主体是非公有制经济人士及其企业,代表性较强。以广东省为例,"目前全省县级以上工商联组织143个、行业组织792个、会员24.3万名"。② 二是工商联基层组织较完善。相对于企业家联合会来说,工商联的基层组织较完善,工作机制较健全,工作网络已经覆盖基层乡镇(街道)。因此,赋予工商联雇主组织地位,可以有效解决因企业家联合会基层组织机构不够健全而导致的雇主组织主体缺位的问题。③ 协调劳动关系三方会议上主体间力量上的不平等,使得劳动关系三方难以真正平等地进

---

① 参见中华全国工商业联合会第十一次会员代表大会部分修改,2012年12月9日通过的《中华全国工商业联合会章程》。
② 2013年10月15日广东省工商联主席陈丹在纪念广东省工商联成立60周年座谈会上的讲话,http://www.acfic.org.cn/web/c_00000001000300010001002/d_24370.htm。
③ 李继霞:《关于完善我国劳动关系协调机制的若干思考》,《社会科学辑刊》2011年第6期。

181

行协商。因此，协调劳动关系三方机制急需新的部门参与，工商联参与协调劳动关系三方会议成为必然。三是工商联是主要联系非公有制企业的人民团体，对非公有制企业有更直接的认识和了解，在协商机制中更能有针对性地开展工作，提高协商的有效性。

近年来，一些地方已经实施将工商联纳入协商劳动关系三方机制，实行"三方四家"（劳动部门、工会、企业联合会、工商联）协商机制。无论是推动工资集体谈判，还是创建和谐企业，由于工商联的深度参与，有效解决了协商中企业主体缺失和积极性不高的问题。让工会或者政府部门来组织企业参加劳资协商，企业可能总会有种被审视和批判的感觉，误解可能性比较大，而工商联作为民营企业的代言者加入后，"三方四家"联合起来，更能让企业畅所欲言。事实上，在全国很多省、市，众多中小企业的参与不足，成了制约劳资互动的难题。[1]

目前，在政策上已经明确将工商联纳入雇主组织参与协调劳动关系三方机制，但工商联在"三方机制"中的职能分工不明确，如工商联与政府劳动保障部门之间、工商联与企业联合会之间职能如何定位？在"三方四家"劳动关系协调会议中，充当何种角色？职能分工不明确，影响协商机制的实际效果。"三方机制"的建制率虽高，但难以发挥实效，究其原因，在于《劳动法》《集体合同规定》等法律法规、部门规章仅仅确立了"三方机制"的基本框架，在实际运行以及三方角色等方面未作细化说明。[2] 因此，要出台相关实施细则，明确工商联在协商会议中的职能分工，以利于劳动关系协调工作的开展，并取得更大的实效。

---

[1] 应华根、方平原：《"三方四家"推动宁波劳资关系"和为贵"》，《中华工商时报》2010年8月31日。
[2] 陈成、李文沛：《论三方协商机制的"广州模式"——以〈广州市劳动关系三方协商规定〉为例》，《人民论坛》2013年第8期。

2. 发挥雇主组织的自身优势，搭建活动平台，增强自律功能

企业联合会、工商联是最主要的雇主组织。雇主组织有其独特的优势。如工商联有统战性、经济性和民间性"三性"叠加的特征，具有国家代理人和工商企业代理人的双重代理属性。[①] 雇主组织要发挥其自身优势，搭建活动平台，开展主题活动，引导非公有制企业自觉履行企业社会责任。企业社会责任是指企业在谋求股东利润最大化之外所负有的维护和增进社会利益的义务。当前，处理好劳资关系，善待员工、善待消费者、善待股东、善待环境是我国民营企业社会责任的重点。而处理好劳资关系又是企业社会责任的重中之重。[②] 近几年，一些省市开展创办和谐企业、进行和谐企业评比活动，对企业履行社会责任，改善劳资关系起到较好的推动作用。广东、浙江等地在这些活动中起到良好的示范作用。如广东省2011年由省雇主工作联席会议、省企业联合会、省企业家协会共同发布了《广东省良好雇主责任指引》（以下简称《指引》），这是全国第一个指导企业履行雇主责任的指引文本。《指引》从稳健发展、依法用工、劳资协调、人文关爱、社会责任5个方面共31条对企业如何履行好雇主责任进行具体指导。[③] 2013年发布了国内首份《广东企业履行雇主责任白皮书（2013）》，并建立广东企业雇主责任履行指数。2014年发布了全国首份《广东省企业维权服务手册》。近几年，还开展了"寻找广东好雇主"，以及"最佳雇主"、"雇主责任示范企业"等评选活动。当选"最佳雇主"的雇主和"雇主责任示范企业"的企业享受"宣传优秀雇主品牌、提升用工管理水平、法律及维权服务、招聘服务、赴企业授牌"

[①] 辜胜阻：《工商联在市场经济体制中的四大独特优势》，http://www.gmw.cn/content/2007-11/13/content_690713.htm。

[②] 辜胜阻：《和谐劳资关系是民企社会责任的重中之重》，《中国民营科技与经济》2008年第5期。

[③] 《广东省社工委工作简报汇编（2011—2012）》，广东省社会工作委员会，2012，第137页。

等服务。同时，也可将企业劳动保障违法行为与企业融资、用工、招投标和获取其他经济社会资源的机会等挂钩，在审查用人单位承接投资和参加政府采购等申请时将企业近年的劳动保障违法记录作为重要参考，使侵害劳动者权益的企业受到法律惩戒和投资经营上的制约。① 通过这些评价体系及激励、处罚机制，提升非公企业的荣誉感，增强非公企业的社会责任感，增强非公企业的自律功能。

3. 加强雇主组织自身的能力建设

要想真正发挥"三方机制"在协调劳资关系中的作用，必须要有强有力的工会和雇主组织。应加强工会和雇主组织自身的组织与能力建设，提高其参与三方协商和集体协商活动的能力与积极性。上级组织应为下级组织提供相应的指导、培训和信息服务。② 如何加强雇主组织自身的能力建设？首先，雇主组织要明确自身在协调劳资关系中的角色。明确自身角色是履行职能的重要基础。雇主组织在协调劳资关系中的角色是什么？在西方，对于行业协会的角色有学者曾做过这样颇为风趣的比喻：行业协会好比一个有一定身份的"侍女"，最初是以服务于企业作为自己神圣使命的；后来身价提高了，逐渐成了企业之间、企业与政府之间穿针引线的"交际花"，有时又很像个能指挥千军万马（指所属会员企业）的"司令员"。这才是行业协会应有的职能，也是我国雇主组织的改革方向，即工会强大后，雇主组织的力量也应加强，进而达到平衡。③ 其次，要增强雇主组织调研能力。在新时期劳资矛盾高发形势下，掌握劳动关系方面准确翔实的第一手材料至关重要。这对企业联合会、工商联等雇主组织的调研能力提出更高的要求。雇主组织在不断招聘高素质调研人员的同时，还可与新

---

① 胡磊：《论我国劳动关系协调机制的完善与创新》，《理论导刊》2014年第5期。
② 马永堂：《外三方协商机制及其对我国的启示与借鉴》，《中国行政管理》2012年第4期。
③ 董保华：《劳动关系多方协调机制研究》，《政府法治研究》2005年第7期。

闻媒体、高等学校等机构组建一支高素质的专业调研队伍，开展调研活动，充分了解非公有制企业劳动关系的实际情况，共同推动非公有制企业和谐劳动关系发展。最后，要提高雇主组织与工会的对话和谈判能力，形成三方协商的对等机制。随着劳资关系逐渐走向法制化，雇主组织同工会进行对抗性的活动减少，而与工会在劳资关系方面的协商、谈判，甚至参与制定和修改有关劳动关系的法规，成为其主要职能。劳资谈判是劳资关系的基础，劳资谈判又是一项必要且复杂的任务。雇主组织是"三方机制"中的重要方面，雇主组织的谈判能力影响到集体谈判的效果和雇主组织参与的积极性。因此，加强雇主组织的谈判能力是其自身能力建设的一项重要内容。一个规范的雇主组织，对于形成健康和谐的劳资关系起到不可或缺的作用。

附录1　广东省良好雇主责任指引

广东省良好雇主责任指引
The Guidance of Guangdong Employer Responsibility

前　言

为指引全省企业践行良好雇主责任，促进员工体面劳动，实现劳资共赢，推动企业可持续发展，广东省雇主工作联席会议依据国内国际劳动用工规则，锐意紧贴广东实际情况，制定本指引。

随着市场经济的深入发展，社会经济成分、就业方式、分配形式和利益关系的多元化，劳资纠纷事件呈上升趋势，企业劳动用工行为已成为社会关注的焦点。作为全国用工大省，广东企业在构建和谐劳动关系方面积极探索，为全国创造和积累了宝贵的经验。在此背景下，系统科学地明确良好雇主责任的基本原则尤为必要。

本指引不仅体现了广东省雇主工作联席会议的信念，也引证了世界各地的研究结果——企业经营业绩取决于员工的认识及努力。我们深信，只有持之以恒地履行良好雇主责任才能吸引及留住优秀的员工，企业执行本指引，将会更有效地激发员工潜能，取得更好的业绩。

这是一套前瞻性市场化的指引，雇主自愿决定是否采纳。我们建议广东企业率先采纳并践行指引列举的内容，以支撑企业永续发展。

稳健发展

稳健发展不仅表现为企业持续、稳定、健康的发展，还表现为企业发展与自然环境、社会发展的和谐统一。

1. 尽最大的努力拓展业务，为表现优异的员工提供更稳定的就业岗位；

2. 建立新型技术创新体系和机制，加大科技和人才资源开发力度，改进资源和能源利用效率，促进技术进步，开发应用高新技术，创新产品及服务，鼓励无害环境技术的发展与推广；

3. 实施民主科学管理，不断审视改进管理制度，积极构建促进企业组织良好运作的规则。

依法用工

依法用工，促进平等和反对歧视，不强迫劳动，是企业发展的前提。

1. 认真执行《劳动法》、《劳动合同法》及其实施条例，依法全面签订劳动合同；

2. 认真执行《广东省工资支付条例》，有完善、透明的工资支付制度，工资及时足额发放；

3. 认真执行《社会保险法》，依法办理社会保险登记，足额缴纳社会保险费；

第五章 珠三角非公企业劳资矛盾调处的宏观视角

4. 认真执行《女职工劳动保护条例》、《禁止使用童工规定》，加强女职工、未成年工特殊劳动保护，不使用或者支持使用童工；

5. 认真执行《职业病防治法》，具备避免各种工业与特定危害的知识，采取足够的措施，降低工作中的危险因素，为员工提供安全健康的工作环境，尽量防止意外或健康伤害的发生；

6. 认真执行《安全生产法》。提供恰当的工具、安全措施和环境，以便员工安全有效地工作。建立安全文化，制定并实施相应的安全规章和操作规程，向员工提供必须（需）的安全培训及安全指引，以提高职工安全生产技能。

劳资协调

采纳积极、开放及坦诚沟通的雇主，通常遇到较少劳资问题及享有较高的生产效率。

1. 编写、印制及定期更新员工手册，清楚说明聘用条款及其他与员工有关的信息，以减少员工的疑问及投诉，并通过各种有效渠道告知员工；

2. 建立日常沟通机制、制订处理员工申诉的程序，畅通沟通渠道，任何管理阶层均应明确与员工沟通过程中所扮演的角色及责任；

3. 依法订立书面公平公正的纪律处分细则，并及时告知员工；纪律处分须与员工所犯错误的程度相符，亦应给予员工向更高管理层反映的机会；

4. 对直接涉及员工切身利益的规章制度和重大事项决定应依照法定民主程序制定，并实行公示告知制度；

5. 除因员工行为严重失当需要根据劳动合同法即时解除劳动合同外，对表现欠佳或犯错的员工，雇主应给予足够机会及合理时间改正；

6. 了解员工的需求、期望、抱负、意见及信念，并给予应有的

187

尊重；

7. 建立良好的协商机制，由管理层及员工代表组成劳动争议调解组织，及时化解劳资矛盾；

8. 若遇上有可能发展成严重劳资纠纷的情况，应尽早寻求企业联合会、行业协会等雇主组织及工会组织的协助及调解，以避免双方的争执发展到冲突的地步。

人文关爱

人文关爱已成为现代企业管理中的一种管理方式，它能提高员工的主观能动性，增强企业凝聚力和竞争力。

1. 构建以人为本的企业文化，创造奋发、进取、平等、和谐的工作氛围；

2. 为员工提供舒适卫生的生活环境，包括干净的浴室、洁静安全的宿舍、卫生的食品等；

3. 开展利于员工身心健康的文体活动，如组织外出参观学习或大众体育活动，开展联谊、健康体检、过节慰问等活动，激发广大员工爱集体爱企业情怀；

4. 给予员工带薪年休假以及其它（他）所有法定假期，在条件允许的情况下，雇主应提供其它（他）自有的假期，以更多给予员工舒展身心及与家人、朋友相聚的机会；

5. 不断拓展员工发展空间，加强员工素质教育和技能培训，提高广大职工参与竞争的能力，这样既稳定了职工队伍，又提高了整体职工队伍的素质，对企业发展起到支撑的作用；

6. 建立合理的激励制度，激发员工身上的某种潜能和闪光点，引导、鼓舞和推动职工对学习、工作和生活的执着与热情；

7. 尽力帮助员工解决工作、生活、学习等方面的实际困难，营造出团结、互助、关爱的人文环境；

8. 建立健全心理辅导机制，营造舒心健康的工作氛围，加强对员工心理辅导，缓解员工心理压力，促进员工心理健康；

9. 鼓励员工在追求卓越表现及良好业绩的同时，引导不要忽略个人生活与健康；

10. 鼓励员工参与志愿者活动，帮助社会中需要帮助的人。

社会责任

雇主履行社会责任可能需要花费时间和金钱，但研究表明，履行社会责任能够带来高于平均水平的增长率和收益。

1. 建立并执行适于本企业的清洁生产和环境保护管理体系、节能措施，定期公开具可信度的信息，包括可能造成的环境、健康和安全影响，预防措施，应急反应，对员工的环境教育与培训等信息；

2. 尊重消费者权益，确保提供安全与质量优先之商品及服务；

3. 力所能及地参与社会公益事业和慈善活动，造福社会；

4. 严禁为商业利益等而产生的行贿或受贿行为。

结　语

我们在此指引中尽量列举出所有作为良好雇主的重要原则，我们深信大部分雇主均明白实施本指引在商业及道德层面上的意义。只是如何推行指引是个别雇主的选择，也相信每个雇主在实际执行指引时会有很大的差异，然而，最重要的是雇主在对待人才这最宝贵资产时所持的态度和精神。毕竟，人才是经营能否成功的关键。

衷心希望本指引能对广东的持续繁荣有所贡献。

广东省雇主工作联席会议办公室
二〇一一年十二月

附录2 广东雇主责任履行评价指标体系（2014）

广东雇主责任履行评价指标体系（2014）

评价要素		分值	评价内容	评分细则	得分
稳健发展20分	经营目标	6分	①实现经营目标；②提高劳动生产率	①4分 ②2分	
	经营创新	6分	①经营战略适时调整；②管理制度持续改进；③研发新品④业务模式符合市场导向	①②③④各1.5分	
	管理水平	8分	①组织架构匹配业务模式；②目标与战略相适应；建立合理的③财务制度、④风控制度、⑤人力资源制度、⑥采购与销售制度、⑦信息管理制度；⑧对经营管理进行评价和反馈	①②③④⑤⑥⑦⑧各1分	
依法用工25分	规章制度	4分	①依法建立劳动用工管理制度；②依法告知员工；③建立用工管理台账，并准确记录各种用工信息	①②各1分③2分	
	劳动合同管理	5分	①遵循合法、公平、平等自愿、协商一致、诚信的原则，依法招用劳动者；②依法签订劳动合同且内容合法；③依法履行、变更、解除、终止劳动合同；④无劳务派遣工违法行为；⑤无集体合同违法行为	①②③④⑤各1分	
	工作时间	3分	①依法执行国家规定的工作时间，执行特殊工时制的，履行报批手续；②延长工作时间以集体协商结果为依据、符合法律法规规定；③依法执行休息和休假制度	①②③各1分	
	工资分配	4分	①依法确定、调整劳动定额标准；②按时足额支付员工工资；③依法按时足额发放加班工资报酬；④员工工资不低于当地最低工资标准	①②③④各1分	
	劳动安全卫生	2分	①劳动安全卫生设施符合国家规定标准的；②依法为符合条件的员工（户外高温环境下作业员工）支付高温津贴；③上年度未发生重大安全责任事故	①②0.5分；③1分	
	女员工和未成年工特殊保护	2分	①依法保障女员工在劳动报酬、晋升评级等方面的公平待遇及"三期"合法权益；②对未成年工定期进行健康检查，并向当地劳动行政部门办理登记手续	①②各1分	
	社会保险	3分	①依法申报参保人数和应缴纳的社会保险费数额；②依法为员工缴纳养老保险、医疗保险、工伤保险、生育保险、失业保险	①②各1.5分	
	住房公积金	2分	①及时为员工缴纳住房公积金；②公积金缴存比例符合规定	①②各1分	

第五章 珠三角非公企业劳资矛盾调处的宏观视角

续表

评价要素		分值	评价内容	评分细则	得分
劳资协调15分	劳动争议预防与调解	7分	①组织劳动法律法规学习；②建立劳动争议调解组织，人员配备合理；③及时报告裁员和重大劳动争议事项；④无单位原因引发的员工群体性事件	①1分；②③④各2分	
	民主参与	8分	①建立职代会、厂务公开等多种形式的员工参与制度；②员工诉求表达制度健全、沟通渠道顺畅；③直接涉及员工利益的重大决策，依照法定民主程序制定并依法告知员工；④无阻碍集体协商行为；⑤无阻碍工会组建、运作等行为	①②③各2分 ④⑤1分	
人文关爱25分	员工成长	8分	①提取、使用培训经费；②建立完善的员工培训体系；③公开、公平、公正的晋升机会；④注重员工的职业生涯规划，技术线条与管理线条并存的双通道职业发展路径	①②③④各2分	
	工作氛围	6分	①营造友善团结融洽的工作氛围；②组织开展业余活动；③提供文体活动场所；④提供有利于工作家庭平衡的休假制度；⑤提供心理辅导或咨询；⑥建立困难员工帮扶计划	①②③ ④⑤⑥各1分	
	经济激励	6分	①提供具有内部公平性和外部竞争力的薪酬；②建立工资增长机制；③建立利润分享、员工持股计划等激励机制	①②③各2分	
	福利待遇	5分	提供过节费、生日金、交通补贴、膳食补贴、住宿补贴、企业年金、商业保险等多种形式的福利项目	每项1分，上限5分	
社会责任15分	雇主品牌	4分	①雇主品牌建设制度化；②员工对雇主品牌认同度较高	①②各2分	
	信用管理	4分	①建立客户管理、合同管理、信用风险防范等相关的信用管理制度；②产品（服务）质量好；③客户满意度高	①2分；②③各1分	
	社会责任活动	7分	①鼓励并组织员工开展社会公益活动；②管理制度注重保护环境，如使用可循环的生产物料等管理措施；③尊重投资者、供应商、消费者、企业所在社区等利益相关方；④公布年度企业社会责任报告	①②③2分；④1分	
总分值（满分100分）					

第四节　社会参与：社会工作介入劳资矛盾调处与预防

当前劳资关系依然呈现复杂、多样的变化态势，劳动矛盾和冲突尚未得到有效的控制。由此，劳资关系的治理构成当今社会治理的基本领域。如何进行有效治理？在治理主体上，主张多元治理；在治理机制上，主张综合治理，以期劳资矛盾的有效解决。近年来，随着中国社会建设的加强，社会工作在我国的进一步发展，社会工作介入劳资矛盾的调解和预防，用专业社工方法解决劳资矛盾，发挥社会工作在劳动关系治理中的作用是一种新尝试，也是调处劳资矛盾的创新模式。

一 社会工作的特点与优势

社会工作是工业化、城市化、市场化发展到一定历史阶段的制度安排。① 近年来，随着我国社会经济环境的巨大变迁，我国非公企业和员工面临一些从未遇到的新问题，劳资关系紧张，劳资矛盾日益突出。这些问题很多单靠企业管理或员工个人能力已难以解决，迫切需要专业知识、技术与组织的协助。而社会工作在介入企业劳资矛盾预防与调解方面有自身的特点和优势，主要表现在以下方面。

1. "助人自助"的专业价值观

价值观是社会工作实践的根基。在社会工作的方方面面都包含着价值观和伦理层面的东西，它体现在对人对事的判断里，体现在工作者的行动取向和机构的专业目标上。②

"助人自助"是社会工作的核心价值观念，贯穿整个社会工作实务过程。所谓"助人自助"，就是通过帮助有困难、有需要的人，使其在克服眼前的困难的同时，增强面对和解决问题的能力。从这个角度看，社会工作者扮演的是"支持者"的角色。当社会工作者扮演支持者的角色时，要让服务对象感觉到社会工作者愿意与他一起面对和

---

① 彭秀良：《一次读懂社会工作》，北京大学出版社，2014，序二第 5 页。
② 王思斌：《社会工作概论》，高等教育出版社，2004，第 84 页。

解决困难，而不是从旁鼓噪。① 企业社工在介入劳资矛盾调解时，在服务过程中持守平等理念，尊重人，一切为了案主（服务对象）。他们不是出于怜悯，而是出于责任；不是施舍，而是服务。在帮助案主的同时，他们挖掘其自身的潜能，这样能最大限度地调动案主的能动性，培养案主独立解决问题的能力，促进案主成长。社会工作者在"助人自助"的专业价值观指导下，在帮助案主时，不仅扮演"支持者"的角色，也需扮演"教育者"的角色。例如，社工要向案主传授劳动关系方面实用的法律知识、沟通和谈判技巧等，使得案主下次再遇到此种问题的时候自身能知道该怎么解决。"助人自助"的真谛就在于既要帮助案主解决问题又要帮助案主实现自身的成长。

2. 社会工作的专业性

在现阶段的非公企业中，企业员工大多是农民工群体，特别是新生代农民工群体，心理和精神问题较为突出。2010年富士康员工跳楼事件就是这一问题的典型表现。这些问题的存在，不仅会影响到员工的正常工作、生活及身心健康，还直接影响到企业的效率和企业形象。这些问题有些单靠企业管理或员工个人能力已难以解决，而且，从企业实际情况看，企业的人力资源管理部门对员工福利保障与人力资源开发的关注，多以提升工作绩效为着眼点，缺乏服务的理念和思维，容易忽视员工的个人心理及家庭等问题，这就迫切需要专业的知识、技术与组织来协助解决这些问题。社会工作，尤其是企业社会工作能发挥其专业优势。企业社会工作能运用个案、小组、社区等专业技术和方法，帮助员工解决各种问题。例如，在个案方法上，企业社会工作以员工个人为案主，采取心理辅导、压力管理、行为引导等方法，对员工进行心理疏导和精神解压；在小组方法上，企业社会工作遵循互助原则，让员工们相互间建立起信任和支持网络，增进他们的感情

---

① 彭秀良：《一次读懂社会工作》，北京大学出版社，2014，第17页。

与关系;在社区方法上,企业社会工作关注员工和企业所在的社区,甚至将企业自身看作一个社区,采取系统化、整体性方案,从更为深入的层面,提升员工的社会支持度和社区归属感。这些专业的社会工作从一个更加微观的层面关注员工的福利、生活与职业发展,可以弥补工会、企业人事管理部门及相关职工福利组织工作的不足,因而成为这些组织或部门的有益补充。企业社会工作以其专业性服务帮助员工解决各种问题,有助于增进员工福利、改善劳资关系。

3. 社会工作的中立性

社会工作者在从事社会工作中扮演"治疗者""支持者""教育者""调解者""倡导者"等角色。[①] 社会工作者不论扮演哪种角色,都应该坚持中立的原则。社会工作的价值中立是指社会工作者在某一时段或某一环境中保持中立和客观的态度,并对案主的价值观不加以评价,不把自己的情感、道德或先入为主的价值判断强加在案主身上,不将自己的价值观和评价通过直白的或者隐晦的方式传达给对方。在调处劳资矛盾中,社会工作者更多是作为"调解者"的角色,这就要求社会工作者以最具建设性的方法和途径去化解纷争,帮助处于矛盾冲突中的各方就冲突的解决达成共识。作为"调解者"的社会工作者不能偏袒冲突中的任何一方,也不能根据自己的价值观念去分析和判断冲突双方的观念和行为,而应从一个客观中立的立场出发,对双方进行调解。社会工作的中立性一方面体现在调解争议和冲突方法本身的公平正义;另一方面体现出劳动争议双方和社工(调解员)的地位是平等的。只有如此,社会工作的中立性才能使社会工作者以一个第三方的身份去观察、解决和处理问题,才能体现其专业性,才能更好地用专业的方法帮助案主解决问题。

社会工作的中立性对于社会工作者有效地协助案主分析解决问题

---

① 彭秀良:《一次读懂社会工作》,北京大学出版社,2014,第17页。

第五章 珠三角非公企业劳资矛盾调处的宏观视角

显得十分重要。在中立立场的指导下，争议双方在企业社工的协调下有助于进行有效合理的沟通，从而顺利促成劳资矛盾的调解。

二 社会工作介入劳资矛盾调处与预防的实践探索及模式

在我国，社会工作介入企业劳资矛盾的预防和调处尚处于起步阶段，但已具备良好的发展开端。在珠三角地区，较早将社会工作引入企业的是东莞，东莞企业社会工作肇始于民间自主运作。早在20世纪90年代中后期到21世纪初，东宏实业有限公司和东莞裕元工业集团就开始自主招聘专业社工为职工提供心理关怀和文娱活动。1998年东莞裕元工业集团成立企业社会责任部，迄今为止开展专业社会工作已有10多年。开展企业社会工作10多年来，从企业员工延伸到周边的小区，从企业内员工辅导、个案协调、劳资关系、和谐工作延伸到主动在周边社区的孤儿院、敬老院、监狱、医院、学校进行辅导和关爱活动。[①] 2010年6月，东莞市长安镇政府率先通过购买服务的方式，派驻两名社工进驻企业，服务内容包括员工情绪管理，工作减压，婚姻、家庭、恋爱，突发事件危机介入和员工康乐活动等。2011年3月，东莞市政府也做出了政府购买企业社工服务的尝试，由市财政买单的16个社工岗位设置在企业内部，这是东莞市启动社会工作制度以来首次购买社工服务。[②] 2010年富士康员工跳楼自杀事件发生后，各界开始反思跨国企业中员工的处境和这些企业的发展前景，开始思考借助西方资本主义国家的劳资关系调处手段来调解劳资矛盾。此后，社工介入企业，协调劳资关系的模式在东莞、深圳、广州等地有了更多的尝试。从最初的政府购买逐渐发展到企业自主购买，一些企业开

[①] 成放：《东莞裕元工业集团来市民政局交流社会工作》，http://czj.dg.gov.cn/public-files/business/htmlfilesgongzw/gzdt/201009/252856.htm。
[②] 《东莞政府首次掏钱雇社工为企业服务》，http://www.zfcg.com/purchase/2011-03-07/A310232.html。

195

始尝试自己购买社会工作服务。2011年5月，东莞市正阳社会工作服务中心承接东莞市民政局购买的企业社会工作服务，以岗位社工形式将9名社工派驻到3家企业开展社工服务。经过一年多的努力，企业社会工作发展初显效果，其中的两家企业主动购买了社工服务，而一个清远企业慕名而来签订了服务项目。正阳的企业社工服务模式由原来的市财政买单为企业购买服务岗位并委托社工机构派驻社工提供服务的主流模式，逐步过渡到1:1购买，即政府为企业提供一名企业社工，企业再自主向机构购买一名社工所提供服务，再到企业慕名以项目打包的形式自主购买服务。[①] 深圳龙岗区于2012年在全市率先试水和谐劳动关系企业社工综合服务项目。深圳市龙岗区至诚社会工作服务中心是国内首个企业社工实务基地。该项目由至诚社会工作服务中心推出，在龙岗区人力资源和社会保障局、民政局、总工会3个部门联合推动下，得到了坪地、宝龙、龙城、横岗、布吉、平湖、坂田、南湾8个街道及试点社区、园区参与支持。到2013年年底，深圳龙岗区有113家企业加入和谐劳资关系社工项目。[②] 2013年12月，广州市花都区具有"中国皮具之都"之称的狮岭镇也开始首个企业社工项目，广州优势力社会工作发展中心与中铁十二局肇花高速第十合同段项目、广州盖达传动带有限公司签订服务协议，挂牌成立狮岭试点项目"幸福1站"。该项目将为狮岭人开展户外拓展、交友活动、个别辅导等为主要内容的适应性辅导计划，以职业生涯规划、职场情商培养等为主要内容的就业促进计划，以婚姻家庭、亲职教育、亲子活动等为主要内容的家庭成长计划，[③] 希望在缓和劳工与雇主关系、营造和谐劳资关系方面起到积极的作用。

---

① 陈雪娇、章爽：《东莞正阳：从政府买单到企业自主购买社工服务》，《社会与公益》2013年第5期。
② 《龙岗113家企业加入和谐劳资关系社工项目》，《南方日报》2013年12月12日。
③ 《社工进厂，缓解劳资矛盾》，《南方都市报》2013年12月9日。

第五章　珠三角非公企业劳资矛盾调处的宏观视角

社工介入非公企业劳资矛盾的预防和调处，已经取得了初步的成效，也越来越得到企业和社会的认同。那么，社工以何种方式介入？国内外不同的企业、不同阶段，其介入方式和服务内容不尽相同。

企业社会工作在西方社会已经形成了多种各具特色的模式，如企业外模式、工会模式、企业内模式、员工服务模式、雇主组织模式、企业社会责任模式、公共政策模式等。[1] 依据企业社会工作的服务输送来源可以划分为企业外模式、工会模式、企业内模式。在美国，最先是企业主在企业内设立福利秘书，为员工提供服务。[2] 深圳作为首批企业社会工作的试点城市，目前主要有三种服务模式：企业自主购买社工服务（或者企业内部自主招聘社工）、工会模式介入、政府购买社工为企业服务。[3] 企业自主购买社工服务模式分为两种：一种是企业自行招聘的具有专业社会工作知识的工作人员进入企业的心理咨询与辅导中心工作，此时的社会工作者属于企业的员工；另外一种模式是企业出资购买社工机构的社工岗位进入企业提供专业的社会工作服务。企业社会工作者进入企业一般有三种途径：一是由企业直接聘请社会工作者；二是由企业购买社会服务机构提供的社会服务；三是由第三方购买社会工作机构提供的社会服务，第三方通常是政府、民间劳动监察机构与慈善组织等。[4]

2013年，广东省东莞市是全国入选民政部首批企业社会工作试点地区中的唯一地级市，其企业社工的发展模式具有一定的代表性。据本课题组调查，社工介入企业有三种模式，目前主要是采取企业内置

---

[1] 王瑞华：《国外的企业社会工作模式》，《中国社会导刊》2008年第18期。
[2] 李迎生：《社会工作概论》，中国人民大学出版社，2010。
[3] 薄平阳：《员工和企业双赢的企业社会工作模式初探——以深圳市为例》，郑州大学硕士学位论文，2012。
[4] 顾江霞、董衍森、蒙彦妮：《企业社会工作本土化探析——以东莞市某制造业企业社会工作实践为例》，《中国社会工作》2012年8月（下）。

模式。企业内置模式的做法是：社工被派驻到单个企业，在企业内部为企业的职工提供专业社工服务，与企业内的人力资源部、行政部或者是企业工会合作。另一种重要模式是工业园区内置模式，即将社工派驻到某个工业园区，借助工会的"先锋号"职工服务中心实体平台，为工业园区内的企业、员工及居民提供服务。目前，东莞的莞城科技园、新科、万江新和工业园区已经在园区引入企业社工服务。还有一种模式就是工会内置模式，即将社工派驻于市总工会或镇总工会，利用工会的12351职工服务热线、工会社工站、康复医院等平台，为企业员工尤其是困难职工提供专业社工服务工作。目前，社工已经进入东莞市总工会社工站、法律援助热线办公室、石排镇总工会、茶山镇总工会、塘厦镇总工会、樟木头镇总工会、虎门康复医院、桥头康复医院8个站点，进行工伤关怀、工会组建及政策宣传等服务。[1] 目前，东莞市企业社工工作开始由原来的政府独立购买向政府、企业1∶1购买过渡。此外，还有"校企合作""社会捐助"等其他补充的推进模式。"校企合作"模式是指高校社会工作系或专业与企业合作建立社会工作专业实习基地，联合开展面向农民工的社会工作服务。"社会捐助"模式主要是指通过社会捐助的形式支持符合条件的非营利组织为有需要的农民工及其家属提供免费服务，其实施主体是非政府机构，主要采取项目社工的方式，经费主要来自社会各界的捐助或自行筹款。这两种方式在我国已有尝试，也收得了不错的效果，在目前我国社会福利、社会工作服务资源不足的情况下，不失为一种重要的补充。[2] 不同的模式有各自的特点和优势。

---

[1] 王会贤：《企业社工的东莞之路》，《公益时报》2014年8月6日。
[2] 王红艺：《企业社会工作介入农民工服务：内容和推进模式》，《社会工作》（学术版）2011年第10期。

三 社会工作在劳资矛盾调处与预防中的作用

把社会工作引入劳动关系治理体系,改变了传统劳资矛盾与冲突的治理结构,对创新劳动关系社会治理体制而言,具有独特的优势和作用。

1. 社会工作能增进员工福利,减少劳资冲突

社会工作是一种以利他主义为指导、运用科学方法"助人自助"的专业,其最重要的专业特征是其真心实意助人的价值观和科学的助人方法。[1] 社工,尤其是企业社工开展工作,与西方国家存在较大差别。在西方国家,企业社会工作是在企业社会责任制度已健全的背景下进行的,企业社会工作重点是 EAP(员工援助计划),着重解决的是员工酗酒、吸毒、工作责任心不强等精神健康问题。而我国引进企业社会工作时,企业社会责任还不健全,社工入驻企业后,遇到的不仅仅是员工精神层面的问题,还会遇到许多诸如员工工资、劳动时间与福利待遇等涉及劳资关系的问题。[2] 所以,社会工作进入企业后首先要帮助企业员工解决员工工资、劳动时间与福利待遇等各种实际困难和问题,增进员工福利,或从微观层面解决劳动者工作适应性和职业生涯发展问题,运用生涯辅导、员工关系辅导、职业培训等方法,帮助他们建立对待工作、职业、同事、上级和工作组织的正确态度,使他们获得协调个人与企业关系、平衡个人与工作伙伴和工作团队之间竞争与合作的能力,从而增强他们在劳动关系中的权能。[3] 这些有助于减少劳资冲突。

---

[1] 王思斌:《试论社会工作对社会管理的协同作用》,《东岳论丛》2012 年第 1 期。
[2] 甘满堂:《企业社会工作不能回避劳资关系问题》,《中国社会工作》2012 年 4 月(上)。
[3] 钱宁:《劳动关系治理与工业社会秩序的建构》,《社会工作》2014 年第 1 期。

2. 社会工作能帮助企业员工疏导心理压力，使之脱离困境，减少极端行为

珠三角典型地区，如深圳、东莞外来人口众多，其中很大一部分企业员工集中在工业园区工作和生活。高企的生活成本、超强度的工作负荷、远离家乡后人际关系的孤岛化等，像巨大的幽灵侵蚀着人们的身心。再者，农民工容易受到城市居民的歧视和一些制度方面的排斥，很容易产生"镜中边缘人"心理、被剥夺心理、自卑心理等心理问题及孤独、压抑、怨恨等不良情绪。因此，无论是企业管理还是企业社会工作都面临一个共同的问题，就是员工的情绪管理。而在员工的情绪管理上，企业社会工作更能体现其专业性。企业社会工作能以其独特的专业视角和助人自助的理念与方法，化解员工的不良情绪，使之脱离困境。经实践观察发现，没有社会工作者的工会组织往往会采取极端的行动，比如抗议、罢工、游行、请愿等。如果工会招聘了专业社会工作人员，不仅工人觉得满意，而且资方也很乐意和放心，因为社会工作者往往为企业员工提供不带压力的建议，使劳资冲突能通过有组织的沟通、谈判和妥协等和平方式得到有效解决，使企业员工的超强心理压力得到疏导，减少打砸抢烧、自杀等极端行为。

3. 社会工作有助于实现政府职能转变，节省法律资源

政府将企业劳资关系治理的部分职能让渡给社会，交由企业社会工作去承担，政府在公共服务的职能上实现由"运动员"到"裁判员"的角色转变，更能掌握"主动权"。表现在：政府出资为企业购买社会工作服务，如果在财政困难或认为服务效果不佳时可以随时终止合同；如果在中期和后期评估时政府对营办组织提供的服务不满意，或者营办组织未按合同规定的有关事项进行，政府也可以解除合同。这样，政府在协调劳资关系和调处劳资矛盾上更容易摆脱以往被动的局面，也有助于真正实现政府职能转变。此外，企业社会工作是在遵循现有法制精神的基础上，根据人本主义理论、需求理论，以助人自

第五章 珠三角非公企业劳资矛盾调处的宏观视角

助、价值中立、案主自决为价值理念，运用专业方法和技巧介入调解，整合和利用政府、司法部门等社会资源，在处理程度较轻的劳动争议上发挥作用，能弥补现有调解制度的不足，与之形成互补的关系，从而能节约法律资源，缓解劳资关系，解决劳动争议。[1] 如深圳龙岗区至诚社会工作服务中心，创新"人民调解+企业社工"模式，从员工心理情绪排查入手，与法律威严为主线的人民调解方法相匹配，注重发挥社会工作中立与专业的职业优长，促进"速调"；发挥修复社会关系的功能，促进"调小"；发挥社会工作者"好人气"优势，促进"调息"。[2] 这既弥补了制度调解的一些不足，又在一定程度上节省了法律资源。

4. 社会工作有助于培育劳工群体的正能量，发掘和培养新生代青年工人的抗逆力

目前的非公企业中，新时代农民工占多数，目前大约有2.6亿人，预计，至2020年，城市外来务工人员将超过3.5亿人。这是一个庞大的社会群体，这个群体中储藏着巨大的社会能量。这个能量在一般情况下是以自在性的状态存在，既有可能形成正能量，也有可能形成负能量。外来务工者作为一个自在的庞大群体，其能量具有不确定性，可以成为正能量，也可以成为负能量，在缺乏正面引导的情况下，容易变为盲目冲动的负能量。[3] 正如美国著名社会学家默顿所言："当文化和社会结构结合不当，即其中之一所要求的行为和态度与另一个相违背时，就会出现规范崩溃和毫无规范的危险。"[4] 因此，对农民工群体的关注和正确引导不仅涉及这一群体自身发展的问题，更涉及未来

---

[1] 胡珊：《企业社会工作在劳动争议调解中的介入——以深圳市某工业园区为例》，华中科技大学硕士学位论文，2002。
[2] 陈雪娇：《深圳至诚：企业社工发展的"三把钥匙"》，《社会与公益》2013年第5期。
[3] 高钟：《企业社工与员工正能量培育与发掘》，《社会工作》2013年第3期。
[4] 〔美〕默顿：《社会理论和社会结构》，唐少杰等译，译林出版社，2006，第303页。

城市发展乃至中国社会发展的问题。企业社会工作者以重视生命、人性，注重人的尊严的专业价值理念去引导他们，如引导他们培育人文精神，进行理性与法治教育，建立员工互助自治组织、业余生活组织等，有助于培育劳工群体关爱、友善、理性、守则、向上等人格正能量。

社会工作的介入，还有助于发掘和培养新生代青年工人的抗逆力。抗逆力一词来源于机械力学与工程学，用来表述一个物体在受到外力产生形变没有断裂的情况下恢复到初始状态的能力，后来被用到心理学领域，表达个体在面对苦难和挫折时的适应和反弹能力。[①] 抗逆力是指克服不利环境的能力，纵使每日在复杂的环境下面对一连串的挑战，仍能实际地作出有建设性的生活抉择等。[②] 构成个体抗逆力的要素有很多，主要包括外部支持因素、内在优势因素以及效能因素三个部分。[③] 企业员工的抗逆力并非完全是天生的，而更多是在先天遗传基础上后天习得的结果。企业社工通过动员员工积极参与各类活动，增强人际沟通和交流能力，拓展遇到挫折后的疏导、分担和发泄途径，或开展员工心理疏导和减压活动、特定的员工援助计划（Employee Assistance Plan，EAP）等，用优势视角培养劳工群体的抗逆力。一般来讲，劳动关系是由劳动者、企业和政府三个主体构成的紧密关系。企业员工的抗逆力增强后，就能以良好的心态面对磨难，预防和减少劳资矛盾，促进劳资关系的和谐。

四 社会工作介入劳资关系治理的问题与困境

经过几年的实践和不断摸索，企业对社会工作的认知度和接纳度

[①] 朱华桂：《论风险社会中的社区抗逆力问题》，《南京大学学报》（哲学·人文科学·社会科学）2012 年第 5 期。

[②] 田国秀、曾静：《关注抗逆力：社会工作理论与实务领域的新走向》，《中国青年政治学院学报》2007 年第 1 期。

[③] 齐芳：《抗逆力视角下的新生代青年工人社会工作服务策略》，《社会工作》2013 年第 1 期。

第五章 珠三角非公企业劳资矛盾调处的宏观视角

不断提升，企业对社工的认识也从开始的好奇与不解，发展到现在社工为企业、员工及其家属所认识和接纳。多样化的服务使企业员工的业余生活得以丰富，情绪压力得以舒缓，精神面貌得到改善，较好地满足了企业员工不同层次的需求，企业社会责任感增强，劳资关系得到改善。但刚刚起步的企业社会工作目前存在一些问题与困境。

一是社会工作介入企业劳资关系治理的规模和数量比例较小，无法满足企业的需求。一个重要的原因是购买社工服务的资金筹措困难。珠三角地区的做法刚开始是政府为企业购买社工服务岗位，后来发展到政府和企业按1:1的出资比例购买。但如果单纯依靠政府购买社工服务岗位，根本无法承受。企业自行购买社工服务岗位是社工大规模进驻企业的重要基础。如何扩大社工进驻企业的规模，更好地促进劳资关系的和谐发展？一方面，政府要加强对社会工作的全面规划、宏观管理，合理分配社会资源，并完善支持政策，加大购买力度；另一方面，可借鉴一些地区的做法，如深圳的做法是与企业慈善公益行为相挂钩。每年企业向社会捐赠的慈善款达到一定数额，达到市政府划定的标准，政府就为它购买一定数量的社工服务岗位作为鼓励。

二是企业社工在工作中存在社会工作价值观与企业理念的冲突，这也是企业社工面临的最大问题。企业是以营利为目的，追求利润最大化。而社会工作是以"以人为本，助人自助"为核心理念，其核心准则是追求社会正义、人权、集体责任和尊重多样性。[1] 这就使社会工作价值观与企业理念构成一定的冲突。两维价值观的矛盾与冲突是企业社会工作目前突出的发展困境。[2] 这一理念的冲突主要表现在管理上。企业管理更注重的是生产管理，对人的依赖程度较低，并以降

---

[1] 2014年世界社工联合大会在墨尔本举行，重新定义后的社会工作概念。
[2] 李胜男：《企业社会工作两维价值观的冲突与平衡》，中国社会科学院研究生院社会工作硕士论文，2012。

低和控制人工成本来提升竞争力。很多时候，企业不需要企业社工来维护工人的劳动权益，地方政府也不需要企业社工来推动工人的集体权利，更不希望社工通过社会倡导和社会调查等形式引导公众关注工人权益。① 而企业社会工作则更加关注工人权益的保护，更加关注员工的需求，其职责就是在企业中对人性的需求进行关注和提供相应的服务，从而有效地调动员工的积极性，提升企业的生产效率。前者的管理理念、方式等与社会工作的价值观、服务手法存在较大的冲突。从现实情况看，企业管理与社会工作价值观的冲突在较大程度上影响着企业社会工作的开展，成为企业社会工作发展陷入困境的主要原因。

因此，要发挥社会工作在企业劳资关系治理中的作用，尚需进一步地实践探索，要结合中国的实际将国外的企业社会工作加以本土化，要在现有体制空间内寻找社会工作与企业的合作空间。

---

① 《粉饰太平企业社会工作还要持续多久》，http://weibo.com/p/1001603739952256040938，2014年8月4日。

第六章
珠三角非公企业劳资矛盾调处的微观视角

第一节 企业民主管理机制

"民主"一词源于古希腊语"demos",意为人民,之后 demos 的含义逐渐扩大,在后来人类社会不断的演进中,现代西方国家将"民主"译为"democracy",其词源仍从于古希腊语的"demos"和"kratia",前者意指"人民",后者指"权力",单从构词上可以意译为"人民的权力"。民主强调的是人民对国家和自己事务的管理,其深层的含义是人民的自由和参与。[①] 1919 年五四运动前后,民主和科学的观念从西方传入中国,当时的民主以"德先生"为名,盛行于华夏大地。因此,从现代企业管理的角度来看,所谓"企业民主管理机制"也就应当是在企业内部保证人民对企业行使管理权的机制。

那么,在企业中如何来界定"人民"的范畴?企业中的"人民"究竟是谁呢?是指企业中所有的人,还是指在分工中占多数的岗位群体?正如美国政治学家达尔所说:"我们不能根据多数与少数之间的对比,来描述民主社会的实际运作。我们只能区分各种不同类型和大小的群体,它们都在以各种不同的方式试图推进它们的目标,当然常

---

① 〔美〕萨托利:《民主新论》,冯克利等译,东方出版社,1998,第 125~135 页。

常（至少部分地）以其他群体为代价。"① 事实上，在讨论企业民主管理机制的过程中，作为劳方的员工态度和以资方为代表的管理者的态度都应当被纳入其中去考虑。因此，企业民主管理机制可以理解为在企业生存和发展的共同目标下，劳方和资方通过多种渠道调节和平衡双方的利益，在企业内部形成共识，并以此制定和实施企业各项管理制度的机制。就目前实际而言，在企业内部形成民主管理机制有三个必不可少的方面。

一 树立民主管理意识

"意识"是相对于"物质"的一个哲学范畴，意识到目前为止还是一个不完整的、模糊的概念。通常而言，意识是人的头脑对于客观物质世界的反映，是感觉、认知、思维、判断等各种心理过程的总和。在企业管理中，简言之，企业民主管理意识即企业内部对民主管理事务的认识和看法，是企业民主管理机制得以存在和发展的重要基础和前提保证。

一般而言，在传统的企业管理中，资方往往扮演着管理者的角色，决定着企业的发展方向、员工的福利待遇等诸多关键性的因素。员工则扮演着被管理者的角色，对于企业内部的各种决定进行接受或者不接受的单项选择。这种模式往往存有极大的隐患，企业内部的管理机制"不接地气"，员工的意见不被重视，最后往往是积久成疾，酿成劳资双方之间的冲突。诚然，近些年在劳资关系的研究中，对员工参与民主管理的呼声越来越高，但是在企业的实践操作中则具有较大的"弹性"，尚不能完全解决企业民主管理权责分离的问题。其主要原因之一，就是企业内部的民主管理意识相对淡漠。

---

① 〔美〕罗伯特·达尔：《民主理论的前言》，顾昕译，东方出版社，2009，第121页。

第六章 珠三角非公企业劳资矛盾调处的微观视角

1. 资方民主管理意识的提高是前提和条件

回顾中国近现代历史，中国共产党人正是将群众路线作为在革命战争时期的三大法宝之一，高屋建瓴，正确地认识到了人民群众在革命中的重要性，才在战争中取得了最终的胜利。而今，商场如战场，一个企业想要生存和发展，其资方的管理层也应当正确地认识到"水能载舟，亦能覆舟"的道理。那么，员工既可能是企业生存和发展的动力，也可能是企业生存和发展的阻力，如何把握好员工的这种"双向力"，趋利避害，使其成为推动企业发展的力量，则需要资方从思想上意识到员工对企业的作用。企业就像一台大机器，每个员工都是这台机器上的齿轮，只有每个齿轮遵循着其前进的方向，企业这台大机器才能够健康地运行。只有当资方真正认识到员工是企业不可或缺的一分子，关系着企业的存亡，才有可能真正将员工的意识、诉求甚至是智慧纳入企业的管理体系中。这就要求企业除了通过制度和机制的建设与完善来减少劳动冲突以外，还需要创造各种条件来加强企业与员工之间的合作，让员工参与到管理中来，使员工有主人翁的感觉，从而主动为企业思考，贡献自己的才智，同时企业要给予一定的物质和精神回报，员工才会更加努力地投入工作。[①]

2. 劳方民主管理意识的形成是保证和动力

员工在企业中的角色定位不仅来源于资方，同样也依赖于员工自己。如果劳方只将自己看作单纯的劳动力，将两者之间的关系停留在简单的雇佣之上，那么，员工则无法获得归属感，一旦遇到问题则易于将事态上升为"势不两立"的冲突。因此，在员工中树立民主管理意识就是要求员工将自己看作企业的主体，个人的命运和企业的命运在很大程度上是紧密联系在一起的，企业不仅是工作的平台，同时也

---

① 李国鑫、王民：《企业员工、任务与信息技术的匹配度：维度和影响因素分析》，中国信息经济学会 2007 年学术年会论文集。

是个人发展和自我价值实现的舞台。只有不断搭台,舞台才会日新月异,衬托出的演出也越发美妙;反之,去拆台,那么演出也面临着谢幕。树立劳方的民主管理意识,也就是要树立员工对企业事务的参与管理意识,具体表现就是员工对企业事务的关心程度,在企业决策的研究和讨论的过程中参与的程度。马斯洛的需要层次理论表明,人除了最基本的物质需求外,还有更高层次的自我实现需求。随着现在社会的不断发展,员工早已不是仅仅为挣钱糊口而简单工作的"经济人",他们是有着丰富感情和微妙诉求的"社会人",如果员工在参与商讨与自己有关的问题中受到激励,则更易于成为"自我实现的人",从而强化个人的工作投入,增强员工对企业的认同感和责任感。只有当员工具备较强的主体意识后,才能够积极、主动地投入企业的经营、管理等方面,最大限度地激发个人的主观能动性和创造性,协调个人利益与企业利益,建立与企业目标同步的个人目标,将个人的命运与企业的命运紧密地联系起来,荣辱与共,表现出对企业强烈的责任心和使命感。

二 建立民主管理渠道

2012年2月13日,中共中央纪委、中共中央组织部、国务院国有资产监督管理委员会、监察部、中华全国总工会、中华全国工商业联合会以总工发〔2012〕12号印发《企业民主管理规定》。该规定明确指出,为完善以职工代表大会为基本形式的企业民主管理制度,推进厂务公开,支持职工参与企业管理,维护职工合法权益,构建和谐劳动关系,促进企业持续健康发展。这是我国以立法的形式确立了在企业内部建立民主管理机制,并给出了具体的实施路径。

1. 职工代表大会制度

职工代表大会主要体现的是在民主管理中员工的参与权与决策权,是员工对企业发展规划、经营管理、改革方案、制度制定、合同签订

第六章 珠三角非公企业劳资矛盾调处的微观视角

与履行以及涉及劳动者切身利益的规章制度或者重大事项方案等企业在拟定或运行的管理机制，进行审计、提出意见和建议、通过或否定等权利。职工代表大会是企业实行民主管理的基本形式，是职工行使民主管理权利的机构。就时间而言，企业应当在工作日程中确立职工代表大会召开的定期时间（如每年召开一次），以及遇到突发事件不定期召开大会。就形式而言，企业可以根据职工人数确定召开职工代表大会或者职工大会。职工代表大会全体会议必须有2/3以上的职工代表出席。就与会人员而言，企业召开职工代表大会的，职工代表人数按照不少于全体职工人数的5%确定，不少于30人。职工代表人数超过100人的，超出的代表人数可以由企业与工会协商确定。就主体而言，职工代表大会的主体是全体职工，因此，在职工代表的选取上应当顾及各个岗位，代表应当由工人、技术人员、管理人员、企业领导人员和其他方面的职工组成。其中，企业中层以上管理人员和领导人员一般不得超过职工代表总人数的20%。

2. 厂务公开制度

厂务公开即企业管理活动内容以关系企业发展的重大问题和群众普遍关心的热点问题，以及涉及职工切身利益的问题为重点。除国家法律规定不宜公开和涉及商业、技术机密的问题以外，都要逐项实行公开。厂务公开主要体现的是在民主管理中员工的知情权和监督权。就时间而言，厂务公开需长期并不定期地进行。就形式而言，企业可以在内部人流较为集中的区域（如食堂周边）建立专门的公开栏；同时，随着现代科技的不断普及，自有网站的企业越来越多，企业可以积极利用网络开展厂务公开工作，在网页上开辟厂务公开专栏。就实质而言，厂务公开不仅是要让员工知情，同时也要了解在员工知情后的反馈，对于公开的内容员工所持的观点和意见。在对企业进行实地走访时我们听到这样的声音："食堂旁边有个意见箱，我曾经写过意见投了进去，是对交接班时的一些建议，我有署名的。意见投进去后，好像就石沉大海了，没有任何一个人向我提过这件事情。我都怀疑这个意见箱从来都没有打开过。"因此，应当开辟专门的意见反馈途径，如采取网络信箱、文书投递信箱、专门的接待服务部门等形式，广泛听取职工群众的意见和建议，了解员工的动态，以决策的民主化促进决策的科学化，以进一步提高民主管理水平。

除了职工代表大会和厂务公开制度以外，企业可以根据自身的实际状况在企业内部实行职工董事和职工监事制度，签订集体合同，鼓励职工持股，以及采取领导信箱、职工恳谈会、车间班组对话会等多种管理形式，在企业内部形成纵横相连的体系，广开渠道，让员工特别是基层员工有发声的机会，逐步吸引员工主动地投入到企业的民主管理过程中来。

三 促进员工参与管理

在企业管理中，不同的人性假设，形成了不同的管理出发点、管理方式和手段，例如，管理中的人性假设有"受雇人""经济人""社会人""管理人""自我实现的人"等。[①] 促进员工参与管理，是基于员工是"管理人"的人性假设。在此，员工具有管理者和被管理者的双重身份。促进员工参与管理，首先要有意识，有了意识、有了渠道，接下来就要有参与的实际效果。通过本课题小组成员在珠三角地区的走访发现，作为劳方员工的整体文化素质不高，很多员工在思想上雇佣意识比较强，对自身权益的关切主要是集中在岗位、工作环境、工作时间、收入、福利等显性的事务上面，至于民主参与、民主管理，与显而易见的切身利益相比，他们认为可有可无。因此，在企业内部构建民主管理的过程中，不仅要求资方应有接纳民主管理的胸怀，还要有促进员工参与管理的方法。

---

① 芮明杰：《管理学》，上海人民出版社，1999，第24~27页。

第六章 珠三角非公企业劳资矛盾调处的微观视角

1. 明确员工参与管理的权利

民主管理既然需要员工的参与，那么就应当明确员工在参与过程中的效力。从法律范畴而言，效力是指行使某项权利的效果和作用力。那么，在构建民主管理机制过程中，则需要体现出员工在行使参与管理这项权利时能够达到的效果，以及所能作用于决议内容的权利。笔者在走访珠江三角洲某制造业企业时，一名班组长说："什么参与管理我不懂，但你说给厂里提意见，我觉得也没什么作用。上半年，因为厂里接到一个大订单，厂里要安排加班，排班表出来后，很多人都觉时间有问题，不满意。我们组也很不满意。我们组被安排了很多晚班，但我们组女工比较多，而且好几个都有孩子，很多人都在抱怨。最后，大家让我们几个组长去给厂里提意见，但办公室说已经公布的就不能改了。你说，意见提了有什么用？"可见，要让民主管理落到实处，必须要让员工感受到他们的参与不只是流于形式，而是能够真真切切发挥作用力，应当明确员工在企业事务中的表决权，例如，一项决议如果有超过半数的员工不同意，那么就应当重新修改决议，再征求意见，只有当超过2/3的员工通过时，决议才能生效并实施。只有这样，员工才会重视、才有积极性、才能够将自我的真情实感表达出来，真正参与并融入企业的管理过程中。

2. 要有及时的反馈机制

在珠江三角洲某制造业企业包装线上的一名员工说："在厂里都是大楼里的人（管理层）说了算，我们说了都是没有用的。上次，因为大家对食堂（的管理）很不满意，厂里开大会，说让大家提意见，我们都提了，但是，有什么用呢？现在的食堂还是和以前一样。所以，现在让我们提（意见），我们都不提了……"员工说了不算，这种情况是常见并且正常的。员工参与管理强调的是"参与管理"而不是"替代管理"，[①] 因此在一些事务中劳方提出的意见与资方的理念不同，

[①] 程延园：《对企业民主管理立法的几点思考》，《北京市工会干部学院学报》2006年第3期。

也可能劳方提出的意见在企业现行条件下无法实现,那么当员工在参与管理时,其提议还不能成为企业管理标准的时候,企业应该及时地将信息进行反馈,说明原因,以及当前的限制和未来的考虑。否则,员工不理解,其在民主管理中的参与性便会大打折扣。

3. 要有配套的激励制度

心理学家坎贝尔指出,个人成就＝能力×激励,将这个公式用在企业民主管理的参与过程中,我们可以理解为"个人成就"即个人对企业管理有益的贡献值,其大小取决于个人能力的高低以及所受激励的强弱,同时,能力与激励是成正比的,也就是说,在企业内参与民主管理的过程中,其能力发挥的程度会受到激励因素的影响,因此,有相配套的激励制度是推进企业民主管理的必备要素之一。对此,企业可以制定出相应的激励制度,可根据在民主管理中的贡献值分别对应不同的激励方式。通过对企业的走访,我们发现员工比较关注的激励形式主要有发奖金、调工资、升职、给予学习或进修的机会、公费旅游（疗养）、休假、评选劳动模范或先进个人、企业通报表扬或上光荣榜、持有一定的企业股份等。此外,企业在对员工进行考核时,应当从考核指标、考核方法、考核信息、考核结果以及考核评价方面平衡员工在参与管理中贡献的比重,把在本职工作中来自外界的高度认同作为对自己工作的高度激励,以及在企业内部发挥榜样效应,进一步调动员工参与管理的积极性。

第二节　企业基层党组织服务机制

政党是现代政治生活中的特有现象,通常有特定的政治目标和意识形态,针对国家和社会议题有各自的主张,制定政纲展示愿景。英语中的 party 一词,源自拉丁文的 pars 或 partire,意为划分或分割,最先进入英语的词语形式是 part,意为社会的一部分。直到 18 世纪,英国著名的政治家埃德蒙·柏克则第一次给政党明确下了定义。就是大家基于一致同意的某些特殊原则,并通过共同奋斗来促进国家利益而团结起来的人民团体。[①]

对于现代政党的产生有几种不同的解释理论。制度论认为,政党的出现是伴随议会与选举制度改革的结果。历史局势论认为,政党是在新旧制度交替和民族战争中,因为政治理念的不同而产生争议,从而产生了多样性的政党。危机论认为,形成国家时会发生新政治秩序的合法性危机,政党正是为了解决这一问题而产生的。[②] 发展论认为,社会现代化导致社会各方面关系得以加强,从而出现了政党。[③] 马克思主义认为,政党是在阶级基础上产生的,是阶级斗争发展到一定阶段的产物。列宁和毛泽东则进一步指出,现代政党是阶级的领导者。

政党组织是以夺取、保有或参与国家政权为目的的政治性组织。不同类型政党的组织机构和组织体系各有其不同的特点。在中国大陆,中国共产党是实行人民民主专政的中华人民共和国唯一执政党,其政党组织包括政党的中央组织、地方组织和基层组织。党的基层组织是党在社会基层组织中的战斗堡垒。根据《中国共产党章程》规定,企业、农村、机关、学校、科研院所、街道社区、社会组织、人民解放军连队和其他基层单位,凡是有正式党员3人以上的,都应当成立党的基层组织。党的基层组织,根据工作需要和党员人数,经上级党组织批准,分别设立党的基层委员会、总支部委员会、支部委员会。那么党章中为什么对党的基层组织有如此明确的规定呢?众所周知,中国共产党是马克思主义性质的政党,是工人阶级和中华民族的先锋队,其根本宗旨就是全心全意为人民服务。

---

① Giovanni Sartori, *Parties and Party Systems*, Cambridge University Press, 1976, pp. 3 – 4.
② 孙关宏:《政治学概论》,复旦大学出版社,2003,第 250~251 页。
③ 王沪宁:《政治的逻辑——马克思主义政治学基础》,上海人民出版社,1994,第 43 页。

正如邓小平所说："工人阶级的政党不是把人民群众当作自己的工具，而是自觉地认定自己是人民群众在特定的历史时期为完成特定的历史任务的一种工具。"[①] 在企业中建立基层党组织，也正是看重了基层党组织的服务职能。那么，在企业中的基层党组织服务什么，或是为谁服务呢？根据党章的字面来看，应当是服务工人阶层，那是否在企业中党组织只需要为工人阶层服务便可独善其身呢？从现代企业的管理要求来看，仅仅服务于工人阶层当然是不够的。企业是工人阶层生存和发展的平台，因此，基层党组织既要服务于工人阶层又要服务于企业的生存和发展。

一 基层党组织服务大局

党的十八大报告提出"要围绕构建中国特色社会主义社会管理体系，加快形成党委领导、政府负责、社会协同、公众参与、法治保障的社会管理体制"的新命题。在企业中，要解决这样的命题，首要一点是如何使党委领导的政治、组织优势转化为管理、服务优势，提高基层党组织服务大局的能力。所谓服务大局则是指党组织要服务于企业的整体利益，既要服务于工人阶层也要服务于企业的生存和发展，在代表工人阶层利益的过程中找到与企业的平衡点，以保证工人阶层的利益最大化和企业的可持续发展。

1. 基层党组织要服务于人

基层党组织首先要服务的群体就是党员。党组织是由广大的党员组成的，所以党员的素质和能力直接关系着党组织的整体状况，因此，如果党员没有足够的服务意识，那么基层党组织的服务功能也就不可能实现。对此，基层党组织首先要服务于党员，对有困难的党员进行帮扶、对有情绪的党员进行开导、对思想滑坡的党员进行教育……

[①] 《邓小平文选》第1卷，人民出版社，1994，第218页。

不断地寻求机会在实践中教育和培训党员队伍，在服务中凝聚广大党员，从而增加党员们的服务意识，提高广大党员的素质和为人民服务的能力。全心全意为人民服务是党的宗旨，因此，服务群众是基层党组织最主要的功能。所谓服务群众就是要求基层党组织在工作中为群众办事谋利益。在企业中，基层党组织的天然优势就是能够直接面对最广大的工人阶层，有机会去倾听和了解群众的需要、诉求，因此基层党组织应当经常深入群众，与群众交朋友，了解他们的疾苦，解决他们的困难，急群众之所急、想群众之所想、办群众之所需，以实现、维护、发展最广大工人群体的根本利益，真正为员工服务。

2. 基层党组织要服务于事

事是自然界和社会中的现象和活动，有人的地方便有事，在企业中也不例外。从历年来的劳资冲突来看，冲突往往因待遇、工时、福利等而起，而冲突的两头分别系着的是劳方和资方。当冲突发生时，在企业中承担服务职能的党组织应当勇于面对，主动充当劳方与资方的桥梁，听取、融合、分解双方的意见，积极制订方案平衡双方的诉求，在矛盾的初级阶段化解劳资双方潜在的危机，避免冲突升级。本课程组在珠三角企业的走访中，某大型连锁餐饮企业的党支部书记谈道："我是从国有企业下来的党员，从我以前的工作经历来看，在企业中建立党组织是有必要的。为此，我经常找老板谈，也做了相应的报告说明党组织的必要性，终于在2007年我们单位的党支部成立了。当时我们单位的党员不多，党支部成立之初，公司里绝大多数的员工也不理解，不知道党支部是干什么的，认为可有可无。直到2009年在推进工资集体协商的过程中，党支部才得以'深入人心'。""在进行工资集体协商前的一段时期内，在食堂经常能听到员工在抱怨物价上涨、工资不动，同时会提到，同行业的某些单位涨了工资，有些员工甚至谈到跳槽、应付工作等事情。对此我进行了调查，并向老板做了汇报。

老板开始不以为然，认为'铁打的营盘流水的兵'，出现离职也不足为奇，我就帮老板分析利弊，我找老板大概谈了5次，最后他同意让人力资源部做一个工资调整方案，在方案公布前，我建议让我先去争取一下员工的意见。我就这样带着方案一个营业部、一个营业部地问（征求员工的意见），然后又把员工的意见反馈给了老板和人力资源部，最后人力资源部又修改方案，虽然最后的方案不能完全体现员工的想法，但是至少促成了员工工资的上涨，而且双方（老板和员工）都能接受。那个时候，大家都感谢党支部。直到现在，党支部每年换届，总是我的得票最多，而且通过这几年的建设，我们还发展了不少党员。"

二 加强和改善党对工会组织的领导

工人阶级是我国的领导阶级，是先进生产力的代表，也是企业发展的主力军。全心全意依靠工人阶级，是我们党和国家的政治优势，是贯穿我们工作的一项基本方针。工会则是在企业中基于共同利益而自发组织的工人联合团体。《中国工会章程》指出："中国工会是中国共产党领导的职工自愿结合的工人阶级群众组织，是党联系职工群众的桥梁和纽带……" 2008年10月在中华全国总工会第十五次全国代表大会的开幕式上，时任国家副主席的习近平同志代表党中央致贺词时提出，"工会工作是党的群众工作的重要组成部分"。党和国家的很多方针政策，势必要通过工会组织去贯彻落实。只有加强党对工会组织的领导，才能够更好地发挥工会在党联系群众中的桥梁和纽带作用，因此，要正确贯彻落实党的"依靠"方针，就必须不断加强党对工会组织的领导，这是由工会和党的性质所决定的。

加强和改善党对工会组织的领导，首先要在解放思想中统一思想，在企业的工会工作中树立"围绕党的领导促进工会发展"的工作思路。工会与中国共产党关系的实质是广大的工人阶级群众组织和工人

第六章 珠三角非公企业劳资矛盾调处的微观视角

阶级先锋队组织的关系。工会是群众组织，这一特点决定了工会组织自身没有独立的政治纲领，那么工会工作在路线、方针、政策上的依据从何而来呢？在建设中国特色社会主义社会的进程中，党组织始终代表着执政党的利益和中国前进的方向，选择党的纲领作为工会的纲领则是工会组织的必然选择，因此，企业的工会组织除了要接受上级工会的领导外，还应当接受同级的基层党组织的领导，只有这样企业的工会工作才能在正确的轨道上运行。2006年7月中华全国总工会执行委员会审议通过的《企业工会工作条例（试行）》指出："企业工会在本企业党组织和上级工会的领导下，依照法律和工会章程独立自主地开展工作，密切联系职工群众，关心职工群众生产生活，热忱为职工群众服务，努力建设成为组织健全、维权到位、工作活跃、作用明显、职工信赖的职工之家。"这也表明了工会接受党组织领导的重要性。此外，企业的基层党组织也应当从巩固党的阶级基础、增强党的执政能力的高度出发，切实发挥好对企业工会工作的领导作用，在保证工会独立自主地开展工作的前提下，对工会工作进行指导和监督，始终把工会工作作为重点工作来抓。

党组织应当支持工会独立开展工作。加强和改善党对工会组织的领导主要为了工会在正确的方针、政策下开展工作。在企业中工会是直接面向员工的组织，不论员工职位高低、是不是党员，只要是企业中的一员就是工会服务的对象。根据服务对象不同的特性和要求，工会便于灵活地采取多种不同的活动方式、工作方法和工作内容，否则就容易脱离职工群众。工会工作的这种特征表明其不可替代性，因此，基层党组织应当将领导工会工作和支持工会独立自主地开展工作有机地结合起来，使两者统一于遵照党的"全心全意为人民服务"的宗旨在企业中为企业员工服务，这也是党的领导在工会工作领域中的具体体现。支持工会独立自主地开展工作，要求党组织认真学习、了解工会工作程序，特别是要学习、掌握2001年修改通过的《工会法》，明确工会的基本职责、权利和义务等问题。此外，支持工会组织独立自主地开展工作，最重要的是能够帮助工会解决在工作中遇到的重大问题和实际困难。代表和维护企业员工的合法权益是企业工会工作的重中之重，但工会组织在维护职工权益的过程中遇到阻力时，党组织应当挺身而出，积极地协助工会组织，发挥领导优势，把党对工会的要求和企业员工对工会的要求紧密地结合起来，成为工会组织强有力的后盾。

第三节　企业文化建设机制

文化（Culture）是一个非常广泛的概念，给它下一个严格和精确的定义是一件非常困难的事情。不少哲学家、社会学家、人类学家、历史学家和语言学家一直努力，试图从各自学科的角度来界定文化的概念。美国当代著名文化人类学家鲁思·本尼迪克特（Ruth Benedict）认为文化本质上是由人们所共同拥有的观念和判断标准构成的价值观体系。[1] 美国人类学家爱德华·霍尔（Edward T. Hall）认为文化是人们交往的媒介，文化触及并改变着人们生活的方方面面。[2] 笼统地说，文化是一种社会现象，是人们长期创造形成的产物；同时又是一种历史现象，是社会历史的积淀物。因此，文化一般被看作在特定的社会环境中决定着人们办事的行为方式。[3] 概括而言，文化就是特定社会环境中的价值理念，不同的价值观决定着不同的价值取向，从而产出了不同的行为模式。

企业文化作为文化的一个分支，必然也会表现出文化的特性，如

---

[1] Ruth Benedict, *Patterns of Culture*, Boston: Mariner Books, 1934, pp. 54 – 55.
[2] Edward T. Hall, *Beyond Culture*, New York: Anchor Books, 1989, pp. 141 – 142.
[3] 〔美〕约瑟夫·M. 普蒂等：《管理学精要：亚洲篇》，丁慧平等译，机械工业出版社，2002，第424页。

第六章　珠三角非公企业劳资矛盾调处的微观视角

同文化的定义一样并无标准而言，在不同的场合也常常会以不同的称谓来表现，如 organization culture（组织文化）、corporate culture（公司文化）、company culture（公司文化）、enterprise culture（企业文化）等，虽然称谓不同，但在内涵上基本大同小异，都是要体现出一个企业特有的价值理念。企业所弘扬的价值理念则往往是企业文化形成的基础，在此之上形成了企业大多数成员所共同遵循的标准和信念，影响和决定着员工的行为方式，并由此演化出企业在处理与员工关系、与客户关系、与消费者关系、与社区关系、与政府关系等一系列规章、制度、条例甚至包括不成文的惯例、程序。① 可见，在员工关系中企业文化起到了很大的作用，而不同企业文化也将会对企业的发展起到积极作用或消极作用。

一　构建独特的企业文化

在本课题组走访中发现一个有趣的现象，在询问企业管理人员本企业文化内容时，他们往往会指着那些或是悬挂或是张贴的标语口号来体现企业在文化建设上的成绩；然后，当我们走访员工时，大部分员工只能照本宣科，甚至无法背诵出标语的内容。像这种标语式的文字，只是一种形式，并不是真正意义上的文化。企业文化不应当仅仅限于一种物质形态，而应当是企业中精神层面的力量，就如同空气、温度一样，看不见、摸不着却实实在在地发挥着作用。在当今时代中流传着这样一句话，即"成功无法复制，只能借鉴"，这句话在企业文化的建设中同样适用。研究表明，企业文化是企业员工共同的价值观体系，它使企业独具特色，并且区别于其他企业。然而，从许多企业特别是中小企业来看，在企业文化的建设上使用"拿来主义"的比

---

① 王德胜：《基于持续竞争优势的企业文化作用机理研究》，天津大学经济与管理学院博士论文，2010。

比皆是。服务型企业往往都贴着"顾客就是上帝"的标语,生产型企业大多贴着"安全第一"的标语,这种口号式的宣传,往往不能体现出企业本身的经营风格、产品性质和服务领域,反而流于形式,员工无法从内心树立对企业的信念,难以真正形成企业员工认同并能够遵循的价值标准。

"三流企业靠生产,二流企业靠营销,一流企业靠文化",企业文化就是企业价值观的核心。企业文化是企业在长期的生产经营实践中探索并积淀而成的,在广大员工的认同和信守下,转化为理想目标、价值追求、意志品质和行动准则,也是企业经营方针、经营思想、经营作风、精神风貌的概括与反映。因此,每个企业首先要有明确的自我定位,随后树立符合企业价值规范的理念,制定出相应的规章制度和实施方案,形成企业文化。在企业文化的建设中,除了要考虑企业的发展方向、最高目标、规章制度外,最主要的应当考虑企业与员工的共同价值。企业的发展离不开人,"职工的心,企业的根",企业要想生存,事业要想发展,都离不开广大职工的广泛参与和支持。企业文化最重要的是得到员工发自内心的认可,如果企业文化只是挂在墙上、写在封面,或设置成屏保,那它只能算是一个口号,只有当它印在员工心里,成为员工行为的准则甚至是习惯的时候,它才能称为文化,才是一个企业的价值观。

二 建立让员工可感知的企业文化

美国著名学者菲利普·哈里斯(Phillip R. Harris)在其著作《管理文化差异》(*Managing Cultural Differences*)中谈道:"在上一个世纪,劳动还需要大量的体能支出,而今天,由于劳动和工具性质的改变,劳动需要更多的情感和精神的支出。劳动作为谋生的手段正在改变,劳动和娱乐的界限也在消失。劳动的概念也从生产物质产品转向

第六章 珠三角非公企业劳资矛盾调处的微观视角

非物质产品。"① 由此可见，在当今时代，劳资关系主体之间的联系不仅是物质层面的，还有精神文化层面的。在对企业的走访中我们发现，对于当前企业的很多员工而言，在追求最简单的工资、福利等物质获得以外，同时还有精神层面的需求，例如在广州一家生产菌类的工厂里1993年出生的生产线工人陈某谈道："在工厂里上班都差不多，工资也不会差别太大，关键就是要开心。""你觉得什么样才算开心呢？""老板对我们好一点，多点人情味道；班组织，脾气好一点，不要随便骂人；同事不要钩心斗角，相处简单点，这样就开心啦。""如果能够开心地工作，工资低一点你可以接受吗？""工资低一点可以接受，要是低太多就不行，200元以内吧。""在你周边，和你一样把开心工作放在第一位的人多吗？""当然多了，谁都希望每天开心，心情不好什么都干不了，干什么都没意思。"

可见，在工作中精神层面的要求已经成为很多工人，特别是"80后""90后"工人非常关注的一个层面。所谓开心地工作，更多是指向与企业的融合、与领导的融合以及与同事的融合。工人不是机器，他们是拥有丰富情感的社会人，他们既会思考又能感觉，在工作中也绝不仅仅是在完成一件事情那么简单，他们会在这个过程中去寻找与自己相关的某些元素，确切地说，是希望能够在企业中寻求到某种共鸣。企业文化就是这种能让员工与之共鸣的氛围或风气。在很大程度上，企业文化带给员工的感受会影响到他们的情绪、认知、态度、观念，而文化正是通过这种悄无声息的渗透来作用于员工的行为和企业组织的稳定性的。企业文化反映出企业精神，也是企业的灵魂，员工对企业文化的了解也就是对企业的了解，对企业文化的认同也就是对企业的认同，因此真正在感知企业文化的不是企业文化的"制定者"

---

① Phillip R. Harris, *Managing Cultural Differences*, Gulf Publishing Company, 1978, pp. 191 – 195.

们，而是每一个员工。

企业文化主要应当为普通员工所感知，这个理念常常最容易被企业的老板或高层管理者忽视。如果企业内部出现了员工迷茫、内部暗战、消极懈怠、反复犯错直至大规模频繁离职等现象，很多企业的管理者喜欢将问题表层化，多指责员工素质低下或是员工缺乏责任感，有些也会涉及企业的管理制度，但很少能够归咎于企业文化缺失这类原因。进而询问，企业的管理者都能很容易地说出本企业文化建设上的艰辛以及本企业文化所包含的深刻意境。再问这些企业文化如何为员工所感知时，则往往都是限于表层的宣传，缺失切实的路径。企业文化不能只是一块标语立于屋顶，而应当有切实的传播路径被员工感知，企业文化的传播就是要对企业文化的内涵和组成要素进行全方位的推广和扩散。在企业内部要以个体传播为主导，即认同与支持企业文化的员工，通过自己的工作或执行任务或做人做事来传递企业文化信息，去感染、感化周边的同事；同时，兼用组织传播以完善内部报刊、广播、电视台、橱窗、宣传栏等渠道，举办企业文化征文比赛、文艺晚会、企业文化演讲、评先进等活动，以及健全相关管理机制体制，来宣传与推广企业文化。

在企业文化的建设上，当企业的经营管理者能够将重点放在"人"上时，才能够发现企业从精神层面给员工所带来的影响和变化。当企业文化直接作用于员工时，企业能够以自身的成长标准来要求和筛选员工，那么经过企业文化洗礼的员工往往在价值理念和追求目标上最易于和企业达成统一，当企业的目标和员工的目标一致时劳资关系也最趋于和谐。

三　企业文化的建设要基于社会责任

社会是企业利益的来源，企业作为一个社会元素，必须融入社会群体中，并与社会中的其他组织展开良性的互动。也正因为如此，企

第六章 珠三角非公企业劳资矛盾调处的微观视角

业承担社会责任，是企业自身伦理道德的要求。企业社会责任（Corporate Social Responsibility，CSR）这一概念最早于1924年由欧利文·谢尔顿（Oliver Sheldon）提出来，但开始有较清楚的论述是在20世纪30年代以后，强调企业除了赚取最大利润外，也应该重视员工、客户、供货商、环境及社区之间的平衡。[①] 国务院发展研究中心李国强研究员认为，所谓企业社会责任，就是企业在追求利润的同时要承担社会责任，要接受社会监督，发展要符合道德规范，要维护利益相关者特别是劳动者的权益，注重环境保护，最终实现企业和社会的可持续发展。[②] 此外，著名的瑞士达沃斯经济论坛也对"企业社会责任"下过一个定义，共包含四个方面：①好的公司治理和道德标准，包括遵守法律、共同规则以及国际标准，防范腐败贿赂；②对人的责任，包括员工安全计划，就业机会均等，反对歧视和薪酬不公平等；③对环境的责任，包括维护环境质量，使用清洁能源，共同应对气候变化和保护生物多样性等；④对社会发展的广义贡献，例如举办、参与慈善和捐赠活动等。[③] 综合而言，企业的社会责任可基于两个方面，"对外向社会负责；对内向员工负责"。这是企业的正面态度，表现出企业的气度和胸怀，当企业在承担这些责任时不仅能够获得外界的尊重，同时也更易于获得员工对企业的认同。只有当企业充分地认识到对员工的这份责任并以此来展开工作，才会在思想和情感上对劳方产生影响，促使劳方调整策略，起到预测、预防、化解劳资矛盾的作用。

2014年7月惠州市如家酒店的服务员李霞因身体不适前往医院就诊，不料被诊断为肺癌晚期。突如其来的打击和巨额的医疗费压得她整个家庭喘不过气来。所幸，如家酒店集团华南分公司高层得知这一

---

① 陈炜、王茂祥：《我国企业社会责任规范管理的思考——以中国移动通讯集团公司为例》，《改革与战略》2008年第2期。
② 李国强：《企业社会责任是企业文化建设的重要内容》，《造纸信息》2007年第10期。
③ 杜庆玲：《浅谈企业文化与社会责任的关系》，《课程教育研究》2013年第12期。

消息后，立即组织全区域的100多家门店为其发起爱心捐助，共捐得爱心款15万多元。①这种对困难职工的帮扶便是企业在忙于生产经营的同时承担企业社会责任的具体体现。除此以外，企业还可以对有实际生活困难的员工开展"送温暖"活动，例如针对某些生活困难的员工家庭无力支付子女学费的情况，可以采取在企业内部设立助学贷款账号等形式，发挥联系员工的优势。同时，企业还应当从吃、住、行、娱乐、生产等多方面综合为员工设身处地地考虑，例如生产环境是否安全、是否配备了相应的防护资料、如何提升员工对食堂的满意度、员工购物是否方便、是否配有超市、是否配有运动场地等，这些方面都应当是企业展示风采的重要平台。企业勇于承担社会责任，其社会能力也就增强了，这使得企业看起来像个"小社会"。相应的，员工在对企业的认同中便不知不觉地增强了对企业的依赖程度，并会以此为动力，在赖以生存的环境中寻找和谐生活的平衡点。

第四节　企业劳动保障机制

劳动保障是指为保护劳动者的基本权益所采取的一切措施和行为的总和。劳动保障制度是以保障劳动者的合法权益为目的的，这区别于其他对劳动关系调整的法律制度。劳动保障制度是劳动制度的一个重要组成部分，它是国家根据有关法律规定，通过国民收入分配和再分配的形式，在劳动者因年老、疾病、伤残和失业等而出现困难时向其提供物质帮助以保障其基本生活的一系列制度。劳动保障制度所涉及的内容非常广泛，职工的生育保障、疾病保障、失业保障、伤残保障、退休保障、死亡保障等都是劳动保障制度的内容，其中失业保障制度和退休保障制度是劳动保障制度中两项最主要的制度。劳动保障

---

① 刘挺：《企业为员工募捐15万治病》，《惠州日报》2014年8月20日。

制度是国家以法律制度和社会保障为主要形式，保证劳动者的职业安全及其家庭生活稳定、社会安定以及整个社会经济发展和社会进步。就企业而言，在企业内部建立劳动保障机制则是要求企业以规章制度等形式规范或优化劳动用工，以保障劳动者在本企业内的生存权、获得报酬权、就业权、参与权、接受教育与培训权等合法权益。

一 企业内的劳动保障制度应当体现出本企业的特色

就目前而言，企业在劳动保障建设上往往有相应的用工制度，却很少能够体现出本企业的特色。很多的用工制度都是以国家规定的用工要求为基准线，规定的无非劳动年限、劳动时间、劳动薪酬、基本社保等一系列国家法令明文要求的条件，这些规定虽然在不同的企业间存有细节的差异，但对于劳动者而言没有特别的关注点，这无疑不利于企业强化员工对企业的归属感。本课题组在走访广州市一家网络公司时发现，该公司拥有员工60人左右，有超过1/5的为工作满5年的员工，有超过1/3的为工作满10年的员工。该单位的劳动条例比较详细，设有工龄工资一项，其规定如下："在本公司连续工作满一年的员工每月工龄工资为100元整；在本公司连续工作满两年的员工每月工龄工资为200元整；以此类推，之后在本公司工作每增加一年，每月工龄工资相应增加100元整。累计十年封顶。"该单位人事处工作满10年的小胡说："我们公司还是比较看重员工的，我在之前的单位（民企）听都没有听说过工龄工资，而且（之前工作的）单位总是想着办法扣员工的钱，想要加钱那是难事。现在的公司还会主动给我们涨工资，这是我想都没想过的，我到这家公司10多年了，每个月比刚来的时候多了1000元，我挺满足的，关键是我觉得公司看得起我，我是打算一直干下去的。"对此，我们找到该企业员工队伍较为稳定的依据。企业需要被社会认同，员工同样需要被企业认同，该企业就是利用员工对认同感的诉求，在其劳动保障制度中增加了工龄工资一项，虽然工龄工资在国有企业中是较为普遍的，但是在私营企业和民营企业中并不常见。相对于一些国有企业而言，该单位工龄工资的金额虽然不是很高，但作用不可小瞧。

二　企业内的劳动保障应涉及员工的成长

企业的劳动保障制度要用于保障劳动者的生存权，这里的"生存权"并不是单指员工在企业内可以获得工作的权利，而是如何在工作中自我提高或者是实现职业的发展。我们在走访广州一家印刷企业的时候，该企业经理的一番话颇引人思考，他说："我单位几乎每个月都在招人，岗位就是印刷工，每次招到人之后的工作周期就是半年左右。去年我女儿从美国硕士毕业回来，她去北京一家美国的服装连锁公司应聘，职位是中国地区客户服务部经理。她现在工作快半年了，不过她现在工作的地点不是在高档的写字楼，而是在北京的一家专卖店里当店员。刚上班的那一个月，每天下班到家腿和脚都是肿的，她妈妈很心疼，说女儿从小到大没受过这种苦，我打电话让她回广州，她拒绝了，继续留在北京。上个月我单位的印刷工又辞职了，我现在又要招人，我当时就在想：真是奇怪，女儿从小娇生惯养，吃着那种苦却依然坚持；而单位里招的基本都是从农村出来的初中毕业生，按说他们要更加珍惜工作机会一些，可为什么却干不长久？前几天我刚给我女儿打电话，问她为什么要坚持，她是这样回答的：'我应聘的岗位仍然是客户服务经理，而且还挺顺利，不过按照工作的要求，我首先要在半年内证明自己可以从店员做到店长，然后再半年内从店长做到区长，然后再半年内从区长回总部，到总部接受培训合格后开始我真正的客服经理的工作。所以为了以后我现在吃点苦也是值得的，而且这个过程也可以证明我自己。'当时挂了电话，我就开始思考，我们总是在强调员工可以为企业带来什么，同样，员工也会思考：'这个企业能够给我带来什么。'可能在我的企业里除了每月按时付给员工工资、为员工购买保险、和员工订立合同外,还要给员工一些其他的东西,能够真正让员工成长的东西,让员工觉得有保障的东西,只有这样才能让我的企业吸引到人才。"美国著名心理学家班杜拉曾提出"自我效能感"(Self-efficacy)的概念,并进一步指出"预期是认知与行为的中介,是行为的决定因素,效能预期则是个人对自己能否顺利地进行某种行为以产生一定结果的预期。效能预期不只影响活动和场合的选择,也对努力程度产生影响。被知觉到的效能预期是人们遇到应激情况时选择什么活动、花费多大力气、支持多长时间努力的主要决定者"。① 预期是对自我效能或者自我能力的一种衡量,它强调个体对自我能力的要求,它是人们对自身完成某项任务或工作行为的自信程度,这种自信在一定程度上需要企业来赋予。好的企业应当让员工看到希望,除了一份工作,企业还能给员工带来哪方面的劳动保障呢?是职位的晋升还是能力的提高?如果是职位的晋升,那么企业就应该在员工入职之初规划出员工在企业中职位晋升的几种可能,使员工明确以后的发展路径,同时正确地看待当前工作与今后工作之间的联系,并做出相应的决定;如果是能力的提高,那么企业就应当为员工配备相应的培训机制。企业在用工之初就为员工规划好成长的路径,使员工在企业中有收获,企业才有凝聚力。企业的发展要靠员工来推动,企业应当学会用用工制度保障员工与企业一同成长。

三 在企业内部建立"体面劳动"的保障机制

1999 年 6 月,国际劳工组织新任局长索马维亚在第 87 届国际劳工大会上首次提出了"体面劳动"这一新概念,从此"体面劳动"便成为一个全球性的概念。2008 年在中国举办的"经济全球化与工会"

---

① 周文霞、郭桂萍:《自我效能感:概念、理论和应用》,《中国人民大学学报》2006 年第 1 期。

国际论坛开幕式上，国家主席胡锦涛在大会致辞中让"体面劳动"第一次进入中国大众的视野。2010年4月27日，全国劳动模范和先进工作者表彰大会在北京人民大会堂举行，国家主席胡锦涛在大会致辞中再次提出"让广大劳动群众实现体面劳动"，一时间"何为体面劳动"成为社会热议的话题。本课题组围绕"体面劳动"对一线劳动者调研发现，在不同的岗位、不同的人生阶段对"体面劳动"的认识和衡量也是不尽相同的。

> 体面劳动就是挣的钱能够养活我的老婆、孩子，而且还能有所盈余，陪着老婆、孩子一起出去玩玩，就是不用再为钱操心。
> 体面劳动就是坐在办公室里上班。
> 正式工和临时工同样都是企业员工，为啥临时工就比正式工要拿钱少？而且很多福利也不同，比如正式工过春节一人有500元，而临时工只有200元，什么都是正式工优先，好像临时工低人一等，当然不体面。
> 如果老板能够提高工作时间的待遇，我就不用抢着加班，有时间可以休息、可做自己的事情，我就觉得很体面了。
> 体面劳动就是要有一技之长，这样不论走到哪里都有饭吃，单位不要把我们当作工具，能够给我们创造培训的机会，让我们能够学到真正的本事就好了。
> 体面劳动就是我的家人可以以我的工作为荣。
> 农民工这个叫法就不体面。

2009年中华全国总工会发布的《关于新生代农民工问题的研究报告》指出：当前以新生代为主的农民工就业群体在就业选择上不仅看重硬件——工资，更看重软件——福利待遇、工厂环境、企业声望乃

| 第六章　珠三角非公企业劳资矛盾调处的微观视角

至发展机会等。① 在走访中我们体会到，体面劳动离不开合理报酬，而体面劳动的实现也不能止于"加薪"。一方面，在经济发展与用工环境发生巨大变化的今天，企业不仅要关注工资的增加，也要从人性化的角度，在改善职工的工作环境和居住环境，保障职工的合理报酬、休息休闲权利，满足职工的精神文化生活需求，提供职工个性化的成长空间等方面不断迈出坚实步伐。另一方面，劳动者与企业之间不应当只是赤裸裸的物质交易，更应当有情感上的关怀和精神上的交流。劳动获得报酬是理所当然的，然而人们很难在金钱上获得完全的满足，因为物欲总是随着金钱的膨胀而膨胀，但是在精神和情感上的满足是能够铭记于心的。让劳动者充分实现体面劳动，无疑还应该补上精神和心理关怀，哪怕很微小的心理关怀，比如员工生日的时候，管理者能送上温馨的祝福；员工家庭出现困难的时候，企业能够挺身帮助；员工的工资待遇因为企业不够景气无法提高时，管理者能够认真解释，温馨沟通……很多时候，绝大多数员工会受到感动，可以理解企业的难处，愿意与企业风雨同舟。②

第五节　企业劳工群体心态引导机制

马克思曾指出："人的本质不是单个人所固有的抽象物，在其现实性上，它是一切社会关系的总和。"③ 因此，一个现实的人，总是要生活在一定的社会环境中，受经济和政治地位、种族或民族、社区、年龄、性别、职业、血缘、兴趣、信仰等诸多方面因素的影响，要与

---

① 全国总工会新生代农民工问题课题组：《关于新生代农民工问题的研究报告》，《江苏纺织》2010 年第 8 期。
② 《让劳动者体面劳动有尊严地生活》，人民网，http://theory.people.com.cn/GB/40555/11816262.html，2010 年 6 月。
③ 《马克思恩格斯选集》第 1 卷，人民出版社，1995，第 60 页。

其他人形成一定的社会关系，实现一定的群体生活。从社会心理学的角度看，群体是指两个或两个以上相互依赖和相互作用的个体，为了某个共同的目标而结合在一起的彼此之间具有情感联系的人群。[①] 可见"群体"的特点很明确，即成员有共同的目标、成员之间有情感上的联系、成员对群体有认同感、成员有共同的价值观等，也就是说群体是相对于个体而言的，但不是任何几个人就能构成群体，群体的价值和力量在于：群体能够通过其价值机制对个体施加影响，使个体在思想和行为上表现出一致性，这种一致性往往表现为在思想和行为上对群体目标的认可和服从。

从心理学的角度来看，群体通常可分为正式群体和非正式群体。正式群体是指组织结构确定的、职务分配很明确的群体。常见的正式群体有命令型群体和任务型群体两种。非正式群体是指成员为了满足个体需要，以感情为基础自然结合形成的多样的、不定型的群体。非正式群体既没有正式结构，也不是由组织确定的联盟，而是个体为了满足社会交往的需要在工作和生活环境中自然形成的。常见的非正式群体有利益型群体和友谊型群体两种。在劳资关系领域中出现的群体性事件所指的群体往往是非正式群体，如2010年富士康员工跳楼事件、南海本田工人罢工事件，2011年广东潮州古巷镇事件，2012年广东佛山强群制鞋厂200名工人集体停工事件，2013年诺基亚通信设备东莞分公司在未经与员工协商的情况下修改员工手册导致大规模停工事件，2014年格兰仕（中山）电器有限公司约2000名工人打砸工厂事件，等等。在这些因劳资矛盾而引发的群体性事件中，群体中并无组织，工人往往是在活动中自发组织在一起的，在事件中表现出情感同一、行动协同。珠三角地区是工人较为集中的地区，2014年2月24日中国社会科学院法学院研究所发布《2014年中国法治发展报告》，

[①] 金盛华：《社会心理学》，高等教育出版社，2005，第377页。

第六章 珠三角非公企业劳资矛盾调处的微观视角

对近14年间的群体性事件的特点进行了梳理,发现半数以上群体性事件是因平等主体间纠纷引发,广东以占全国总数30.7%的比例居首。非正式群体的缔结往往是基于成员间心理相容的情感性关系,成员间形成一致性的心理态度,也就是我们常常所说的心态。

群体心态是群体对在社会中所处地位的心理反应,也是群体性事件发生的一个重要变量,在群体心态比较平稳(积极的)情况下,矛盾冲突就容易化解;在群体心态消极乃至失衡的情况下,很小的矛盾也可能酿成重大群体性事件。[①] 因此,在建立和谐劳资关系的道路上,企业内部建立对工人群体心态进行引导的机制是十分有必要的。

一 要在企业内部积极培育良性的群体心态

从众理论认为,在群体行为中,个人会表现出很明显的从众心理,其行为相应具有很明显的从众性(趋同性)。有一个人率先怎么干,其他人往往会模仿做出同样的行为。尤其是在突发性的集群行为中,加入集群行为的个人,在"集体潜意识"的作用下,其心理往往会发生根本的变化,与平时判若两人,甚至不由自主地失去自我意识,失去平时的理智思维和自我控制能力,本能地彼此相互模仿,情绪相互传染,力求与现场的多数人行为一致。[②] 因此,在企业这个大的集体环境中应当培育良性的群体心态,这应该以培育大多数员工积极的心态为起点。所谓积极心态,是一种正向的、主动的、向上的心态,它是对外界的刺激所做出的一种正向的反应,个体在通向自我实现的途径时充满积极、乐观、向上的思想和理念。[③] 在工作过程中,当员工拥有积极心态时可促使其形成主观上的幸福感,从而实现自我定位,

---

[①] 陈月生:《群体性事件中的群体心态研究》,《理论与现代化》2010年第6期。
[②] 胡联合:《中国当代社会稳定问题》,红旗出版社,2009,第288~289页。
[③] 周东滨:《积极心态:和谐社会构建中的重要心理要素》,《内蒙古师范大学学报》(教育科学版)2010年第1期。

在面对问题时表现出理性，对个体行为有一定的约束力。众所周知，外因通过内因起作用，薪酬、工作时间、人际关系等一系列导致劳资冲突的因素，都会使持不同心态的员工表现出不同的行为，例如在2010年南海本田工人罢工事件中，工人只是静静地聚集，没有发生语言和肢体上的暴力冲突；而2011年广东潮州古巷镇事件则因劳资之间的暴力对抗成为年度最受瞩目事件之一。在这两个事件中，前者绝大多数的工人还是怀着希望能够继续在本田工作的心理态度来付之行动，而后者工人则怀着与企业决裂的心理态度来最大限度地表达不满。企业内部要培育良性的群体心态有三个方面不可忽视。第一，重视对员工法律知识的普及。珠三角是工人较为集中的地方，但很多工人的文化程度并不高，在法律知识方面也显得不足，这也导致部分工人对自己的行为缺乏合理的认识。对此，企业应当有针对性地加强法律知识的宣传，使工人明确自己的权利和义务，明确自身对不同的行为结果所应负的责任。第二，员工是企业发展前进的划桨人，因此企业应当以双赢的态度来处理涉及员工切身利益的事项，在日常的工作中将员工的成长作为企业发展的一项重要工作，培育员工对企业的归属感。第三，企业应当将培育员工的积极心态作为企业文化建设的一部分来抓，使员工在工作中或是面对问题时都能够以个人发展或是劳资双赢的角度来理性分析问题、解决问题，避免以偏激的心态来处理问题。如果发现企业中有持消极心态来解决问题的员工，应及时处理，依照公司的相关制度或规定妥善地解决，以免出现"投射效应"，影响到整个企业群体的心理态度。

二　要及时平复和疏导群体情绪

2010年南海本田工人罢工事件对于整个社会而言是突然的，但是对于企业而言不应该感到突然，因为在此之前，工人已经在不同的场合中提出过对薪酬的诉求，可惜并未得到企业的重视。当工人共同的

第六章 珠三角非公企业劳资矛盾调处的微观视角

诉求无法通过企业内部既定的渠道来表达时，工人以群体的方式进行表达或许也是工人不得已而为之的选择。面对可能酝酿为群体性事件的行为，企业应当及时关注而不能听之任之。当员工对某项事物表现出极大的关注和情绪波动时，企业不仅要有畅通的表达渠道，更要有有效的解决机制，不要使问题陷入一种"有问题可以提，有不满可以说，但是否解决则另当别论"的伪命题中。企业应当主动去了解在企业中大部分员工都聚焦的事件，创造途径（比如职工代表大会）让员工将诉求表达出来，针对员工提出的意见进行政策上的考量，如可解决的有哪些诉求，还有哪些诉求不能解决，是暂时无法解决还是长期都不会考虑，原因是什么，等等。企业应当有这样的态度，不仅要让员工"有话可以说，有意见可以提"，同时要反馈给员工一个信息：你们的主张和意见，企业会认真地考虑。这强调了员工的主体地位。针对员工的群体诉求要有理有据，和员工或员工代表进行协商，在员工中树立企业的积极形象，同时化解困扰员工的问题，平复员工的情绪。此外，有条件的企业可以与社会相关组织联合开辟"知心热线""员工之家"等多种非正式的员工诉求表达途径，实质上它们是以心理咨询、心理教育为主要任务的，因为在当今的中国，人们对于心理咨询还存有一定的误解，认为只有心理有疾病的人才会去进行心理咨询。因此，很多人对于心理咨询表现得极为反感。但是，在实际中适时有效的心理咨询能够在很大程度上缓解人们心理上的压力和不良情绪，并以此改变人们的行为选择。所以，企业可以避免员工对"心理咨询"字面含义的误解，以变通的形式来缓解员工的心理压力和消极情绪，通过心理教育和科学的心理辅导，帮助他们坦然面对突发事件，预防和克服恐慌心理，引导公众梳理各种复杂信息，理性分析群体性事件中的传言，塑造理性、开放、宽容的群体心态。[①]

[①] 曾秀兰：《群体性事件中的群体心态探析》，《探求》2011年第3期。

三 要积极应对群体性劳资事件

群体性事件是由社会群体性矛盾引发,不受既定社会规范约束,具有一定的规模,造成一定的社会影响,干扰社会正常秩序的事件。群体性事件的表现形式多种多样,如集体上访、集体怠工、罢工,非法集会、聚众、游行、示威、骚乱、暴乱等。[①] 既然群体性事件会对社会秩序稳定造成一定的影响,具有一定的破坏性,那么当群体性事件发生时如何应对显得至关重要。

第一,及时疏导聚集人群。群体聚集,不仅有利于各种流言传播,而且最容易产生"情绪感染"。群体有时是盲从的,情绪可以在人群中间相互传染。途径少数人受流言影响后,通过网络、手机等,可以人传人,很快形成心理群体。个体一旦聚集成群体,就有可能失去理性。而且,群体的成员之间会相互传染。因此,一旦群体性事件发生,相关部门要及时到场,遵循"可散不可聚"的原则,及时疏导聚集人群,分割无关人群,分化瓦解一般参与人群,不让其形成群体势力核心。不能"拖、等、看",不能等到事件性质发生变化了、情况恶化了再采取措施。

第二,加强信息公开和权威发布,避免谣言四起。大规模群体性事件的发生大多与谣言有关。谣言的出现和流传有其自身的心理基础和规律。谣言常常出现在那些与公众既有切身利害关系又模糊不清的事件中。一些研究者认为,谣言产生有其基本公式:$R = i \times a$(其中,R 代表谣言,i 代表重要性,a 代表模糊性)。依据这个公式,一个事件对人们的重要性越高,模糊性越大,那么产生谣言的可能性也就越大。[②] 在很多情况下,人对有关事情的信息常常不能准确获知或无法

[①] 向德平、陈琦:《社会转型时期群体性事件研究》,《社会科学研究》2003 年第 4 期。
[②] 吴江霖、戴健林等:《社会心理学》,广东高等教育出版社,2000,第 373 页。

第六章 珠三角非公企业劳资矛盾调处的微观视角

获知，于是就只好通过各种渠道去搜集，这样，谣言就有了传播的空间。为此，一旦群体性事件发生后，政府或相关组织要采取更为开放积极的工作方式，加强信息公开和权威发布，使谣言不攻自破，争取舆论主动权。如果政府封锁信息，或信息公开不及时，就可能让谣言先于政府信息主导社会舆论，从而陷入被动状态。

第三，震慑恶意破坏者。群体行为是非理性的、缺乏逻辑思维、对事物的是非判断几乎为零的一种行为模式。针对群体性事件参与人员相互撑腰壮胆、法不责众的心态而导致的狂暴行为，必要时应采取合法的强制手段，以震慑恶意破坏者。合法的强制手段是在不良群体心态出现时的一种应急处理方式，即"堵"的手段。而且，在必要的时候要采取"大喝一声"和"猛击一掌"的非理性的方法把参与群体性事件的人群震住，把他们已经成形的情绪走向打乱，然后再采取措施将他们引开。[①]

[①] 曾秀兰：《群体性事件中的群体心态探析》，《探求》2011年第3期。

参考文献

（一）著作类

1. 常凯：《劳动关系学》，中国劳动社会保障出版社，2005
2. 华尔德：《共产党社会的新传统主义》，龚小夏译，牛津大学出版社，1996
3. 潘毅：《中国女工——新兴打工阶级的呼唤》，明报出版社，2007
4. 马克思：《共产党宣言》，成仿吾译，人民出版社，1978
5. 《马克思恩格斯选集》第1卷，人民出版社，1972
6. 《马克思恩格斯全集》第3卷，人民出版社，2002
7. 《马克思恩格斯全集》第20卷，人民出版社，1997
8. 《马克思恩格斯全集》第25卷，人民出版社，2001
9. 《马克思恩格斯选集》第4卷，人民出版社，1972
10. 《列宁选集》第4卷，人民出版社，1995
11. 《毛泽东文集》第7卷，人民出版社，1999
12. 赵鼎新：《社会与政治运动讲义》，社会科学文献出版社，2006
13. 常凯：《劳权论——当代中国劳动关系的法律调整研究》，中国劳动社会保障出版社，2004
14. 常凯：《劳权保障与劳资双赢——〈劳动合同法〉论》，中国劳动社会保障出版社，2009
15. 冯同庆：《中国工人的命运——改革以来工人的社会行动》，社会科学文献出版社，2002

16. 冯同庆：《中国工人的命运——工会民主选举与工人公民权利衍生》，中国社会科学出版社，2009

17. 翁礼成：《社会矛盾调解机制——以珠三角为例》，社会科学文献出版社，2012

18. 许叶坪：《全球化背景下的劳资关系》，北京邮电大学出版社，2007

19. 程延园：《劳动关系》，中国人民大学出版社，2011

20. 杨正喜：《中国珠三角劳资冲突问题研究》，西北大学出版社，2008

21. 吴宏洛：《劳资关系新论》，社会科学文献出版社，2011

22. 陆学艺：《当代中国社会结构》，社会科学文献出版社，2010

23. 陈瑞华：《看得见的正义》（第二版），北京大学出版社，2013

24. 陈焱光：《公民权利救济论》，中国社会科学出版社，2008

25. 〔美〕埃里克·霍弗：《狂热分子：码头工人哲学家的沉思录》，梁永安译，广西大学出版社，2008

26. 〔法〕迪尔凯姆：《自杀论》，孙立元、藤文芳编译，北京出版社，2012

27. 林燕玲：《改革开放 30 年中国工人权利意识的演进和培育》，中国社会科学出版社，2009

28. 夏勇：《走向权利的时代》，中国政法大学出版社，2000

29. 于建嵘：《底层立场》，上海三联书店，2011

30. 〔德〕乌尔里希·贝克：《风险社会》，何博闻译，译林出版社，2003

31. 刘少杰：《当代国外社会学理论》，中国人民大学出版社，2009

32. 〔英〕安东尼·吉登斯：《失控的世界》，周红云译，江西人民出版社，2001

33. 〔德〕乌尔里希·贝克：《世界风险社会》，吴英姿、孙淑敏

237

译，南京大学出版社，2000

34. 刘岩：《风险社会理论新探》，中国社会科学出版社，2008

35. 〔英〕安东尼·吉登斯：《现代性与自我认同》，赵旭东等译，三联书店，1998

36. 〔美〕塞缪尔·亨廷顿：《变化社会中的政治秩序》，王冠华等译，三联书店，1989

37. 孙立平：《转型与断裂：改革以来中国社会结构的变迁》，清华大学出版社，2004

38. 〔法〕古斯塔夫·勒庞：《乌合之众——大众心理研究》，冯克利译，广西师范大学出版社，2007

39. 〔德〕齐美尔：《社会学：关于社会化形式的研究》，林荣远译，华夏出版社，2002

40. 〔美〕科塞：《社会冲突的功能》，孙立平译，华夏出版社，1989

41. 李培林、谢立中：《社会学名著导读》，学习出版社，2012

42. 谢立中：《西方社会学名著提要》，江西人民出版社，1998

43. 《坚定不移沿着中国特色社会主义道路前进，为全面建成小康社会而奋斗》，人民出版社，2012

44. 卢现祥：《新制度经济学》，武汉大学出版社，2004

45. 燕继荣：《发展政治学》（第二版），北京大学出版社，2010

46. 〔古希腊〕亚里士多德：《政治学》，商务印书馆，1965

47. 风笑天、张小山、周清平：《社会管理学概论》，华中科技大学出版社，1999

48. 李培林：《我国新时期社会管理创新实例与启示》，研究出版社，2012

49. 李培林：《新时期社会管理总论》，研究出版社，2012

50. 王思斌：《社会学教程》，北京大学出版社，2010

51. 何增科：《中国社会管理体制改革路线图》，国家行政学院出

版社，2009

52. 邓伟志：《创新社会管理体制》，上海社会科学院出版社，2008

53. 孙立平：《博弈：断裂社会的利益冲突与和谐》，社会科学文献出版社，2006

54. 杨继绳：《中国当代社会阶层分析》，江西高校出版社，2011

55. 〔法〕托克维尔：《论美国的民主》，董果良译，商务印书馆，1988

56. 〔美〕约翰·罗尔斯：《正义论》，何怀宏等译，中国社会科学出版社，1988

57. 澎湃：《政府角色论》，中国科学社会出版社，2003

58. 〔美〕曼瑟尔·奥尔森：《集体行动的逻辑》，陈郁等译，上海三联书店、上海人民出版社，1995

59. 彭秀良：《一次读懂社会工作》，北京大学出版社，2014

60. 王思斌：《社会工作概论》，高等教育出版社，2004

61. 李迎生：《社会工作概论》，中国人民大学出版社，2010

62. 〔美〕默顿：《社会理论和社会结构》，唐少杰等译，译林出版社，2006

63. 〔美〕萨托利：《民主新论》，冯克利等译，东方出版社，1998

64. 〔美〕罗伯特·达尔：《民主理论的前言》，顾昕译，东方出版社，2009

65. 芮明杰：《管理学》，上海人民出版社，1999

66. 孙关宏：《政治学概论》，复旦大学出版社，2003

67. 王沪宁：《政治的逻辑——马克思主义政治学基础》，上海人民出版社，1994

68. 《列宁全集》第39卷，人民出版社，1986

69. 《毛泽东选集》第5卷，人民出版社，1975

70. 《邓小平文选》第1卷，人民出版社，1994

71. 金盛华:《社会心理学》,高等教育出版社,2005

72. 胡联合:《中国当代社会稳定问题》,红旗出版社,2009

73. 吴江霖、戴健林等:《社会心理学》,广东高等教育出版社,2000

74. 肖龙香:《非公有制企业工会建设与发展和谐劳动关系》,浙江大学出版社,2012

75. 〔美〕玛丽亚·E.加拉格尔:《全球化与中国劳工政治》,郁建兴等译,浙江人民出版社,2010

(二)期刊论文类

1. 常凯:《劳动关系的集体化转型与政府劳工政策的完善》,《中国社会科学》2013年第6期

2. 蔡禾:《从"底线型"利益到"增长型"利益——农民工利益诉求的转变与劳资关系秩序》,《开放时代》2010年第9期

3. 杨正喜;《转型时期我国劳资冲突特点——以珠三角农民工为对象》,《管理科学文摘》2008年第3期

4. 杨正喜:《转型时期我国劳资冲突特点——以珠三角农民工为例》,《工会理论研究》(《上海工会管理干部学院学报》)2008年第3期

5. 杨正喜、唐鸣:《工会:我国农民工维权之组织选择》,《农村经济》2007年第6期。

6. 赵端:《把权利交给工人是调整劳资关系的根本之道——访中国人民大学劳动关系研究所所长常凯教授》,《中国党政干部论坛》2010年第10期

7. 廖艺萍:《农民工政治参与的困境与出路——基于和谐社会视角的分析》,《探索》2006年第1期

8. 王春光:《农民工:一个正在崛起的新工人阶层》,《学习与探索》2005年第1期

9. 彭光华:《集体争议处理机制初探》,《工会博览》2007年第

9 期

10. 刘诚：《劳动争议处理法核心问题研究》，《甘肃政法学院学报》2008 年第 5 期

11. 唐军：《生存资源剥夺与传统体制依赖：当代中国工人集体行动的逻辑——对河南省 Z 市 Z 厂兼并事件的个案研究》，《江苏社会科学》2006 年第 6 期

12. 刘泰洪：《劳资冲突与工会转型》，《天津社会科学》2011 年第 2 期

13. 廖艺萍：《农民工政治参与的困境与出路——基于和谐社会视角的分析》，《探索》2006 年第 1 期

14. 李艳：《新生代农民工的利益诉求与管理策略——以南海本田停工事件为例》，《中国人力资源开发》2011 年第 4 期

15. 颜昌武、朱泳东：《本田事件：中国劳工维权的理性标本》，《决策》2010 年第 8 期

16. 白青锋：《风波就此平静——南海本田工资集体协商全景追踪》，《当代劳模》2010 年第 4 期

17. 《本田"罢工门"调查》，《商周刊》2010 年第 12 期

18. 蔡吉恒、黄莹瑜：《若干国家和地区劳资利益调整立法简介》，（中国劳动》2010 年第 10 期

19. 新华社"新华观点"：《让劳动者体面劳动有尊严地生活》，《上海档案》2010 年第 7 期

20. 杨正喜：《结构变迁、怨恨集聚、共同命运与华南地区工人集体行动》，《社会科学》2012 年第 7 期

21. 袁凌、李健：《中国企业劳资关系内在属性与冲突处理研究》，《华东经济管理》2010 年第 2 期

22. 陈刚：《马克思的异化劳动理论及其现代意义》，《东岳论丛》2005 年第 1 期

241

23. 姚先国：《劳资和谐是劳动关系和谐的核心》，《今日浙江》2007年第8期

24. 杨宁、贺伟：《中国城乡二元经济结构下农村剩余劳动力就业分析》，《经营管理者》2011年第13期

25. 石秀印、许叶萍：《市场条件下中国的阶层分化与劳资冲突——与马克思时代对比》，《学海》2005年第4期

26. 刘泰洪：《劳资冲突治理地方政府何为》，《中国工人》2012年第7期

27. 贺建永：《论中国工会维护职能的缺失》，《经济研究导刊》2011年第13期

28. 韦长伟：《互补与协同：中国劳资冲突的多元化解》，《理论导刊》2011年第4期

29. 杨琳：《通钢事件是我国劳资关系发展的标志性事件》，《瞭望新闻周刊》2009年第32期

30. 杨琳：《劳资"转型"之痛》，《瞭望新闻周刊》2010年第25期

31. 陈微波：《基于劳资冲突治理视角的利益表达问题研究》，《求实》2013年第1期

32. 郑广怀：《劳工权益与安抚型国家——以珠江三角洲农民工为例》，《开放时代》2010年第5期

33. 邵敏、包群：《FDI对我国国内劳工权益的影响——改善抑或是恶化？》，《管理世界》2013年第9期

34. 李长军：《从富士康"血汗工厂"事件看我国劳工权益保护机制的缺陷》，《金融经济》2012年第12期

35. 郑广怀：《劳工权益与安抚型国家——以珠江三角洲农民工为例》，《开放时代》2010年第5期

36. 胡连生：《我国非公有制企业中的劳工权益保障问题》，《科学

社会主义》2005 年第 4 期

37. 张永宏：《争夺地带：从基层政府化解劳资纠纷看社会转型》，《社会》2009 年第 1 期

38. 任焰、潘毅：《宿舍劳动体制：劳动控制与抗争的另类空间》，《开放时代》2006 年第 3 期

39. 郭于华、沈原、潘毅、卢晖临：《当代农民工的抗争与中国劳资关系转型》，《二十一世纪》2011 年第 4 期

40. 徐昕：《为权利而自杀——转型中国农民工的"以死抗争"》，《中国制度变迁的案例研究》（第六集）2008 年第 11 期

41. 《中国工人》编辑部：《把权力交给工人——深圳市总工会副主席王同信专访》，《中国工人》2013 年第 5 期

42. 刘传江、徐建玲：《"民工潮"与"民工荒"——农民工劳动供给行为视角的经济学分析》，《财经问题研究》2006 年第 5 期

43. 曾秀兰：《公民权利意识觉醒下社会管理之应变》，《广东社会科学》2013 年第 2 期

44. 娄本东：《农民工代际差异凸显的问题与对策》，《理论导刊》2013 年第 11 期

45. 郎俊杰、钱亚东、董梦妍：《农民工社会诉求代际差异实证研究》，《经济研究导刊》2012 年第 4 期

46. 赵蓉、王振亚：《当代中国转型社会新生代农民工的基本问题》，《学术探索》2013 年第 12 期

47. 陈宇海：《从"生存的满足"到"生活的要求"——代际变迁中的农民工》，《青年探索》2008 年第 1 期

48. 朱光婷、杨绍安：《我国第二代农民工的三大转变》，《长春工业大学学报》（社会科学版）2009 年第 3 期

49. 罗洁琪：《刘汉黄刺杀台商始末》，《财经》2009 年第 14 期

50. 卢燕、蓝宝辉：《劳工新媒体维权途径研究》，《四川理工学院

学报》（社会科学版）2014年第3期

51. 王阳：《新形势下推进劳动关系多方治理结构建设》，《中国工人》2012年第11期

52. 李强：《"丁字型"社会结构与"结构紧张"》，《社会学研究》2005年第2期

53. 于水：《风险社会下农民工群体性事件治理》，《江苏社会科学》2013年第2期

54. 张伟：《现代社会冲突理论》，《学习时报》第286期

55. 陈成文、高妮妮：《从科塞的冲突理论看我国社会建设》，《社会科学论坛》2009年第8期

56. 任剑涛：《从冲突理论视角看和谐社会建构》，《江苏社会科学》2006年第1期

57. 张成、刘衡：《试论社会矛盾冲突疏导机制构建》，《人民论坛》2012年第14期

58. 《工会的新机会》，《中国新闻周刊》2010年第23期

59. 蔡禾：《从统治到治理：中国城市化过程中的大城市社会管理》，《公共行政评论》2012年第6期

60. 周红云：《从社会管理走向社会治理：概念、逻辑、原则与路径》，《团结》2014年第1期

61. 王思斌：《社会工作在创新社会治理体系中的地位和作用》，《社会工作》2014年第1期

62. 李晓燕、岳经纶：《社会矛盾化解机制研究——基于多中心治理视角》，《社会工作》2014年第2期

63. 岳经纶、庄文嘉：《转型中的当代中国劳动监察体制：基于治理视角的一项整体性研究》，《公共行政评论》2009年第5期

64. 王名：《走向公民社会——我国社会组织发展的历史及趋势》，《吉林大学社会科学学报》2009年第3期

65. 陈华：《比较视野中的中国社会管理研究：内涵与范围》，《南京政治学院学报》2011年第2期

66. 朱征夫：《政府应放手发展专业服务——乌坎事件启示三》，《同舟共进》2012年第9期

67. 胡一峰：《困境与对策：关于提高社会治理法治化水平的思考》，《领导科学论坛》2014年第4期

68. 陈发桂：《多元共治：基层维稳机制理性化构建之制度逻辑》，《天津行政学院学报》2012年第5期

69. 赵语慧：《网格化管理与政府职能定位》，《人民论坛》2013年第2期

70. 赵斌：《网格化管理中行政法律问题的思考》，《云南行政学院学报》2014年第4期

71. 周连根：《网格化管理：我国基层维稳的新探索》，《中州学刊》2013年第6期

72. 吴亮、陈大可：《劳资矛盾预警机制中的政府职能研究》，《华东理工大学学报》（社会科学版）2012年第1期

73. 李德恩：《社会管理创新视野下的"三调联动"》，《社会科学家》2014年第1期

74. 梁星心：《"枫桥经验"50年历久弥新的奥秘》，《中国社会组织》2014年第2期

75. 赫然、张荣艳：《中国社会纠纷多元调解机制的新探索》，《当代法学》2014年第2期

76. 刘光军：《政府职能界定与政府职能转变》，《河南社会科学》2007年第5期

77. 张成福、马子博：《宏观视域下的政府职能转变：界域、路径与工具》，《行政管理改革》2013年第12期

78. 林大钧：《美国联邦政府在劳资关系中扮演的角色》，（台湾）

《劳资关系月刊》2001年第6期

79. 李洁芳、姜裕富：《构建和谐劳资关系中的政府角色定位——以治理企业欠薪的"开化模式"为例》，《中共浙江省委党校学报》2009年第3期

80. 李杏果：《论政府介入劳动关系的内在逻辑与界限》，《现代经济探讨》2010年第10期

81. 齐凌云：《工会：政党协调劳资矛盾的重要平台》，《兰州学刊》2006年第8期

82. 雷晓天、王若晶：《从个别到集体：制度变迁视角下的中国劳工政策转型》，《湖北社会科学》2013年第3期

83. 张波：《劳资关系中政府定位的应然选择与国际借鉴》，《甘肃社会科学》2010年第5期

84. 燕继荣：《集体谈判：正常协商与博弈的平台》，《同舟共进》2011年第4期

85. 罗燕、高贝：《我国群体性劳动争议的诉求与处理路径》，《华南农业大学学报》（社会科学版）2013年第1期

86. 赵军：《浅析我国企业工会的行政化现象》，《湖北经济学院学报》（人文社会科学版）2013年第10期

87. 《中国工人》杂志社：《把权力交给工人——深圳市总工会副主席王同信专访》，《中国工人》2013年第5期

88. 常凯：《工会何为》，《南风窗》2005年第23期

89. 冯钢：《企业工会的"制度性弱势"及其形成背景》，《社会》2006年第3期

90. 齐林：《"中国式"工会的转型之路》，《中国新时代》2012年第10期

91. 李鸿：《非公企业工会的社会化是劳资关系协调的关键》，《理论探讨》2011年第4期

92. 李力东：《工资集体协商制度的完善路径——工会转型的视角》，《中共浙江省委党校学报》2012 年第 2 期

93. 孙德强：《工会经费应从拨缴制改为由会员直接交纳制》，《工会理论与实践》2003 年第 6 期

94. 颜江伟：《行政化与回归社会：中国工会体制的弊病与改革》，《中共浙江省委党校学报》2007 年第 3 期

95. 徐小洪：《中国工会的双重角色定位》，《人文杂志》2010 年第 6 期

96. 柴静等：《工会在集体行动中的法团转型——以南海本田与南沙电装为例》，《工会博览》2011 年第 11 期

97. 陈剩勇、张明：《中国地方工会改革与基层工会直选》，《学术界》（双月刊）2004 年第 6 期

98. 罗燕、梁思敏：《我国企业工会主席身份差异是否影响员工福利》，《学术研究》2014 年第 5 期

99. 王同信：《规则的力量》，《中国职工教育》2011 年第 9 期

100. 杨晶：《论罢工权再入宪》，《陇东学院学报》2013 年第 2 期

101. 石晓天：《三方协商机制及其对劳动政策过程的影响——以广东省为例》，《中国劳动关系学院学报》2014 年第 2 期

102. 胡磊：《我国劳动关系协调机制的完善与创新》，《理论导刊》2014 年第 5 期

103. 夏小林：《私营部门：劳资关系及协调机制》，《管理世界》2004 年第 6 期

104. 李继霞：《关于完善我国劳动关系协调机制的若干思考》，《社会科学辑刊》2011 年第 6 期

105. 陈成、李文沛：《论三方协商机制的"广州模式"——以〈广州市劳动关系三方协商规定〉为例》，《人民论坛》2013 年第 8 期

106. 辜胜阻：《和谐劳资关系是民企社会责任的重中之重》，《中

国民营科技与经济》2008年第5期

107. 马永堂：《外三方协商机制及其对我国的启示与借鉴》，《中国行政管理》2012年第4期

108. 董保华：《劳动关系多方协调机制研究》，《政府法治研究》2005年第7期

109. 王瑞华：《国外的企业社会工作模式》，《中国社会导刊》2008年第18期

110. 陈雪娇、章爽：《东莞正阳：从政府买单到企业自主购买社工服务》，《社会与公益》2013年第5期

111. 顾江霞、董衍森、蒙彦妮：《企业社会工作本土化探析——以东莞市某制造业企业社会工作实践为例》，《中国社会工作》2012年8月（下）

112. 王红艺：《企业社会工作介入农民工服务：内容和推进模式》，《社会工作》（学术版）2011年第10期

113. 王思斌：《试论社会工作对社会管理的协同作用》，《东岳论丛》2012年第1期

114. 甘满堂：《企业社会工作不能回避劳资关系问题》，《中国社会工作》2012年4月（上）

115. 钱宁：《劳动关系治理与工业社会秩序的建构》，《社会工作》2014年第1期

116. 陈雪娇：《深圳至诚：企业社工发展的"三把钥匙"》，《社会与公益》2013年第5期

117. 高钟：《企业社工与员工正能量培育与发掘》，《社会工作》2013年第3期

118. 朱华桂：《论风险社会中的社区抗逆力问题》，《南京大学学报》（哲学·人文科学·社会科学）2012年第5期

119. 田国秀、曾静：《关注抗逆力：社会工作理论与实务领域的

新走向》,《中国青年政治学院学报》2007 年第 1 期

120. 齐芳:《抗逆力视角下的新生代青年工人社会工作服务策略》,《社会工作》2013 年第 1 期

121. 程延园:《对企业民主管理立法的几点思考》,《北京市工会干部学院学报》2006 年第 3 期

122. 陈炜、王茂祥:《我国企业社会责任规范管理的思考——以中国移动通讯集团公司为例》,《改革与战略》2008 年第 2 期

123. 周文霞、郭桂萍:《自我效能感:概念、理论和应用》,《中国人民大学学报》2006 年第 1 期

124. 陈月生:《群体性事件中的群体心态研究》,《理论与现代化》2010 年第 6 期

125. 曾秀兰:《群体性事件中的群体心态探析》,《探求》2011 年第 3 期

126. 向德平、陈琦:《社会转型时期群体性事件研究》,《社会科学研究》2003 年第 4 期

127. 李志国、周铁军:《中国私营企业劳资关系研究——温州私营经济实证分析》,《社会科学战线》2004 年第 3 期

128. 杨正喜、唐鸣:《转型时期劳资冲突的政府治理》,《中南民族大学学报》(人文社会科学版) 2008 年第 2 期

(三) 报刊文章类

1.《广东一尘肺病工人再遇"工伤"认定难》,《工人日报》2010 年 8 月 30 日

2. 门君诚、王銮峰:《佛山尘肺工不满工厂搬迁上街堵交通》,《南方都市报》2011 年 1 月 5 日

3. 钟传芳:《80 环卫工人停工讨欠薪》,《羊城晚报》2011 年 3 月 30 日

4. 安芯：《惠州美资厂未按规定遣散员工引发千人罢工》，《联合早报》2011年5月30日

5. 程元、李亚蝉：《本田佛山中日员工工资相差50倍，数百人罢工》，《每日经济新闻》2010年5月20日

6. 王羚：《南海本田停工事件再反思 激辩群体劳资矛盾破解之道》，《第一财经日报》2010年9月20日

7. 邱明、马晓澄：《东莞"代工厂"劳资纠纷引发风波》，《北京青年报》2014年4月19日

8. 黄应来：《南海本田工会"变身"记》，《南方日报》2011年7月5日

9. 王俊秀、刘梦泽：《劳合法实施2年劳动争议案井喷 新工人求职更难》，《中国青年报》2010年1月19日

10. 黄子宁：《高温来了 补贴没到》，《广州日报》2014年8月7日

11. 邓伟志：《如何推动社会管理》，《学习时报》2006年6月26日

12. 沈锡权等：《警惕劳资矛盾向"劳政矛盾"演变》，《经济参考报》2011年7月4日

13. 张开云、张兴杰：《科学构建枢纽型社会组织》，《人民日报》2013年3月27日

14. 中共十八届三中全会《中共中央关于全面深化改革若干重大问题的决定》，《人民日报》2013年11月18日

15. 《福田推行防欠薪网格化管理减少劳资纠纷》，《深圳晚报》2010年3月19日

16. 《东凤司法所推行"三级网格化"模式 建筑工地劳资纠纷有效化解》，《中山日报》2013年8月2日

17. 《一张电子地图 化解劳资矛盾》，《南方日报》2012年9月13日

18. 刘茜：《珠三角劳动维权催生"黑律师"》，《南方日报》2008年10月27日

19. 杜军玲：《"经济独立"：让工会主席腰板挺得更直》，《人民政协报》2010年9月8日

20.《今年首家企业工会直选，原工会主席落选》，《南方日报》2012年5月28日

21.《企业直选工会的成长烦恼》，《南方日报》2013年3月18日

22.《雇主组织的起源和发展（一）》，《中国企业报》2007年5月16日

23.《三方机制是经济民主化产物》，《中国企业报》2007年7月4日

24. 应华根、方平原：《"三方四家"推动宁波劳资关系"和为贵"》，《中华工商时报》2010年8月31日

25.《龙岗113家企业加入和谐劳资关系社工项目》，《南方日报》2013年12月12日

26.《社工进厂，缓解劳资矛盾》，《南方都市报》2013年12月9日

27. 王会贤：《企业社工的东莞之路》，《公益时报》2014年8月6日

28. 刘挺：《企业为员工募捐15万治病》，《惠州日报》2014年8月20日

（四）学位论文类

1. 安丽丽：《人民调解在预防和化解群体性事件中面临的问题与对策研究——以东莞为例》，重庆大学硕士学位论文，2013

2. 张锐：《我国转型期构建和谐劳动关系中的政府角色研究》，河南大学硕士学位论文，2008

3. 翁公羽:《企业工会组织功能演变研究》,沈阳师范大学硕士学位论文,2008

4. 薄平阳:《员工和企业双赢的企业社会工作模式初探——以深圳市为例》,郑州大学专业硕士学位论文,2012

5. 胡珊:《企业社会工作在劳动争议调解中的介入——以深圳市某工业园区为例》,华中科技大学硕士学位论文,2012

6. 李胜男:《企业社会工作两维价值观的冲突与平衡》,中国社会科学院研究生院社会工作硕士论文,2012

(五)法律法规、文件

1.《中华人民共和国劳动合同法》(2007年)

2.《中华人民共和国劳动合同法实施条例》(2008年9月18日国务院令第535号)

3.《全国人民代表大会常务委员会关于修改〈中华人民共和国劳动合同法〉的决定》(2012年12月28日第十一届全国人民代表大会常务委员会第三十次会议通过)

4.《中华人民共和国劳动法》(1995年)

5.《中华人民共和国工会法》(2001年)

6.《中国工会章程》(2013年)

(六)网站类

1.《深圳先歌国际音影老板欠薪路跑　工人罢工堵路》,http://nuu0065.chinaw3.com/a/report/news/labor/2012/0904/3287.html

2.《深圳保安为保饭碗集体跳楼维权》,http://nuu0065.chinaw3.com/a/report/news/labor/2012/0820/3217.html

3.《深圳石塚感应电子资方擅降低员工待遇　激全体员工罢工》,http://nuu0065.chinaw3.com/plus/view.php?aid=3246

4.《逼签新合同　珠海市联思电子厂千多名员工集体罢工》,http：//nuu0065.chinaw3.com/plus/view.php？aid=3297

5.《东莞港资皮具厂二千人罢工堵路抗议待遇低辞工难》，http：//nuu0065.chinaw3.com/plus/view.php？aid=3305

6.《待遇过低 江门一幼儿园教师集体罢课》，http：//news.aedu.cn/20120913/51d63d95-f00e-41e7-a18b-29f9748b4da4.shtml

7.《广东揭阳出租车集体罢工》，http：//nuu0065.chinaw3.com/plus/view.php？aid=3311

8.《广州番禺大岗昶联公司全体工人罢工 抗议低薪及劳务派遣》，http：//nuu0065.chinaw3.com/plus/view.php？aid=3316

9. 王文杰、王卫：《小榄近百名司乘停工 要求提高待遇》，http：//nuu0065.chinaw3.com/a/report/news/labor/2012/0925/3334.html

10. 蔡雯：《农民工队伍呈年轻化 90后农民工要钱更要关爱》，http：//www.oeeee.com/a/20100713/908522.html

11. 书聿：《CNN：智能手机普及提升中国农民工网络话语权》，http：//www.yangtse.com/system/2012/09/19/014617253.shtml

12. 曹晓轩：《改革开放三十年来珠三角地区各方面发展取得巨大成就》，中央政府门户网站，http：//www.gov.cn，2009年1月8日

13.《"成本洼地"实际是劳工权益的洼地》，http：//www.dooo.cc/2014/08/30834.shtml

14. 周宁、周婷玉、朱剑敏：《中国的人口红利还能"红"多久？》，http：//news.qq.com/a/20091211/000942.htm

15.《劳工界呼吁信：反思粉尘爆炸惨案，全面提升劳工权益》，http：//www.jttp.cn/a/report/news/society/2014/0806/5965.html

16.《东莞劳动争议骤升》，财经网，http：//www.caijing.com.cn/2009-01-14/110048077.html

17.《珠三角企业转型引发劳资博弈停工频发激化矛盾》，http：//finance.ifeng.com/a/20140408/12069788_0.shtml

18. 王胜俊：《2008年最高人民法院工作报告》，http：//www. gov. cn/test/2009 – 03/17/content_1261386. htm

19. 《上半年中国劳动争议案件呈井喷态势》，http：//www. caijing. com. cn/2009 – 07 – 13/110196787. html

20. 《2013社会蓝皮书：近半群体事件由征地拆迁引发》，http：//sh. house. 163. com/12/1219/08/8J2U0QM800073SDJ. tml，2012年12月19日

21. 厉以宁：《政府职能真转变了 改革就到位了》，http：//news. cnr. cn/special/gov/view/201310/t20131031_513988562. shtml

22. 罗文胜：《〈广东省企业民主管理条例〉台前幕后》，http：//www. jttp. cn/plus/view. php？aid＝722

23. 常凯：《完善工会应对劳动关系集体化》，http：//www. caijing. com. cn/2010 – 08 – 04/110491464. html

24. 《直选工会主席，还原工会功能》，http：//www. jttp. cn/a/soceity/2012/0525/2973. html

25. 王江松：《落实工人结社自由防止企业工会直选成为新的政治花瓶？》，http：//www. jttp. cn/a/report/review/2012/0626/3064. html

26. 《工会需要走出形式大于内容的宿命》，http：//www. jttp. cn/a/report/review/2013/1108/4979. html

27. 《广东省企业联合会章程》，广东省雇主组织官方网站，http：//www. c – gec. com/frontStage/index. jsp

28. 2013年10月15日广东省工商联主席陈丹在纪念广东省工商联成立60周年座谈会上的讲话，http：//www. acfic. org. cn/web/c_000000010003000100010002/d_24370. htm

29. 辜胜阻：《工商联在市场经济体制中的四大独特优势》，http：//www. gmw. cn/content/2007 – 11/13/content_690713. htm

30. 成放：《东莞裕元工业集团来市民政局交流社会工作》，http：//czj. dg. gov. cn/public-files/business/htmlfilesgongzw/gzdt/201009/

252856. htm

31.《东莞政府首次掏钱雇社工为企业服务》，http：//www.zfcg.com/purchase/2011－03－07/A310232.html

32.《粉饰太平企业社会工作还要持续多久》，http：//weibo.com/p/1001603739952256040938

33.《让劳动者体面劳动　有尊严地生活》，http：//theory.people.com.cn/GB/40555/11816262.html

附录
调查问卷

企业员工问卷调查

尊敬的女士/先生：您好！因教育部课题研究的需要，我们想了解一些您的工作状况及所在企业的基本情况，希望能得到您的协助。请根据您的真实情况回答。我们将对调查中涉及个人情况的内容进行保密，仅用于统计研究，请您放心！衷心感谢您的支持与合作！

教育部人文社会科学规划项目课题组

问卷填写说明：若无特殊说明，每一个问题只能选择一个答案，并在所选答案的数字上打"√"。

（A）个人基本情况

A1. 您的出生年月：_____年_____月。

A2. 性别：1. 男　2. 女

A3. 婚姻状况：1. 未婚　2. 已婚　3. 离婚　4. 丧偶

A4. 您的月工资收入：1. 1500元以下　2. 1500~2000元　3. 2001~2500元　4. 2501~3000元　5. 3001~4000元　6. 4000元以上

A5. 您的教育程度：1. 小学及以下　2. 初中　3. 高中或中专　4. 大专及以上

A6. 您的户口所在地：_____省（自治区、直辖市）_____市（地、州）_____县（区、县级市）。

A7. 您的户口性质：1. 非农户口（是否农转非：a. 是；b. 否）

2. 农业户口　3. 没有户口　4. 不清楚

A8. 自外出以来，您共换过几次工：_____（若无，则填 0）。

A9. 您最近一次换工的主要原因是（可多选）：

1. 企业倒闭　2. 企业大规模裁员　3. 企业开工不足，收入减少

4. 工作强度太大　5. 工作环境差　6. 有更好的工作机会

7. 觉得这份工作没意思，不想继续干下去了　8. 人际关系问题

9. 其他（填写）_____

（B）员工目前的工作状况

B1. 您一天一般工作几个小时：_____小时。

B2. 您有没有加过班：1. 没有　2. 有

B3. 您是否自愿加班：1. 愿意（选此项的回答 B3.1 题）

2. 不愿意（选此项的回答 B3.2 题）

B3.1　您自愿加班的原因是（可多选）：

1. 增加收入　　2. 获得提拔的机会　3. 主动为企业发展出力

4. 没其他事干　5. 其他（填写）_____

B3.2　您非自愿加班的原因是（可多选）：

1. 企业规定必须加班　2. 大家都加班，我也只好加班

3. 不加班会罚款　　4. 其他（填写）：_____

B4. 请问您的企业加班有加班工资吗？

1. 有　2. 没有　3. 没有，但有补休　4. 不清楚

B5. 您知道加班工资是多少吗？

1. 不知道

2. 知道，平时加班每小时_____元

　　周末加班每小时_____元

法定节假日（五一、国庆、春节等）加班每小时_____元

B6. 请问您知道本市的最低工资标准吗？

1. 不知道　2. 知道：_____元/月；_____元/小时

3. 了解大概的数字，但不知具体标准

B7. 在您的企业是否有关于扣工资的"明文规定"？

1. 没有　2. 有　3. 不清楚

B8. 您的工资计算方式是：

1. 计件　2. 计时　3. 提成　4. 底薪加提成　5. 按天计算

6. 月薪制　7. 有时计件，有时计时　8. 其他（填写）_____

B9. 您的工资标准是如何确定的？（可多选）

1. 完全由企业决定　2. 工人集体和企业谈判　3. 工会参与协商

4. 政府参与制定　5. 不清楚　6. 其他（填写）_____

B10. 您与企业签订劳动合同了吗？是个别劳动合同还是集体劳动合同？

1. 签了，个别合同　2. 签了，集体合同　3. 没签，过一段时间会签　4. 没签，企业不签合同　5. 不清楚

B11. 企业是否为您买"五险"（养老保险、医疗保险、失业保险、工伤保险、生育保险）？

1. 有　2. 没有　3. 没有全买　4. 不清楚

B12. 企业是否为您买住房公积金？

1. 有　2. 没有　3. 不清楚

（C）劳资关系状况

C1. 您所在企业是否有劳资纠纷？

1. 完全没有（选此项跳答至C2题）　2. 偶尔有　3. 经常有

4. 不清楚

C1.1　您所在企业的劳资纠纷主要有哪些？（可多选）

1. 被解雇或开除　2. 缺少社会保障　3. 拖欠工资　4. 超时工作

5. 职业病或工伤赔偿　6. 人格侮辱　7. 管理过严

8. 不加薪或降薪　9. 工作环境差，待遇低

10. 其他（填写）_____

C2. 您所在的企业，是否有专门调解纠纷的部门？

1. 有　2. 没有　3. 不知道

C3. 如果出现欠薪情况，您会采取什么途径维护自己的合法权益？

1. 与用工单位协商　2. 向政府部门投诉　3. 申请劳动仲裁

4. 提起诉讼　5. 自认倒霉　6. 自己或组织工友私下采取行动，要求单位支付报酬　7. 其他（填写）_____

C4. 当权益受到侵害时，您首先求助于：

1. 企业工会　2. 老乡　3. 工友　4. 亲人或亲戚

5. 上级主管部门　6. 相关政府部门　7. 其他（填写）_____

C5. 请问您的工作对您健康是否造成威胁或带来职业病？

1. 有（选此项的继续回答C5.1和C5.2）　2. 没有　3. 不知道

C5.1　如发生工伤或职业病后，您的单位是否会给予相应治疗与赔偿？

1. 能，全额支付　2. 能，但只支付部分　3. 不能　4. 不知道

C5.2　员工是否因工伤或职业病的赔偿问题与单位发生过争议？

1. 时常发生　2. 偶尔发生　3. 没有发生过　4. 不知道

C6. 您的单位是否发生过保安对员工搜身、用电子设备监视员工活动等现象？

1. 未发生　2. 较少发生　3. 经常发生　4. 不知道

C7. 您的企业有工会吗？

1. 有（选此项的继续回答C7.1和C7.2题）　2. 没有

3. 不知道

C7.1　如果有工会，它们的作用是：

1. 基本没作用　2. 组织集体活动　3. 发福利品慰问

4. 指导员工签订、履行劳动合同　5. 参与集体谈判

6. 参与讨论企业规章制度和重大事项　7. 参与协调劳动争议

8. 其他_____

C7.2　您认为，您所在企业的工会是代表哪方利益的？

1. 代表老板利益　2. 代表企业利益　3. 代表员工利益

4. 代表政府利益　5. 其他_____

C8. 员工与企业的纠纷，找企业工会能解决问题吗？

1. 能　2. 有些能　3. 不能　4. 不清楚

C9. 您听说过集体谈判吗？

1. 有　2. 没有

C10. 您认为，劳动争议发生后，一般有哪些部门会介入解决？

1. 工会　2. 劳动部门　3. 当地政府其他部门　4. 民间组织

5. 没有　6. 其他_____

C11. 您是否了解有关劳动者权利及纠纷解决的相关法律规定？

1. 不了解　2. 基本不了解　3. 了解一些　4. 了解

C12. 您认为通过打官司等正式途径来维护权益的困难有（可多选）：

1. 费用太高　2. 时间太久　3. 程序复杂　4. 缺少咨询与指导

5. 法律援助不及时　　　6. 司法部门倾向于资方（老板）

7. 其他（填写）_____

C13. 企业中是否有老乡或工友组织起来与老板谈判的情况？

1. 没有　2. 较少　3. 较多　4. 不清楚

C14. 您认为有人选择跳楼、武力、堵厂、堵路、上访、罢工等途径解决争议，其原因是：

1. 此行为更有效　2. 劳动部门不能很好地解决问题

3. 缺乏法律援助　4. 不懂法　5. 其他（填写）_____

C15. 如果劳动争议发生，有人组织您采取上访、堵厂、堵路等行

动来解决问题,您会:

1. 劝阻　2. 旁观　3. 同情不参与　4. 积极参与　5. 说不清

C16. 如果您发现企业侵犯您的合法权益,您的选择是:

1. 向劳动部门投诉　2. 向本企业工会投诉

3. 向劳动部门申请仲裁　4. 在单位前静坐堵厂等　5. 上访

6. 自认倒霉　7. 聘请律师打官司　8. 故意不认真工作

9. 辞职　10. 其他(填写)_____

C17. 您所在的企业有党支部吗?

1. 有(选此项继续回答 C17.1 题)　2. 没有

C17.1　当出现劳资纠纷时,企业中的党支部或党员的作用是(可多选):

1. 参与调解争议　2. 基本没有作用　3. 代表员工与企业谈判

4. 代表企业与员工谈判　5. 组织党员与企业谈判

6. 其他(填写)_____

C18. 当员工与企业出现劳资纠纷时,当地政府是否参与调解?

1. 参与调解　2. 没有参与调解

C19. 上级劳动主管部门在企业与员工出现劳资争议时的作用是:

1. 没有出现过　2. 到企业调查了解　3. 调解纠纷

4. 主持企业与员工谈判　5. 强制企业执行劳动法的规定

6. 与企业一起协调员工争议　7. 其他(填写)_____

(D) 农民工的代际差异

D1. 您有过务农经历吗?

1. 有　2. 有一些　3. 没有

D2. 您在这个城市工作的目的是(可多选):

1. 生存　2. 家人在这个城市　3. 发挥个人能力

4. 增长见识,学习技能　5. 为留在城市生活　6. 挣钱

7. 暂时留在城市,以后回老家　8. 说不清

D3. 目前您最担心的问题是什么？

1. 工作被辞退　2. 工资减少　3. 工作安全没保障

4. 无法在城市立足　5. 不清楚　6. 其他（填写）_____

D4. 您在这里工作的最大愿望是：

1. 增加工资　2. 学习进修　3. 有广泛的社会交往

4. 在城市立足　5. 被尊重　6. 不清楚　7. 其他（填写）_____

D5：您觉得自己能融入目前所在的城市吗？

1. 能，已经融入　2. 能，但还在尝试中

3. 不能，不适应　4. 不知道

D6. 您是否打算在目前的城市长期（长期指5年及以上时间）生活和工作？

1. 打算　2. 想过，但不确定　3. 不打算　4. 不知道

D7. 您对现在的工作和生活状况是否满意？

1. 很满意　2. 一般　3. 不满意　4. 不知道

D8. 您近几年，在企业工作的感受是（可多选）：

1. 不算辛苦，且工资满意　2. 不算辛苦，但工资低

3. 很辛苦，但工资满意　4. 很辛苦，且工资低

5. 工作前景好　6. 没什么工作前景　7. 混日子，维持生存

8. 不想回老家，打工为生　9. 赚笔钱后回老家

10. 其他（填写）_____

后　记

本书是笔者主持的教育部人文社会科学规划项目"社会管理体制创新视阈下非公有制企业劳资矛盾调处机制研究——以珠江三角洲地区为例"（项目号：11YJA710065）和广州市社科联资助社会科学研究项目"广州市非公有制企业劳资矛盾协调机制研究"（项目号：11SKLW08）的研究成果。

从课题申报到课题调研及书稿的完成，前后经历了三年时间。在此，感谢所有提供过指导、帮助和支持的专家、学者、同仁、朋友、师生和亲人！

衷心感谢广东青年职业学院的潘晶晶老师，她与课题组成员一同到东莞、广州等地调研并帮助完成书稿第一章和第六章大部分内容的撰写工作。

感谢华南农业大学的杨正喜教授、广州市委党校的李仁武教授及仲恺农业工程学院的翁礼成教授。在课题申报过程中，得到了李仁武教授和翁礼成教授的指导，申报的课题才得以立项；杨正喜教授是广东省劳资关系研究专家，在课题研究中得到了杨教授的指导和帮助，在我钝笔难悟的时候他给予灵智点拨和鼓励，在此深表谢意！

感谢仲恺农业工程学院的谢万贞博士，她帮助修改完善调查问卷，到番禺、深圳、广州等地调研并带领学生统计问卷，她的帮助让课题研究得以顺利进行。感谢仲恺农业工程学院的曾学龙教授、王桂花博士、许志国博士、徐满泽博士、李伟超老师等，他们都曾一起到东莞、深圳、广州等地参与了课题调研。感谢仲恺农业工程学院人文与社会科学学院的邓文婷、钟成国、梁欣琳、谢博衔等同学，他们一起调研并帮助统计问卷。

感谢广东省社会工作委员会、广东省总工会、深圳市委、东莞市委、东莞市石龙镇、东莞市大岭山镇、广州番禺桥南街等地相关领导和部门的大力支持和协助，他们为课题调研提供方便并提供劳资关系状况的相关材料。感谢欧派家居集团股份有限公司、深圳理光高科技有限公司、赛意法微电子有限公司、雅玛西电子有限公司、广州丰江电池新技术股份有限公司、亨氏调味食品有限公司、正大康地有限公司、香氏菌业科技有限公司、广州金城潮州酒家等企业在课题调研中提供大力支持和协助！

感谢朋友丘琼给书名进行英文翻译，对她多年的帮助表示衷心的感谢！

感谢社会科学文献出版社社会政法分社曹义恒总编辑和单远举编辑，他们为本书添彩润色，深表谢意！

最后，感谢家人的理解和包容。在他们最需要我的时候我却因忙于完成书稿而未能悉心照顾，在此，既表歉意，也表谢意！

由于才疏学浅，学术功力不扎实，书中不成熟的拙见望各位学人匡正！

曾秀兰
2014 年 11 月

图书在版编目(CIP)数据

珠三角非公企业劳资矛盾调处机制:基于社会治理创新视角/曾秀兰著.—北京:社会科学文献出版社,2014.12
 ISBN 978 – 7 – 5097 – 6792 – 4

Ⅰ.①珠… Ⅱ.①曾… Ⅲ.①珠江三角洲 – 私营企业 – 劳资关系 – 研究 Ⅳ.①F279.245

中国版本图书馆 CIP 数据核字(2014)第 273158 号

珠三角非公企业劳资矛盾调处机制
——基于社会治理创新视角

著　　者 /	曾秀兰
出 版 人 /	谢寿光
项目统筹 /	曹义恒
责任编辑 /	单远举　曹义恒
出　　版 /	社会科学文献出版社·社会政法分社(010)59367156
	地址:北京市北三环中路甲29号院华龙大厦　邮编:100029
	网址:www.ssap.com.cn
发　　行 /	市场营销中心(010)59367081　59367090
	读者服务中心(010)59367028
印　　装 /	三河市东方印刷有限公司
规　　格 /	开　本:787mm×1092mm　1/16
	印　张:17.5　字　数:232千字
版　　次 /	2014年12月第1版　2014年12月第1次印刷
书　　号 /	ISBN 978 – 7 – 5097 – 6792 – 4
定　　价 /	69.00元

本书如有破损、缺页、装订错误,请与本社读者服务中心联系更换

▲ 版权所有 翻印必究